JOHANNES MARIO SIMMEL

# Gott schützt die Liebenden

ROMAN

PAUL ZSOLNAY VERLAG
WIEN · HAMBURG

Jubiläumsausgabe

Alle Jubiläumsausgaben sind ungekürzt


Umschlagentwurf: Doris Bernatzik
Druck: Wulfenia Druck, Feldkirchen
Printed in Austria
ISBN 3 552 01544 2

FÜR LULU IN LIEBE

Wenn wir zu einem Menschen sagen: Ich kann ohne dich nicht leben, dann meinen wir in Wirklichkeit damit: Ich kann nicht in dem Gefühl leben, daß du vielleicht Schmerz empfindest, unglücklich bist, Not leidest. — Das ist alles. Wenn die Menschen tot sind, dann endet unsere Verantwortung. Wir können nichts mehr für sie tun. Wir können in Frieden ruhen.

GRAHAM GREENE, *Das Herz aller Dinge*

# ERSTES BUCH

# 1

Das Telefon läutete.

Ich fuhr im Bett hoch und tastete in der Dunkelheit nach dem Schalter der Nachttischlampe. Es war nicht mein Bett, und es war nicht mein Zimmer, und deshalb fand ich den Schalter nicht. Das Leuchtzifferblatt einer kleinen Uhr zeigte die Zeit: genau fünf. Wieder läutete das Telefon, und wieder. Sibylle hörte es nicht. Ruhig und gleichmäßig atmete sie weiter, als ich mich jetzt über sie neigte. Wir hatten im gleichen Bett geschlafen, eng aneinander, sie in meinem Arm. Meine rechte Hand, auf der vergeblichen Suche nach dem Lichtschalter, fand den Telefonhörer.

»Hallo. . .« Ich räusperte mich, denn meine Kehle war verlegt, und ich konnte kaum sprechen.

»Ist dort siebenundachtzig-dreizehn-achtundvierzig?« Die Stimme der jungen Frau vom Amt klang frisch und fröhlich.

»Ja«, sagte ich. Jetzt bewegte sich auch Sibylle.

»Sind Sie Herr Holland?«

»Ja«, antwortete ich zum zweitenmal.

»Sie haben uns einen Weckauftrag gegeben«, sagte die Frauenstimme. »Es ist genau fünf Uhr. Wir wünschen Ihnen einen guten Morgen, Herr Holland!«

»Danke.«

Ich legte den Hörer vorsichtig in die Gabel und ließ mich wieder auf den Rücken sinken. Weit entfernt klang Flugzeugmotorenlärm auf. Ich lag ganz still und sah in die Finsternis hinein und wartete darauf, daß der Lärm lauter wurde. Dieses Geräusch beunruhigte mich immer wieder. Sibylle hörte es gewiß gar nicht mehr, sie lebte schon zu lange in Berlin. Aber für mich war dieses Brausen, das in der Tat nun anschwoll und lauter und lauter wurde, so etwas wie eine beständige Mahnung, eine unsagbare Drohung, und es erfüllte mich mit Traurigkeit. Die Scheiben des Fensters klirrten ein wenig, als die schwere viermotorige Maschine über das Haus hinwegbrauste.

Die Tage in Berlin waren wieder einmal vorüber. Ich mußte fort. Nichts war von Dauer. Nicht die Trauer, und nicht das Glück. Es gab keinen Frieden. Zwei Zeilen eines Gedichtes fielen mir ein: » . . . und immerfort hör' ich in meinem Rücken den Sauseschritt der Zeit, die weitergeht . . .« Wer hatte das geschrieben? Ich erinnerte mich nicht. Nun wurde das Brausen wieder leiser. Tag und Nacht, mindestens viermal in jeder Stunde, flog eine Maschine über Sibylles Haus — vor der Landung, nach dem Start. Etwas südlicher lag der Flughafen Tempelhof. Die Maschinen flogen stets schon oder noch sehr tief, wenn sie über das Haus hinwegrasten. Zur Zeit der Blokkade hatte Sibylle mir erzählt, klirrten die Fensterscheiben alle zwei Minuten, bei Tag und bei Nacht. Bei schönem Wetter und auch bei schlechtem. Alle zwei Minuten. Der Sauseschritt der Zeit, die weitergeht . . .

Noch eine Viertelstunde, dachte ich. Dann wollte ich aufstehen. Nein, das war zuviel. Zehn Minuten. Nun wurde der Motorenlärm ganz leise, zärtlich, wie verliebtes Gemurmel, und dann hörte ich nichts mehr. Die Stille kam wieder. Doch sie kam nicht, um zu bleiben. Eine neue Maschine flog schon Berlin an — irgendwo über den Wolken noch, im ersten rosigen Frühlicht dieses Wintertages, kam näher, bereit, über uns hinwegzutoben, die Luft erzittern zu lassen, übermächtig, gebieterisch und doch so schwankend und unsicher, so balancierend zwischen Tod und Leben wie die Menschen in ihr und unter ihr.

»Paul?«

»Ja, mein Liebling.«

Sie drehte sich zur Seite und legte ihren weichen, warmen Mund auf meine Brust. Sie war kleiner als ich und sehr zart, sie hatte lange Beine und schmale Hüften. Ihre Brüste waren klein und fest. Nackt sah sie fast aus wie ein Junge. Männer, die Frauen nicht mochten, sagten voll Hochachtung von Sibylle: »Sie ist ja Gott sei Dank gar keine richtige Frau!« Aber das sagten sie, weil sie Sibylle nicht kannten. Ich kannte sie. Ich wußte, *wie* fraulich sie war, wie sentimental sie sein konnte, wie zärtlich und anschmiegsam. Die anderen wußten es nicht, sie hatten keine Ahnung.

Wir schliefen nackt. Sibylle preßte ihren Jungenkörper gegen den meinen. Ich fühlte mich wie ausgehöhlt von einer unendlichen Traurigkeit, deren ich nicht Herr werden konnte.

»Wir müssen aufstehen, nicht wahr?« flüsterte sie. Es war niemand in ihrer Wohnung außer uns; aber sie flüsterte, als dürfe niemand uns hören, als hätte sie Geheimnisse mit mir vor ihren Büchern, ihren Bildern, ihrem schmalen Bett.

Ich räusperte mich krampfhaft. »Mein Armer«, flüsterte sie. »Das tust du immer. Immer wenn du von mir fort mußt, beginnst du dich zu räuspern.«

»Mir ist sehr elend«, sagte ich.

»Sprich nicht so!« Ihre Hände streichelten mich, aber sie waren kalt und blutleer. Die meinen waren feucht vor Aufregung und Schwäche. »Was soll ich denn sagen?« flüsterte sie in meine Achselhöhle. »Du fliegst wenigstens noch fort — aber ich komme zurück in meine Wohnung, hierher in dieses Bett, das noch nach dir riecht, in dieses Zimmer, in dem mich alles an dich erinnert. Weißt du, daß ich schon einmal dein Kissen verprügelt habe, weil es nicht aufhörte, nach deinem Haar zu riechen?«

Ich erwiderte, während ich gespannt auf das Nahen einer neuen Maschine lauschte: »Ich liebe dich, Sibylle.«

»Und ich dich, mein Herz«, sagte sie.

»In zehn Tagen bin ich wieder bei dir.«

»Ja, Paul.«

»Dann werde ich lange bleiben.«

Jetzt brannte die Nachttischlampe, und konnte Sibylle sehen. Sie sah aus wie eine schöne, leidenschaftliche Katze. Ihre Augen waren schräg geschnitten und so schwarz wie ihr Haar, das sie kurzgeschnitten trug. Die Nase war aufgeworfen, man sah die Nasenlöcher, die oft nervös vibrierten. Ihr roter Mund leuchtete samtig und feucht. Sibylle besaß den größten Mund, den ich je gesehen hatte. Es war ein enormer Mund. Ein Freund hatte einmal mit ihr eine Wette abgeschlossen. Es ging darum, ob sie imstande war, einen geschälten kalifornischen Pfirsich in den Mund zu nehmen. Sibylle hatte die Wette gewonnen.

»Wir werden sehr glücklich sein«, flüsterte sie. Meine Brust wurde naß, dort, wo ihre Tränen sie trafen. »Ich werde auf dich warten«, flüsterte sie, »ich werde unsere Schallplatten spielen und die Bücher lesen, die du mir gebracht hast. Ich werde Rachmaninoff spielen, unser Klavierkonzert!«

»Lade deine Freundinnen ein.«

»Ja, Paul.«

Ihre Augen verschleierten sich, eine milchige Trübung nahm den leuchtendschwarzen Pupillen ihren Glanz. Das war stets so, wenn Sibylle sich traurig fühlte. Dann senkten sich seltsame Vorhänge der Schwermut über ihre Augen.

»Und geh abends aus.«

»Nein, ich will nicht.«

»Doch! Geh ins Theater. Oder zu Robert.« Robert hieß der Besitzer einer Bar auf dem Kurfürstendamm. Wir kannten ihn gut. Sibylle und ich gingen oft zu ihm, wenn ich in Berlin war.

»Ich will nicht zu Robert gehen«, sagte sie, »und du willst auch nur hören, daß ich nicht gehen will.«

»So ist es, mein Liebling.« Ich dachte: Die Stille dauert zu lange, der Frieden ist zu groß. Wo bleibt der Lärm? Wann landet die nächste Maschine?

»Wenn ich wiederkomme«, sagte ich indessen, »müssen sie mir im Büro Urlaub geben.«

»Ja«, sagte sie still.

»Ich habe dann auch genug Geld, Sibylle. Wir fahren in den Süden, bis Neapel. Dann nehmen wir ein Schiff und reisen durchs Mittelmeer. Nach Ägypten! Vier Wochen lang.«

»Versprichst du es mir?«

Ich legte eine Hand zwischen ihre Beine, weil ich bei etwas schwören wollte, woran ich glaubte, und sagte: »Ich verspreche es dir.«

»Vier Wochen«, wiederholte sie. »Und du wirst keine Artikel schreiben?«

»Keine einzige Zeile«, sagte ich. »Ich werde dich nur liebhaben. Ich werde dich vor dem Frühstück liebhaben, mein Herz, und nach dem Frühstück, und vor dem Mittagessen und nach dem Mittagessen, und vor dem Abendessen und nach dem Abendessen.«

»Bitte, nicht nach dem Mittagessen«, flüsterte sie, und ich fühlte, daß sie wieder weinte. Meine Füße waren kalt. Ich bewegte die Zehen hin und her und wartete auf die neue Maschine. Wo blieb sie? Warum zerstörte sie noch nicht den Frieden der letzten Minuten?

Plötzlich sagte sie: »Seit ich dich kenne, bete ich wieder. Ich habe viele Jahre lang nicht gebetet. Aber jetzt tue ich es. Ich bitte Gott, daß er uns zusammen läßt. Und daß wir glücklich bleiben. Darum bitte ich Gott.« Sie hob sich auf einer Schulter und stützte den Kopf mit einer Hand.

Der Blick ihrer schrägen, leidenschaftlichen Katzenaugen ruhte auf meinem Mund.

»Du glaubst nicht an ihn.«

»Nein«, sagte ich.

»Hast du nie an ihn geglaubt?«

»Doch«, sagte ich. »Früher. Vor dem Krieg. Im Krieg habe ich damit aufgehört.« Ihr großer Mund stand leicht geöffnet, ich sah die schönen Zähne. Ich setzte hinzu: »Aber bete du ruhig. Vielleicht hilft es. Man kann nie wissen.«

Sie antwortete mit ihrer heiseren Stimme: »Wir lieben uns. Das sage ich auch Gott immer. Ich sage, schau uns an, lieber Gott, wir betrügen einander nicht, und einer ist das Glück des anderen. Mach, daß es so bleibt, lieber Gott! Es gibt nicht mehr viel Menschen in dieser Zeit, die einander lieben. Laß keinen von uns unruhig werden, rastlos, hungrig nach einem anderen Menschen . . .«

Ich lag auf dem Rücken und sah ihre winzigen Brüste an und ihre schönen, schmalen Handgelenke, und ihre langen, zarten Finger, und ich schwieg.

»Immer, wenn du fliegst, bete ich«, flüsterte Sibylle. »Ich bete, daß du Erfolg in deiner Arbeit hast und daß du mich weiter so liebst wie in diesem ersten Jahr, und daß du keine Frau findest, die dich mehr aufregt als ich . . .«

Indessen dachte ich: Eben haben wir einen Krieg erlebt. Bald kommt ein neuer. Wenn er doch nur nicht zu bald käme! Ein paar Jahre noch, ein paar Jahre des Friedens! Sibylle hatte es leicht, sie konnte mit Gott sprechen. An ihn zu glauben, war das Einfachste auf der Welt.

Oder nein, es war wohl das Schwerste.

Ich hätte gern an Gott geglaubt. Dann hätte ich ihn jetzt auch bitten können, uns zu beschützen. Ich streichelte Sibylles Hand und wartete auf das aus dem Frieden entstehende Brausen der neuen Maschine. Und das Brausen kam nicht.

». . . du fliegst bis nach Brasilien, Paul«, murmelte Sibylle an meinem Ohr und senkte dabei ihre Stimme noch mehr. »Es heißt, daß es in Rio de Janeiro die schönsten Frauen der Erde gibt.«

»Du bist die schönste Frau der Erde.«

»Wenn du unbedingt mußt, Paul, dann betrüg mich in Rio. Es macht mir nichts aus.

»Das ist nicht wahr!«

»Doch, es ist wahr. Es ist wahr, wenn es nur in Rio geschieht, und wenn du in zehn Tagen wieder bei mir bist . . .«

»Ich werde dich nicht betrügen«, sagte ich, »schon aus Aberglauben nicht.«

»Du bist klug«, flüsterte sie. »Du bist der klügste Mann von der Welt! Du weißt, daß es nicht mehr dasselbe sein würde, wenn erst der eine den anderen einmal betrogen hat.«

Ich dachte: Ich habe in meinem Leben mit vielen Frauen gelebt, und Sibylle hat mit vielen Männern gelebt. Aber ich habe alle meine Frauen verlassen, oder sie haben mich verlassen, und Sibylle ist es ebenso ergangen. Wir waren beide voller Unruhe, bevor wir einander trafen, wir haben zuviel getrunken und zuviel geraucht und keinen Frieden gehabt. Seit wir einander kennen, schlafen wir gut, und die kleinen Stunden des Morgens haben ihren Schrecken für uns verloren. Wir wachen gern auf, wenn es noch dunkel ist, denn wir schlafen im selben Bett und halten einander immer im Arm, und das Bett ist so schmal, daß nur Menschen, die einander wirklich lieben, in ihm Glück finden können. »Natürlich«, flüsterte Sibylle, während ich das dachte, »werden wir einander nicht gleich verlassen, wenn einer den anderen zum erstenmal betrügt!«

»Natürlich nicht, mein Liebling.«

»Aber es würde nicht mehr dasselbe sein!«

»Nein«, sagte ich. Wo blieb die nächste Maschine?

Warum kam sie nicht und zerstörte alles mit dem Toben ihrer vier Motoren? Geschah ein Wunder? Es gab doch keine Wunder . . .

»Das Vertrauen wäre fort«, sagte Sibylle. »Und wir lieben einander doch so sehr, weil wir einander vertrauen. Weißt du, daß man in der ganzen Stadt von uns spricht?«

»Mein Altes«, sagte ich. »Mein Schönes.«

»Alle beneiden uns.«

»Ich würde uns auch beneiden!«

»Paul?«

»Ja?«

»Wenn es sehr heiß ist in Rio, und wenn du viel getrunken hast, und wenn du dich sehr . . . unruhig fühlst — dann tu es!«

»Ich will nicht.«

»Du bist großartig. Aber wenn sie einen großen, aufregenden Mund hat, so wie ich —«

»Ich will nicht!«

»— und lange, aufregende Beine, und schwarze Haare, und kleine, feste Brüste —«

»Sei ruhig!« Ich richtete mich auf und drückte sie an mich und küßte sie. Sie seufzte leise und fühlte sich sehr zart und zerbrechlich in meinem Arm. Sie flüsterte: »Es heißt, du beschützt die Liebenden, Gott. Beschütze auch uns. Bitte, Gott, bitte!«

Dann hörte ich endlich das ferne Brausen; eine neue Maschine flog Berlin an. Ich preßte Sibylles Körper an mich, meine Lippen blieben auf den ihren, ich fühlte ihr Herz schlagen, wir waren eins. Und doch kam das Brausen näher, eiskalt und unerbittlich, zerriß den Frieden, zerstörte die Stille, wurde maßlos. Die Fensterscheiben klirrten wieder. Ich schloß die Augen. Es war wie eine schwere, aber erlösende Heimkehr in die Gewißheit von Trauer, Unrast und spätem Leid.

»Wir müssen aufstehen«, sagte ich.
»Ja, mein Herz.«
»Gib mir die Prothese.«
Sie glitt aus dem Bett und lief nackt und lautlos durchs Zimmer zu dem Stuhl, auf dem die Prothese lag. Es war eine Prothese für ein linkes Bein. Mir fehlte ein linkes Bein, vom Kniegelenk an, ich besaß nur noch ein rechtes.
Sie kam mit der Prothese zurück, kniete vor mir nieder, und ich setzte mich im Bett auf, damit sie die Prothese an den Stumpf schnallen konnte. Der Stumpf schmerzte.
»Es kommt Regen«, sagte ich.
»Jetzt im Winter?«
»Du kannst dich darauf verlassen.«
Es war eine ganz moderne Prothese, und ich konnte mich sehr gut mit ihr bewegen. Nach dem Krieg hatte ich zuerst Krücken benützt, bis die Wunde verheilt war. Dann kam eine Prothese, nicht diese, eine andere. Die erste Prothese besaß einen starren linken Schuh, der rechte wurde mitgeliefert. Aber der linke Schuh saß an der Prothese fest. Das irritierte mich. Ich wohnte viel in Hotels. Und abends stand ich dann immer vor demselben Problem, wenn ich meine Schuhe vor die Tür stellen wollte. Entweder ich stellte beide, mit der Prothese, hinaus, oder nur den rechten. Das sah dann aber wieder so aus, als wäre ich verrückt oder betrunken. Deshalb erwarb ich eine zweite Prothese. Ihren linken Schuh konnte man abnehmen wie den von dem gesunden rechten Fuß. Sie war sehr kostspielig gewesen, diese Prothese, aber sie war auch aus bestem Leder und verchromtem Nickel hergestellt. Sibylle hatte das Kunstbein angeschnallt, die Riemen saßen fest, der Stumpf ruhte auf dem kleinen Schaumgummikissen.
»Sitzt sie gut so?«
Ich stand auf und wippte ein paarmal.
»Ja«, sagte ich, »sie sitzt ausgezeichnet.«

## 2

Ich lese, was ich bisher geschrieben habe, und überlege, ob es nicht bei weitem meine Kräfte übersteigt, diesen Bericht fortzusetzen. Etwas über zwei Monate sind vergangen, seit an jenem kalten, windstillen Morgen um fünf Uhr früh das Telefon läutete. Ich schreibe diese Worte in einem komfortablen Zimmer im vierten Stock des Hotels *Ambassador* in Wien. Das Zimmer ist in den Farben Rot, Weiß und Gold gehalten. Auch die Tapeten sind rot. Es ist heller Tag. Aus der Tiefe dringen vom Neuen Markt her Autogeräusche und Menschenstimmen zu mir herauf. Ein Fenster steht offen.

Wir schreiben Dienstag, den 7. April 1956. Es ist schon recht warm in Wien, recht warm für April. Die Blumenfrauen vor dem Eingang der Kapuzinergruft, die sich gegenüber dem Hotel befindet, verkaufen kleine Sträuße von Primeln, Schneeglöckchen und Veilchen. Der Frühling scheint in diesem Jahr sehr zeitig zu kommen.

Ich wurde bereits vor einer Woche aus dem Krankenhaus entlassen. Aber mein Arzt, Doktor Gürtler, besteht darauf, daß ich mich noch ein paar Tage völlig ruhig verhalte.

»Die Wunde heilt doch zu«, protestierte ich. »Man versichert mir von allen Seiten optimistisch, daß ich mich schon lange außer Lebensgefahr befinde.«

»Warum wollen Sie aufstehen?« fragte er mich.

»Ich muß etwas aufschreiben.«

»Dazu ist es zu früh.« Doktor Gürtler ist ein älterer, weißhaariger Herr, den mir der Wiener Vertreter der West-Presse-Agentur sehr empfohlen hat. Er kümmert sich rührend um mich. Seit meiner Entlassung aus dem Krankenhaus besucht er mich täglich. Als ich ihn gestern bat, aufstehen zu dürfen, sagte er kopfschüttelnd: »Sie sind unvernünftig, Herr Holland! Fünf Zentimeter höher, und die Kugel trifft Ihr Herz, und Sie äußern niemals mehr den Wunsch, irgend etwas aufzuschreiben.«

»Sie sehen«, antwortete ich, »was fünf Zentimeter ausmachen können! Herr Doktor, bitte erlauben Sie mir täglich eine Stunde zu schreiben. Es macht mir keine Mühe. Ich habe eine kleine Reiseschreibmaschine. Ich tippe selber — seit Jahren. Und ich muß schreiben, ich *muß!*«

Darauf sagte Doktor Gürtler, der über alles informiert ist, was mir in den letzten beiden Monaten widerfuhr:

»Sie sind im Begriff etwas sehr Unkluges zu tun.«

»Nämlich was?«

»Sie wollen sich mit Ihrer Vergangenheit beschäftigen.«

»Ja«, sagte ich. »Nur so kann ich sie vergessen.«

»Sie denken noch immer an diese Frau.«

»Woher wissen Sie das?«

»Die Nachtschwester hat es mir erzählt.«

Ich habe eine Nachtschwester im Hotel *Ambassador.* Die West-Presse-Agentur hat darauf bestanden. Und zum erstenmal in meinem Leben habe ich nach dem Mordversuch auf mich das Gefühl, daß ich ein wichtiger und geschätzter Mitarbeiter der West-Nachrichten-Agentur bin.

Doktor Gürtler fuhr fort: »Sie sprechen im Schlaf. Manchmal schreien Sie auch. Die Nachtschwester ist sehr beunruhigt.«

Ich erwiderte: »Ist zu verstehen, was ich sage und schreie?«

Er nickte stumm, und in seine weisen, alten Augen trat ein Ausdruck von Mitleid. Ich dachte: Bin ich schon ein Mensch, mit dem man Mitleid empfindet?

»Sie sprechen nur von ihr«, sagte Doktor Gürtler. »Nur von — dieser Frau.« Er machte eine abschätzende Pause vor den letzten beiden Worten.

»Ich habe diese Frau geliebt«, sagte ich.

»Sie sollen nicht mehr an sie denken. Sie müssen

gesund werden, Herr Holland. Dann, wenn Sie erst gesund sind, machen Sie eine Reise, eine weite Reise, vielleicht ins Mittelmeer, vielleicht nach Ägypten. Und auf dem Schiff schreiben Sie sich alles von der Seele. Alles, was Sie erlebt haben!«

»Ich wollte immer schon eine Reise ins Mittelmeer unternehmen.«

»Nun, sehen Sie!«

»Ich wollte mit *ihr* reisen, Herr Doktor.«

Darauf schwieg er, und auch ich schwieg und sah die roten Seidentapeten meines Zimmers an, und die vergoldeten Sessellehnen und den weißen Plafond.

»Mit ihr können Sie nicht mehr reisen«, sagte Doktor Gürtler. »Das wissen Sie. Sie ist tot.«

»Ja«, sagte ich. »Sie ist tot.« Ich hatte eine Flasche Whisky unter meinem Bett versteckt, und eine zweite Flasche verwahrte ich in meinem Schrank. Der Etagenkellner hatte sie mir beide gebracht, ich hatte ihn bestochen, denn es war mir verboten, Whisky zu trinken. Aber wenn ich nicht Whisky trank, konnte ich nicht schlafen, und wenn ich nicht schlafen konnte, erschien mir Sibylle und setzte sich auf meine Brust und ließ mich nicht atmen. Auch während ich mit Doktor Gürtler sprach, war sie im Raum, ich fühlte es deutlich. Ich konnte sie nicht sehen. Ich konnte Sibylle niemals mehr sehen. Nur fühlen konnte ich sie noch. Wenn sie sich auf meine Brust setzte und mir den Atem nahm. Deshalb hatte ich den Etagenkellner bestochen, mir Whisky zu bringen. Der Whisky war stärker als Sibylle. Wenn ich ihn trank, kam sie nicht. Der Etagenkellner versorgte mich auch mit Eis und Sodawasser. Er war ein verständiger Mensch und hieß Franz. Ich war sehr glücklich, zu denken, daß ich noch eineinhalb Flaschen Whisky besaß. Es schien aller Trost zu sein, den ich noch hatte.

»Ich darf also nicht aufstehen?« fragte ich den Arzt,

entschlossen, gleich nach seinem Abgang ein Glas oder zwei zu trinken, denn ich fühlte, daß Sibylle im Zimmer war, ich konnte den Duft ihrer Haut riechen, ich konnte sie atmen hören. Es machte dabei nichts aus, daß Sibylle tot war. Ich hörte sie dennoch atmen. Ich fühlte dennoch den Duft ihrer Haut.

»Ich verbiete Ihnen vorläufig mit aller Bestimmtheit, aufzustehen und zu schreiben«, sagte Doktor Gürtler, sich erhebend. Gleich nachdem er gegangen war, stand ich auf. Ich trank ein Glas Whisky und zog meinen Schlafrock an. Die Wunde unter dem Herzen zog und stach. Ich war noch sehr benommen. Wahrscheinlich hatte ich Fieber. Ich setzte mich dennoch ans Fenster und drehte ein Blatt Papier in meine kleine Schreibmaschine. Sibylle war im Raum, ich fühlte es nun ganz stark, der Duft ihrer Haut und ihr Parfüm betäubten mich. Ich trank noch einen Schluck. Es war wie eine wundervolle Erleichterung, als ich die ersten Worte dieses Berichtes zu schreiben begann, als ich mich jener Nacht entsann, in der alles seinen Anfang nahm, jener schneereichen, bitterkalten Nacht in Berlin. Ich schrieb etwa zwei Stunden. Dann brach ich ab.

Und nun sitze ich hier und überlege, ob es nicht bei weitem meine Kräfte übersteigt, fortzufahren. Viel ist geschehen in den letzten zwei Monaten. Und es ist *mir* geschehen. Mir, der ich darauf nicht vorbereitet war. Von allen Menschen mir. Was soll ich tun?

Schweiß rinnt mir vom Nacken in den Hemdkragen und macht die Tasten meiner Maschine glatt. In meinen Ohren dröhnt es. Meine Lippen sind trocken. Mein Herz klopft laut. Gott schützt die Liebenden. So sagte Sibylle. Aber hat er es getan? Bei jedem Atemzug schmerzt mich noch die Wunde unter dem Herzen, aus welcher Doktor Gürtler, geschickt und umsichtig, vor kurzem eine stählerne Kugel des Kalibers 6,65 gezogen hat.

Gott schützt die Liebenden . . .

Unten in der Tiefe preisen die Wiener Blumenfrauen ihre Waren an, Veilchen, Primeln, Schneeglöckchen. Es ist sehr warm in Wien, sehr warm für April. Ein Flugzeug zieht seine unnahbare Bahn über die Stadt, ich kann die Motoren brummen hören.

Ein Flugzeug! Es hat keinen Sinn.

Ich muß weiterschreiben. Nur so kann ich vergessen, was geschehen ist. Was geschehen ist in den letzten beiden Monaten, und was seinen Beginn nahm in der eingeschlossenen, viergeteilten Stadt Berlin, im Herzen eines zweigeteilten Landes, an einem Wintertag, um fünf Uhr morgens, im Grunewald, in einer Wohnung des Hauses Lassenstraße 119.

## 3

Das Haus war sehr groß.

Ein reicher Mann hatte es um die Jahrhundertwende gebaut, ich glaube, er war der persönliche Notar des deutschen Kaisers. Das Haus stand mitten in einem alten Park. Es gab auch einen See, der im Winter dick zufror. Bei schönem Wetter spielten immer Kinder auf dem Eis. Ihr Lachen und ihre Rufe drangen bis in Sibylles Zimmer.

In den Jahren nach dem Zweiten Weltkrieg hatte man das große Haus unterteilt, Trennwände gezogen, Durchgänge geschaffen und Durchgänge zugemauert und so insgesamt vier Wohnungen entstehen lassen, die alle ihre Mieter fanden. Es waren stille, zurückgezogene Leute: ein Ehepaar, ein Industrieller mit seiner Freundin, zwei junge Maler. Man sah sich eigentlich nur im Park, denn die Wohnungen hatten eigene Eingänge. Die Villa besaß keine direkte Nachbarschaft: das Haus auf der linken Seite war im Krieg ausgebrannt und stand nun da als schwarze, verwitterte Ruine, die langsam unter rankendem Unkraut verschwand — und auf der rechten Seite lag der See. Ich erwähne diese Abgeschiedenheit besonders, weil sie im Verlauf der Ereignisse eine gewisse Rolle spielt.

Der Portier hieß Wagner. Er war ein kleiner, blasser Mann mit einer großen, schwerfälligen Frau und einer Tochter von sechzehn Jahren. Nach einem akuten Anfall von Scharlach hatte diese Tochter die Sprache verloren. Maria — so hieß das Mädchen — vermochte nur noch heisere, bellende Laute hervorzuwürgen. Man meinte stets, sie würde an ihnen ersticken. Sie war blond und stark entwickelt. Seit einem Jahr trieb sie sich mit Jungen herum. Manchmal verschwand sie eine Nacht lang. Die Mutter war verzweifelt. Sie sagte einmal zu mir: »Die Jungen wissen, daß Maria nichts erzählen kann.«

Maria stand neben ihr und sah mich aus halbgeschlossenen Augen an. Die Spitze ihrer Zunge glitt schnell über die Lippen. Dann stieß sie ein paar hohe, grelle Töne aus und rannte davon . . .

»Es ist ganz windstill«, sagte Sibylle. Sie stand am Fenster, als ich aus dem Badezimmer zurückkam, und sie trug jetzt einen Morgenrock. Sie war noch ungeschminkt. »Du wirst einen guten Flug haben«, sagte sie und sah in den dunklen Park hinunter. »Ich glaube, es ist sehr kalt.« Sie sprach immer weiter. Ein Satz kam. Dann eine Pause. Dann wieder ein Satz. »Außerdem gibt es Glatteis.« Ihre großen schwarzen Augen wichen mir aus. »Hoffentlich sind die Startbahnen frei.« Ich nahm sie an den Schultern und drehte sie zu mir um. »Mein Liebling«, sagte ich. Sie küßte mich auf die Wange und seufzte leise. Ich schob eine Hand unter den Morgenrock und berührte Sibylles Schulter. Sie wich zurück. »Nicht«, sagte sie. »Bitte nicht. Es macht mich ganz krank, wenn du mich anrührst, und ich weiß, daß wir keine Zeit mehr haben.«

»Wir haben noch Zeit.« Meine Hand glitt tiefer. »Ein wenig Zeit haben wir noch.«

»Wir sind beide viel zu nervös dazu«, sagte sie. »Zieh dich an. Ich koche Kaffee.« Sie lief in die Küche. Ich trat in die kleine Halle, die zwischen den zwei Zimmern der Wohnung lag und deren Türen auf eine weite Steinterrasse hinausführten. Ich sah ins Freie. Die Straßenlaternen brannten noch. Der Himmel war bleigrau. Es wehte tatsächlich kein Windhauch.

Während ich mich anzog, hantierte Sibylle in der Küche. Dann packte ich meine wenigen Kleidungsstücke ein und legte meine Schreibmaschine auf den Koffer. Nun hörte ich Sibylle im Badezimmer. Ich setzte mich neben das Regal, in dem ein Teil ihrer Bücher stand. Sie hatte viele Bücher, hauptsächlich italienische. Sibylle war lange in Italien gewesen. Jetzt verwendete sie die Bücher beruflich: sie war Sprachlehrerin.

Sie liebte Italien, sie erzählte immer wieder von diesem Land. Ich denke, sie war in Italien sehr glücklich gewesen. Sie hatte eine Menge Münzen in die Fontana di Trevi in Rom geworfen. Es hieß, daß man zurückkehren mußte in die Ewige Stadt, wenn man das tat . . .

Ich zog einen dünnen Band aus dem Regal und stellte fest, daß es eine kritische Arbeit über Anaximander von Milet war. Las Sibylle so etwas? Sie hatte seltsame Bücher, die überhaupt nicht zu ihr paßten. Ich blätterte in dem Buch, während ich hörte, wie sie ihre Zähne putzte, und las dann eine Stelle, die jemand mit Bleistift angestrichen hatte: »Der Ursprung der Dinge ist das Grenzenlose. Woraus sie entstehen, darin vergehen sie auch mit Notwendigkeit, denn sie leisten einander Buße und Vergeltung für ihr Unrecht nach der Ordnung der Zeit.«

»Paul?«

Ich sah auf. Sie stand vor mir, sie trug nur Strümpfe

und einen Halter, sonst war sie nackt. Ich sah ihren ebenmäßigen Jungenkörper, das schmale Becken, die breiten Schultern, die kleinen Brüste mit den hervorstehenden Warzen. Sie streckte mir die Arme entgegen. Nun sah ich auch das Muttermal unter der rechten Achselhöhle. Es war so groß wie ein Markstück und sehr braun.

»Was soll ich anziehen? Das grüne Kostüm oder das schwarze?«

»Das schwarze«, sagte ich. »Es ist wärmer.«

»Schau mich an«, sagte sie. »Schau mich noch einmal genau an, damit du nicht vergißt, wie ich aussehe.«

»Das vergesse ich nie. Ich kann zu jeder Zeit die Augen schließen und mir dein Gesicht vorstellen und deinen Körper, und immer entstehen beide sofort ganz deutlich und genau.«

»Mir geht es auch so.«

»Weil wir uns lieben.«

»Ich bin gleich fertig. In zehn Minuten können wir frühstücken«, sagte sie und lief ins Schlafzimmer zurück. Ich fühlte mich müde und leer. Mein Kopf schmerzte, und meine Hände waren kalt.

## 4

Wir tranken nur den heißen Kaffee, essen konnten wir beide nichts. Die frischen Brötchen lagen zwischen uns, die weichen Eier blieben in ihren Bechern stehen. Das bunte Jam, die helle Butter.

»Es hat keinen Sinn«, sagte Sibylle. »Ich bekomme keinen Bissen hinunter.«

»Wir Hysteriker«, sagte ich. »Ein Jahr kennen wir uns nun, und jedesmal, wenn wir uns trennen müssen, machen wir dasselbe Theater.«

Ich ging zum Telefon und rief ein Taxi. Sibylle zog

ihren schweren Mantel an. Wenn sie seinen großen Kragen aufstellte, verschwand ihr Kopf vollständig in ihm. Ich nahm meinen Koffer und ging zur Tür.

»Laß mich deine Schreibmaschine tragen«, bat sie. Sie hatte jetzt einen Hut auf dem Kopf, der aussah wie ein Tropenhelm, einen grauen Filzhut. Der Mantel war auch grau. Er hatte große Taschen. Wir gingen die Treppe hinunter und traten ins Freie. Es war stechend kalt, der Frost verlegte meine Nase.

»Paß auf, Liebling«, sagte ich. »Es ist wirklich sehr glatt.«

An meiner Seite trippelte sie auf ihren hohen Absätzen vorsichtig zum Tor. Als wir die Straße erreichten, war das Taxi noch nicht da. Ein Bäckerjunge mit seinem Fahrrad trug Brötchen aus. Aber er schob das Rad, denn es war zu glatt, um zu fahren. Die Straße glänzte wie Spiegel. Der Junge ging zusammengekrümmt, weil ihn fror, und hängte weiße Leinensäckchen an die Schnallen der Gartenpforten.

Das Taxi kam lautlos wie ein Schiff übers Meer. Plötzlich erfaßten uns die Lichtkegel seiner Scheinwerfer. Der Chauffeur hielt und stieg aus, um meinen Koffer zu verstauen.

»Zum Flughafen«, sagte ich. Das Einsteigen war schwer, ich konnte die Prothese nur mühsam in den Wagen heben. Der Stumpf schmerzte noch immer. Das Wetter schlug um. Im Fond tastete ich nach Sibylles Arm. Sie zog einen Handschuh aus und verflocht ihre Finger fest mit den meinen. Es war sehr kalt im Wagen, und es roch nach Benzin und altem Leder.

In den Kurven schleuderte der Wagen.

»Fahren Sie langsamer«, sagte ich, »wir haben es nicht eilig.« Der Chauffeur gab keine Antwort.

Wir fuhren jetzt durch die Stadt. Frierende Arbeiter standen bei den Autobushaltestellen. Es war noch sehr still. Ich sah zwei kleine Mädchen, die auf und nieder hüpften, um die Füße warmzuhalten. Was machten Kinder um diese Zeit auf der Straße?

Ich sagte zu Sibylle: »Wenn du nach Hause kommst, leg dich noch einmal ins Bett und versuche zu schlafen. Nimm Tropfen.« Sie nickte. Wir fuhren jetzt über eine große Brücke. Unter ihr zog sich ein Gewirr von Schienen hin. In der Ferne stieß eine Lokomotive Dampf aus. Die weiße Säule stieg in der Dunkelheit auf und verlor sich im Bleigrau des Himmels.

Ohrenbetäubend dröhnte plötzlich ein Flugzeug über uns hinweg, es befand sich unmittelbar vor der Landung. Ich sah die grünen und roten Positionslichter.

»Wir sind da«, sagte Sibylle tonlos.

Der Chauffeur erreichte den großen Platz vor dem Zentralflughafen. In der Morgendämmerung sah ich das Denkmal der Luftbrücke, den aufsteigenden Betonbogen, der plötzlich zu Ende war. Ich fragte: »Sind eigentlich viele Maschinen abgestürzt während der Blockade?«

»Ein paar«, sagte Sibylle. »Die Piloten hatten es schwer, unser Flughafen lag mitten in der Stadt. Die Maschinen mußten zwischen den Häusern landen und aufsteigen.«

Der Chauffeur, der bisher kein Wort gesprochen hatte, sagte plötzlich: »Einmal war ich dabei.«

»Bei einem Absturz?«

»Ja, Herr.« Er wies mit dem unrasierten Kinn auf eine Ruine. »Dort drüben war's. Ich arbeitete damals hier.«

Er sprach die ganze Zeit mit abgewandtem Gesicht. Vorsichtig fuhr er jetzt über den spiegelglatten Platz auf die Lichter des Flughafens zu. »Ich half die Maschinen ausladen. Na, und eines Abends, es war kalt wie heute, da kommt so ein Ami herunter, beladen mit Mehl, verstehen Sie. Kommt in der Einflugschneise etwas zu weit nach links — und mitten rein in das Haus! Mensch, war das vielleicht eine Schweinerei!« In der Erinnerung schüttelte der Chauffeur noch angewidert den Kopf. »Sechs Tote, ein Haufen Verletzte. Bevor wir noch was machen konnten, begann das Mehl zu brennen.«

»War der Brand nicht zu löschen?«

»Herr, die Hitze war so groß, daß das Flugzeugwrack weißglühend wurde! Aber vor dem Haus stand ein Baum, eine alte Kastanie. Mitten im Schnee, ich sage ja, es war so kalt wie heute, vielleicht Mitte Januar. Und am nächsten Morgen, was glauben Sie, was geschehen war?«

»Was?« fragte ich. Der Wagen hielt vor dem Eingang des Flughafens, ein Träger eilte herbei.

»Die Kastanie hatte zu blühen begonnen!«

»Nein!«

»So wahr ich vor Ihnen sitze«, sagte der Chauffeur, drehte sich um und nickte ernst mit dem Kopf. »Die Hitze war dran schuld. Die Blätter kamen heraus — *und* die Blütenkerzen! Es sah unheimlich aus, Herr! Überall Trümmer und Blut und Mehl — und mittendrin in der ganzen Scheiße steht so eine alte Kastanie und blüht!«

Ein Träger riß den Wagenschlag auf und grüßte.

»Panair do Brasil«, sagte ich. »Nach Rio. Nehmen Sie den Koffer. Die Maschine trage ich selber.«

»Ist gut.«

Ich sagte zu dem Chauffeur: »Wenn Sie Ihre Uhr abstellen und warten wollen — die gnädige Frau fährt wieder in den Grunewald zurück.«

Ehe der Chauffeur noch seine Zustimmung aussprechen konnte, unterbrach ihn Sibylle in einem Tonfall, den ich an ihr nicht kannte: »Nein, danke! Ich nehme eine andere Taxe, oder vielleicht auch den Bus.«

Ich sah sie an. Sie wich meinem Blick aus. Ich zuckte die Schultern und bezahlte den enttäuschten Chauffeur. Sibylle war mittlerweile vorausgegangen. Beim Eingang zur Wartehalle holte ich sie ein: »Was war denn?«

»Wo?«

»Im Taxi.«

»Nichts!« Sie lachte künstlich. »Der Chauffeur war mir unsympathisch!«

»Aber die Geschichte vom Kastanienbaum —«

»Gerade wegen der Geschichte war er mir unsympathisch!«

»Das verstehe ich nicht«, sagte ich, überrascht von der Heftigkeit ihres Ausbruchs.

»Die Geschichte ist doch nicht wahr!« Zwischen ihren Augenbrauen entstand eine senkrechte Falte, die Nasenflügel vibrierten nervös. »Der Mann lügt um einer Pointe willen. Ich hasse Menschen, die so etwas tun!« Sie war stehengeblieben, ihre Stimme hob sich. So etwas hatte ich mit ihr noch nicht erlebt. »Die Blütenkerzen *und* die Blätter!« fuhr sie erbittert fort. »Nicht genug mit den Blättern allein! Übertreibung und Angabe! Aus dem Tod entsteht das Leben, es gibt kein Ende, und all dieser symbolische Unsinn! Widerlich ist das!« Ihre Unterlippe bebte. »Was tot ist, ist tot! Nie kehrt es wieder, in keiner Form!«

»Sibylle!« sagte ich laut und nahm sie am Arm. Da sah sie mich an wie eine Erwachende, mit völlig leeren, verständnislosen Augen, in die langsam ein Ausdruck von Verlegenheit trat. »Was ist denn los mit dir?«

»Nerven«, sagte sie und wandte den Kopf fort. »Nichts als Nerven. Komm!« Sie führte mich an der Hand in das Flughafengebäude hinein. Dabei drückte sie meine Finger mit den ihren. Ich begriff, was das bedeutete; ich sollte nicht mehr von ihrem Ausbruch sprechen.

Die Halle des Flughafens war von Neonröhren erleuchtet, das Licht kalt und hart. Alle Menschen in ihm sahen krank aus. Hinter den langen Pulten der verschiedenen Fluggesellschaften arbeiteten viele Angestellte. Die jungen Mädchen hatten vor Müdigkeit ganz kleine Augen, die Männer in ihren blauen Anzügen waren nervös.

Die Menschenmenge, die ich erblickte, verblüffte mich.

Ich hatte nicht soviel Betrieb erwartet. Die ganze lange Halle war überfüllt mit Fluggästen, Frauen, Männern, Kindern.

»Was ist denn hier los?« fragte ich meinen Träger.

»Politische Flüchtlinge aus der Ostzone«, sagte er. Es klang verächtlich. »Werden in den Westen geflogen.« Er stellte meinen Koffer auf eine elektrische Waage beim Schalter der Pan American Airways und zuckte die Schultern: »So geht das bei uns jeden Morgen. Soll noch schlimmer werden, heißt es.«

Ich sah die Flüchtlinge an. Sie saßen auf ihren Bündeln und Koffern, schlecht gekleidet, entrechtet, demütig. Sie sprachen leise miteinander. Die Frauen trugen Kopftücher, die Männer bäuerliche Anzüge. Viele hatten keine Krawatten oder Hemden ohne Kragen. Ihre Hände waren schwielig, verarbeitet, rot vor Kälte. Ein kleines Kind begann zu greinen.

»Macht fünfzig Pfennig«, sagte der Träger. Er tippte an seine Kappe und verschwand. Sibylle hielt sich fest an mir an. Ich drückte sie plötzlich an mich, denn mir fielen alle die anderen Flüchtlinge ein, die ich in Saigon gesehen hatte, und die Flüchtlinge in Seoul, und die Flüchtlinge auf der Insel Quemoy. Immer hatte ich sie auf Flughäfen gesehen, auf ihren Bündeln sitzend, die Männer mit dem starren und doch demütigen Blick ins Nichts, die Mütter mit den unruhigen Kindern an der Brust, die vor sich hinmurmelnden uralten Frauen, die Großväter in Rollsesseln. Immer hatten sie an einem Bindfaden einen Zettel um den Hals getragen. Stets hatte der Zettel neben dem Namen eine Nummer aufgewiesen. Und nach den Nummern waren sie stets aufgerufen worden. Nach den Nummern. Nicht nach den Namen. »Achtung«, sagte eine Lautsprecherstimme. »Air France gibt den Abflug ihres Clippers siebensechsundneunzig nach München bekannt. Die Passagiere werden durch Flugsteig zwei an Bord gebeten. Bitte Frauen mit Kindern zuerst. Wir wünschen Ihnen einen angenehmen Flug!« Bewegung kam in die Wartenden. Sie drängten vor. Angehörige hielten sich an den Händen.

»Laßt doch die Kinder vor!« schrie jemand. Aber niemand hörte ihn.

Und immerfort hör' ich in meinem Rücken den Sauseschritt der Zeit, die weitergeht . . .

Ich preßte Sibylle noch fester an mich. Vor mir verhandelte ein Angestellter der Pan American mit einem Mann aus dem Osten. Ich stand hinter ihm. Der Mann hielt einen alten Hut in der Hand. Er trug trotz der Kälte keinen Mantel, und sein altes Hemd hatte keinen Kragen. Der Mann war unrasiert und bleich. Er sprach Sächsisch. Es war ein einfacher Mann, der nicht begreifen konnte, was ihm widerfuhr.

»Herr Pilot«, sagte er demütig zu dem Angestellten, »bitte, verstehen Sie mich richtig! Wir kommen aus Dresden. Meine Frau, meine beiden Kinder und die Katze.« Seine Katze entdeckte ich erst jetzt. Sie lag unter einer Decke in einem kleinen Korb, der auf der Theke stand. Es war eine dicke rotbraune Katze, die sehr schläfrig wirkte. »Aus Dresden, Herr Pilot!«

»Ich bin kein Pilot«, sagte der Angestellte, ein cholerischer Mann mit einer beginnenden Glatze. »Ich kann Ihnen leider nicht helfen.«

»Herr — wie heißen Sie, bitte?«

»Klär.«

Hinter mir bildete sich eine Menschenschlange. Alles war nervös, aber alles lauschte dem Gespräch des Mannes aus Dresden mit dem Angestellten.

»Herr Klär, verstehen Sie doch, die Katze hat mit uns Dresden verlassen! Es ist sehr weit von Dresden hierher. Wir sind drei Tage unterwegs gewesen. Heimlich sind wir in den Westsektor gekommen. Wir können nicht mehr zurück.«

»Herr Kafanke, das weiß ich alles. Ich —«

»Wir sind anerkannte politische Flüchtlinge! Wir waren alle in der Kuno-Fischer-Straße! Sechs Wochen lang. Auch die Katze. Wir haben alle unsere Papiere!«

»Die Katze nicht«, sagte der Mann, der Klär hieß.

»Aber sie hat doch mit uns Dresden verlassen, Herr! Wir haben ihr Brom ins Fressen gemischt, damit sie ruhig bleibt! Herr Klär, was sollen wir denn tun? Wir können das Tier doch nicht in Berlin zurücklassen!«

»Achtung, bitte! British European Airways geben den Abflug ihres Viscountfluges drei-zweiundvierzig nach Hannover und Hamburg bekannt. Die Passagiere werden durch Flugsteig drei an Bord gebeten. Wir wünschen Ihnen einen angenehmen Flug!«

»Herr Kafanke, haben Sie Verständnis. Tiere können wir nicht befördern. Es ist gegen die Vorschrift. Sehen Sie, es stehen schon so viele Herrschaften hinter Ihnen in der Schlange, sie haben es alle eilig.«

Der Mann aus Dresden sah die Menschen, die hinter ihm standen, demütig an und verneigte sich wie ein russischer Postmeister vor einem General des Zarenreiches: »Vergebung, meine Herrschaften, bitte, seien Sie mir nicht böse, es geht um meine Katze. Verzeihen Sie den Aufenthalt!«

Keiner von uns sprach. Ein paar von uns nickten.

*»Attention, please! Passenger Thompson, repeat Thompson, with PAA to New York, will you please come to the ticket counter! There is a message for you!«*

Der Mann, der Kafanke hieß, sagte indessen: »Es ist Mord, wenn Sie mich die Katze nicht mitnehmen lassen, verstehen Sie, Mord!«

»Reden Sie nicht so!«

»Was soll denn aus dem Tier werden?«

»Katzen können für sich selber sorgen. Sie finden immer heim.«

»Heim nach Dresden?« Flüchtling Kafanke hatte Tränen der Wut in den Augen. »Durchs Brandenburger Tor vielleicht?«

»Herr Kafanke, bitte!«

Dem Angestellten Klär trat der Schweiß in feinen Perlen auf die bleiche Stirn.

»Dazu sind wir also geflüchtet, Mutter«, sagte Kafanke zu einer dicken Frau, die hinter ihm auf einem Koffer saß. »Dazu haben wir unser Heim verlassen.«

»Darf Mieze denn nicht mit?«

Ich machte dem Clerk ein Zeichen. »Warten Sie einen Moment«, sagte dieser zu dem Mann aus Dresden. Er kam zu mir. »Wohin fliegen Sie, mein Herr?«

»Aber hören Sie —«, protestierte Kafanke schwach und verstummte. Er streichelte die braune Katze. »Mein Gutes«, sagte er, »mein Schönes, hab keine Angst. Wir verlassen dich nicht. Und wenn ich mit einem amerikanischen General reden muß!«

»*Calling for passenger Thompson! Passenger Thompson! Will you please come to the PAA ticket counter!*«

Die Katze ließ ein dünnes Miauen hören.

»Ich fliege nach Rio«, antwortete ich dem Angestellten Klär. »Mit der Panair do Brasil.« Die brasilianische Gesellschaft besaß in Berlin kein eigenes Büro. Pan American agierten für sie. Ich legte meinen Flugschein auf den Tisch.

»*Calling passenger Thompson, passenger Thompson, to New York! Come to the PAA ticket counter. There is a message for you!*«

Der Angestellte, der Klär hieß, sah in hoffnungsloser Erbitterung die rotbraune Katze an, wischte sich den Schweiß von der Stirn und zog eine Liste heran. »Herr Paul Holland?«

»Ja.«

»Wohnort?«

Ich zögerte. Das war eine Frage, die mir immer wieder unangenehm war, sooft sie auch an mich gestellt wurde. Ich wohnte an vielen Orten und in vielen Städten, aber ich war gar nirgends zu Hause. Ich hatte keine Wohnung, seit Jahren nicht mehr. Die einzige Wohnung, in der ich gelegentlich lebte, gehörte Sibylle. Ich antwortete: »Frankfurt am Main, Parkstraße zwölf.« Das klang wie eine gute Adresse. Es war nur keine. Es war die Adresse des Hotels *Astoria,* in dem ich ein Jahreszimmer gemietet hatte. In ihm hing ein Bild Sibylles. In ihm gab es einen Schrank voller Wäsche und Anzüge. In ihm gab es ein paar Bücher und viele alte Manuskripte. In ihm gab es alles, was mir auf dieser Welt gehörte. Es war nicht viel. Es war eigentlich recht wenig.

»Warum fliegen Sie nach Rio?« fragte der Clerk.

»Es steht auf meiner Einreiseerlaubnis«, sagte ich, wütend auf Herrn Klär, obwohl ich nur wütend auf mich selber, auf meine Art zu leben war.

»In der Einreiseerlaubnis steht ‚beruflich'.« Er wurde unfreundlich. »Was heißt beruflich?«

»Ich bin ein Korrespondent der West-Presse-Agentur«, erklärte ich ihm, während Sibylles streichelnde Hand mich zu Ruhe und Freundlichkeit mahnte. »Wir besetzen gerade unser Büro in Rio mit neuen Leuten. Ich kenne Rio. Die neuen Leute sind fremd dort. Ich soll sie einführen.«

»Danke, Herr Holland.« Er war jetzt ungeheuer sachlich. Sibylle lächelte ihn an. Auch er lächelte. »Ich tue nur meine Pflicht, gnädige Frau«, sagte Herr Klär.

»Herr Holland meinte es nicht so.«

»Wir sind alle nervös«, sagte Herr Klär.

Die Katze miaute wieder.

»Achtung, bitte, British European Airways geben die Ankunft ihres Fluges vier-zweiundfünfzig aus Düsseldorf bekannt!«

Und immerfort hör' ich in meinem Rücken . . .

»Darf ich jetzt Ihren Seuchenpaß sehen, Herr Holland?« Ich gab ihm das kleine gelb-schwarze Heft. Ich hatte mich für diesen Flug impfen lassen müssen. Auf meiner Brust schmerzten noch zwei Stellen von den Injektionen.

»Danke, Herr Holland. Und nun, bitte, das ärztliche Attest.«

Ich gab ihm die Urkunde, aus der hervorging, daß ich weder an Tuberkulose, ägyptischer Augenkrankheit, Lepra, noch an Auszehrung und hereditärer Syphilis litt. Dann gab ich ihm die unterzeichnete Versicherung, daß ich mich in Brasilien keiner gegen die bestehende Regierung gerichteten Organisation anschließe, noch auf den Straßen betteln, noch der öffentlichen Wohlfahrt zur Last fallen würde.

»Danke, Herr Holland. Ist das Ihr ganzes Gepäck?«

»Ja.«

»Sie haben noch Zeit. Wir werden Sie aufrufen.« Ich nahm meine Schreibmaschine, nickte ihm zu und versuchte, für Sibylle und mich einen Weg zu bahnen. »Erlauben Sie«, sagte ich zu Herrn Kafanke. Er sah mich mit seinen alten, mutlosen Augen an: »Sie sind Reporter, mein Herr. Ich habe es eben gehört. Können Sie nicht meiner Katze helfen?« Ich sah alle Menschen an, die in der großen Halle warteten, und ich sah wieder die Kinder in Seoul und die alten Männer in Saigon und die hysterischen Frauen auf der Insel Quemoy, die sich die Kleider aufrissen und den amerikanischen Piloten die Brüste zeigten als Zeichen ihrer Bereitschaft zur Hingabe, wenn sie nur mitgenommen würden, wenn sie nur mitgenommen würden . . .

»Ich kann niemandem helfen«, sagte ich leise und hielt mich dabei an Sibylles Arm fest, als wäre es das letzte und einzigste, woran ich mich noch festhalten konnte auf dieser Welt.

»*Attention, please*«, sagte die Frauenstimme aus dem Lautsprecher, »*still calling passenger Thompson, passenger Thompson . . .*«

Sie suchten ihn noch immer, diesen Herrn Thompson, Fluggast der Pan American World Airways nach New York. Eine Nachricht wartete auf ihn.

## 5

Im Flughafenrestaurant begrüßten mich die Kellner wie einen alten Bekannten. Ich war schon sehr oft hier gewesen. Die Kellner konnten an unseren Gesichtern stets ablesen, ob ich gerade abflog oder eben angekommen war.

Das Lokal war fast leer. Durch die großen dunklen Scheiben sah man zu den wartenden Maschinen hinunter, die in der Dämmerung aufgetankt wurden. Männer in weißen Overalls arbeiteten auf den Tragflächen. Es wollte nicht hell werden an diesem Morgen. Ich setzte mich an Sibylles linke Seite. Ich saß immer an dieser Seite, denn Sibylle hörte schlecht auf dem rechten Ohr. Ein alter Mann hatte sie auf der Straße geschlagen, als sie zwölf Jahre alt war. Das rechte Trommelfell war verletzt.

»Kaffee, die Herrschaften?«

»Einen Mokka«, sagte ich.

»Bitte, Herr Holland.« Der Kellner lächelte höflich. Er sympathisierte mit mir. Ich gab stets zu große Trinkgelder, in allen Ländern.

»Mir eine Tasse«, sagte Sibylle.

»Jawohl, Madame.« Der Kellner verschwand. Im Hintergrund legte ein anderer neue Tücher auf die Tische. Und unter uns füllte ein Auto die Tanks der Superconstellation der Panair do Brasil, mit der ich fliegen sollte.

»Du mußt fort aus Berlin«, sagte ich. Ich hatte jetzt

nicht mehr viel Zeit. Ich wollte von Tatsachen reden. Die Katze hatte mir den Rest gegeben.

»Wo soll ich denn hin, mein Herz!« Ihre Hand lag auf der meinen. Immer lag ihre Hand auf der meinen, wo wir auch saßen.

»Du kommst zu mir in den Westen.«

»Nach Frankfurt?«

»Ja. Ich habe genug Geld. Wir nehmen eine Wohnung.« Ich wurde erregter. »Jeden Tag kann hier etwas geschehen. Was machen wir, wenn eine neue Blockade kommt? Wenn es keine Flugzeuge mehr gibt? Wenn sie mich nicht mehr zu dir lassen?«

»Liebling«, sagte sie leise, »darüber haben wir schon so oft gesprochen. Ich kann nicht einfach meinen Beruf und meine Freunde und meine ganze kleine Welt hier aufgeben, um nach Frankfurt zu kommen und dort als deine Freundin zu leben!«

*»Attention, please! Calling passengers Collins, Crawford and Ribbon with Air France to Stuttgart! Your aircraft is about to take off! This is your last call!«*

Ich sagte: »Würdest du mich heiraten, Sibylle?«

Natürlich kam in diesem Augenblick der Kellner mit dem Kaffee. Sibylle hielt meine Hand fest und sah mich an mit Augen, die langsam feucht wurden.

»Antworte«, sagte ich. »Bitte, antworte.« Ich hatte keine Zeit mehr. Bald würden sie auch mich rufen.

Sie sagte heiser: »Es ist nur wegen der Katze!«

»Nein!«

»Oder deshalb, weil du nirgends zu Hause bist. Weil du kein Daheim hast.«

»Nein«, sagte ich und legte mich tief über den Tisch und küßte ihre kleine weiße Hand. »Es ist, weil ich dich liebe, und weil ich immer bei dir sein will, und weil ich so furchtbare Angst habe, dich zu verlieren!«

*»Calling passenger Thompson with PAA to New York!*

*Passenger Thompson! Please come to the ticket counter of the company immediately!«*

Ich sagte: »Wir kennen einander lange genug. Ein ganzes Jahr genügt. Ich will keine andere Frau mehr haben. Willst du einen anderen Mann?«

Sie schüttelte den Kopf.

»Wir werden uns eine Wohnung nehmen. Mit deinen Möbeln und deinen Büchern werden wir sie einrichten.« Ich sprach jetzt sehr schnell. »Ich habe auch ein paar Bücher. Alle Leute in Frankfurt werden dich gernhaben. Frankfurt ist eine nette Stadt. Du wirst dich wohl fühlen. In diesem Jahr schreibe ich mein neues Buch. Bestimmt schreibe ich es, Sibylle! Wenn du immer bei mir bist, *kann* ich schreiben. Und dann kaufen wir ein kleines Haus vor der Stadt. Oder wir bauen eines. Und leben immer zusammen, denk doch, Sibylle! Wir schlafen zusammen ein und wachen zusammen auf! Wir müssen uns keine Telegramme mehr schicken, wir müssen auch nicht mehr telefonieren!«

»Ich kann aber doch keine Babys bekommen«, sagte sie, kaum hörbar, und trank einen Schluck Kaffee.

»Ich will kein Baby!«

Sie sah mich stumm an.

»Außerdem darf ich gar keine Kinder bekommen«, sagte ich. »Dazu habe ich in meinem Leben zuviel getrunken. Als Vater würde ich lauter Idioten zeugen.« Ich küßte wieder ihre Hand.

Die Zeit rann fort, ich fühlte es wie eine schwere Bedrohung. Und immerfort, und immerfort, und immerfort.

»Sag mir, daß du mich heiraten wirst, wenn ich wiederkomme!«

Sie nickte. Tränen liefen ihr über die Wangen in den Mund. Sie leckte sie mit der Zunge fort und fiel mir um den Hals. Der Kellner, der die neuen Tischdecken auflegte, wandte sich diskret zur Seite.

Sibylle flüsterte: »Ich weiß, es ist nur wegen der Katze aus Dresden.«

»Nein!«

»Aber es macht mir nichts aus. Ja, ich will dich heiraten, Paul, ich will dich heiraten, und wir werden so glücklich sein.«

»Es dauert nicht mehr lange, mein Liebling«, sagte ich laut und küßte sie. Mir waren die Kellner egal. Die Kellner waren meine Freunde. Und ich hatte keine Zeit mehr.

»Aber ich werde dir zur Last fallen!«

»Niemals«, sagte ich.

»Wenn du mich erst geheiratet hast, wirst du mich nicht mehr so schnell los wie die Barmädchen, die du dir ins Bett nimmst.«

»Ich weiß.«

»Weißt du es wirklich?«

»Ja«, sagte ich.

»Ich werde dich nie, nie mehr verlassen«, flüsterte sie in mein Ohr.

Indessen überlegte ich: Ob die Liebe von zwei Menschen wohl stärker war als die Rankünen von Mao Tsetung, Foster Dulles und Bulganin? Ob es noch Glück auf Sicht gab in diesem Jahrhundert? Ob es noch Gerechtigkeit gab für Katzen, Stumme und Juden?

Indessen dachte ich: Schützt Gott die Liebenden?

*»Calling Mr. Thompson to New York! Mr. Thompson, please come to the PAA ticket counter!«*

## 6

Es war nun sieben Uhr morgens geworden.

Meine Maschine flog um sieben Uhr fünfzehn.

Immer noch in der Vergangenheit hatte *ich* Sibylle fortgebracht, aus altem Aberglauben. Ich wollte nicht, daß sie *mir* nachsah. Ich wollte *ihr* nachsehen. Ich bezahlte den Kaffee und ging mit Sibylle durch die grell erleuchtete Wartehalle zum Ausgang. Langsam, quälend langsam wurde es endlich hell. Ein trüber Tag brach an. Die Verkäuferinnen des Zeitungs- und Spirituosengeschäftes im Flughafen grüßten höflich, als wir an ihnen vorüberkamen. Wir kannten sie beide gut.

Bei Herrn Klär von der Pan American kämpfte noch immer verzweifelt Herr Kafanke aus Dresden. Ich sah zur Seite. Auch für Herrn Kafanke ging die Zeit zu Ende. Seine Maschine startete um sieben Uhr dreißig. Die braune Katze dehnte sich träg im Korb . . .

»Und spiel das Klavierkonzert von Rachmaninoff«, sagte ich, während ich Sibylle durch die Glastür ins Freie führte.

»Jeden Abend, mein Herz.«

»Spiel es nach zehn Uhr. Ich werde mir die Zeitdifferenz ausrechnen und versuchen, zu dieser Zeit an dich zu denken.«

»Dann will ich es immer tun, wenn ich Rachmaninoff höre«, sagte sie. Ihre Katzenaugen schlossen sich halb.

»Ich auch.«

»Vielleicht ist das in Brasilien aber gerade am Tag, und du bist mitten in einer Pressekonferenz!«

Darüber lachte sie wie ein Kind.

Der Schnee auf der Straße war schmutzig und niedergetreten.

Ich winkte ein Taxi herbei. Der Wagen hielt neben uns mit kreischenden Bremsen. Der Chauffeur hatte einen Buckel und sah mich mißtrauisch an: »Wohin?«

»Lassenstraße hundertneunzehn, im Grunewald.«

Ich umarmte Sibylle. Ihr Kopf lag an meiner Brust. Über uns, auf dem Turm des Flughafens, begann der riesige Radarschirm zu kreisen, lautlos und gespenstisch. Seine Wellen suchten ferne Maschinen, irgendwo über den

Wolken, riefen sie, geleiteten sie, die unsichtbaren Wellen, die unsichtbaren Maschinen.

»Leb wohl, mein Herz«, sagte sie. Dann machte sie sich schnell frei und glitt in das Taxi. Der Schlag flog zu. Der Chauffeur kroch hinter das Steuerrad. Sibylle versuchte, das Fenster an ihrer Seite herunterzukurbeln. Das Fenster ließ sich nicht öffnen. Der Wagen fuhr los. Ich sah Sibylles weißes, kleines Gesicht mit den schrägen Augen. Sie preßte es gegen das eisige Glas. Ich hob eine Hand.

Das Taxi beschrieb einen großen Bogen um den ganzen Platz. Ich konnte es lange verfolgen, es fuhr an der Feuerwehr und an dem Polizeirevier vorbei zum Damm hinaus. Nun sah Sibylle aus dem anderen Fenster. Als wir uns küßten, waren ein paar Leute stehengeblieben und hatten uns angestarrt. Sie starrten noch immer. In Frankreich blieb niemals jemand stehen. In Deutschland starrten sie immer.

Jetzt leuchteten die Schlußlichter des Taxis auf. Der Fahrer bremste. Der rechte Blinker begann aufzuleuchten. Ich sah den Wagen jetzt nur noch als kleinen schwarzen Fleck, Sibylle sah ich nicht mehr. Aber sie sah gewiß noch mich. Also wartete ich, bis der Wagen nach rechts einbog und hinter dem ersten Hauseck verschwand. Als ich den Flughafen wieder betrat, wurde eben mein Flug ausgerufen: »Panair do Brasil, Flug eins-zweiundachtzig nach Rio de Janeiro über Düsseldorf, Paris, Lissabon, Dakar, Recife! Über Flugsteig vier, bitte.«

Ich hatte noch ein paar Minuten Zeit und ging zu der Blumenhandlung neben dem kleinen Postamt. Die Verkäuferinnen kannten mich alle. Das Hauptgeschäft lag auf dem Kurfürstendamm. Dort kaufte ich immer meine Blumen für Sibylle. Ich sagte: »Ich fliege in ein paar Minuten. Bitte schicken Sie bis zu meiner Rückkehr jeden zweiten Tag fünfzehn rote Rosen —«

»— an Frau Loredo?« Die junge Verkäuferin lächelte.

Sie wußte, daß ich Sibylle Loredo liebte. Alle Leute in Berlin schienen es zu wissen. Und alle lächelten.

»Ja, bitte.«

»Geht in Ordnung, Herr Holland!«

»Ich bezahle, wenn ich zurückkomme.«

»Natürlich, Herr Holland. Ich wünsche Ihnen einen angenehmen Flug!«

»Danke«, sagte ich. Als ich auf den Gang hinaustrat, stieß ich mit Herrn Kafanke aus Dresden zusammen. Ich wollte weitereilen, aber er hielt mich am Mantelärmel fest. In seine alten, glanzlosen Augen war ein Ausdruck von verrückter Entschlossenheit getreten:

»Sie müssen mir helfen, Herr!«

»Lassen Sie mich los, ich habe es eilig!«

»Sie fliegen doch *auch* über Düsseldorf, nicht wahr«, keuchte der Mann aus Dresden und schwenkte den Korb, in welchem die dicke Katze lag. »Ich komme eine Viertelstunde nach Ihnen an. Ich habe mich erkundigt«, keuchte er weiter, ohne mich loszulassen, »Sie haben eine Stunde Aufenthalt. Nehmen Sie Mieze unter Ihren Mantel, sie ist ein gutes Tier, niemand wird es bemerken.«

»Nein!«

»Bitte, Herr, bitte! Auf mich passen die Beamten jetzt auf! Sie wird niemand beachten!« Er rief leidenschaftlich: »Wir haben den Osten verlassen, weil man uns gesagt hat, daß es im Westen Freiheit gibt! Wo aber ist die Freiheit, wenn man mir verbietet, für ein unschuldiges kleines Tier zu sorgen?«

»Herr Paul Holland! Herr Paul Holland von WPA, bitte kommen Sie umgehend zum Abfertigungsschalter! Ihre Maschine wartet auf Sie!«

»Geben Sie her«, sagte ich. Sein blasses Gesicht leuchtete auf. Er hob die schläfrige dicke Katze aus dem Korb, ich öffnete meinen Mantel.

»Gott wird es Ihnen lohnen, Herr«, stammelte er,

während ich das Tier so unter meinen linken Arm schob, daß ich es außen festhalten konnte. Es war wirklich eine gute Katze. Sie ließ alles mit sich geschehen. Einen Augenblick überlegte ich, ob sie überhaupt noch lebte. Ich sagte: »Ich warte in Düsseldorf im Restaurant!« Er sah mir nach. Die Hände hielt er gefaltet. Er betete für seine Katze.

Die Beamten bei der Sperre drückten ihre Stempel in meinen Paß. Ich eilte zum Flugsteig vier. Die große Glastür stand offen, draußen auf dem Feld sah ich meine Maschine. Die Stewardeß wartete auf der Rolltreppe und blickte sich suchend um. Jetzt entdeckte sie mich und winkte. Ich konnte nicht winken, denn mit der einen Hand hielt ich meine Schreibmaschine und mit der anderen die Katze. Im Augenblick, da ich die Glastür erreichte, trat ein Mann aus dem Schatten. Es war Herr Klär mit der beginnenden Glatze und dem bleichen, traurigen Gesicht.

»Geben Sie mir das Tier«, sagte er leise.

»Ich verstehe nicht!« Ich wollte an ihm vorbei, aber er trat mir in den Weg. »Lassen Sie mich durch, sehen Sie nicht, daß mein Flugzeug wartet?« Mein Beinstumpf schmerzte jetzt wieder.

»Das Tier, Herr Holland. Die Katze.«

»Ich habe keine Katze!«

»Unter dem Mantel«, sagte er leise. Ich sah ihn an. Er erwiderte meinen Blick ausdruckslos. »Ich tue nur meine Pflicht, Herr Holland. Tiere an Bord sind verboten auf diesen Flüchtlingstransporten.«

Ich öffnete meinen Mantel, und er nahm mir die Katze ab. In seinem Arm begann sie zu schnurren. Er sagte: »Ich habe den Eisernen Vorhang nicht gemacht.«

## 7

Wir waren nur sieben Passagiere in der riesigen Maschine. Ein paar weitere würden noch in Paris und Dakar an Bord kommen, sagte mir die Stewardeß, aber dieser Flug war ganz schwach belegt. Sieben Passagiere bei einer neunköpfigen Besatzung. Es war kalt im Flugzeug. Ich behielt meinen Mantel an und stellte meinen Sitz zurück. Der Steward brachte mir Decken und verstellte die Sitze vor mir, damit ich die Prothese ausstrecken konnte. Ich war eingeschlafen, noch bevor die Maschine die Startbahn erreicht hatte. Ich schlief sehr tief und traumlos. Die Landung in Düsseldorf bemerkte ich gar nicht. Sie ließen mich freundlicherweise in der Maschine weiterschlafen, und als ich endlich erwachte, war es hoher Mittag und wir kurvten gerade über Paris.

In Lissabon war es schon sehr warm. Ein Mann versuchte, uns schreckliche Trachtenpuppen aus dem Schwarzwald zu verkaufen, als wir ins Restaurant kamen. Ich schrieb eine Karte an Sibylle und kaufte eine Flasche Whisky, denn an Bord gab es nur brasilianischen Kognak, der mir zu süß schmeckte. Dann setzte ich mich im Freien auf eine Bank und sah zu den grünen Bergen hinüber. Viele Blumen blühten in Lissabon, und die Frauen trugen helle, leichte Sommerkleider.

Eine neue Mannschaft übernahm hier die Maschine. Gleich nach dem Start gab es wieder zu essen. Es gab ununterbrochen zu essen. Als wir die Meerenge von Gibraltar überflogen, ließ mich der Kapitän in die Kanzel bitten. Ich war schon ein paarmal mit ihm geflogen, er war ein mächtiger Portugiese mit kurzem schwarzem Haar, der immer lachte. Er hieß Pedro Alvarez. Der zweite Pilot legte sich ein bißchen hin und überließ mir den Sitz neben Alvarez. Wir rauchten und tranken Kaffee, während unter unseren Füßen die afrikanische Küste erschien. Es war ein sehr schöner Tag, mit Sonne und wolkenlosem Himmel. Alvarez sprach kein Wort Deutsch, aber fließend Englisch. Er erzählte mir, daß seine Frau ein Baby erwartete. Er lebte in Rio. Es war eine sehr glückliche Ehe. Der Bauch seiner Frau würde schon rund, erzählte er. Ob ich mich daran erinnerte, daß sie ganz kleine Brüste gehabt hatte?

Ich erinnerte mich daran. Nun, sagte er, jetzt würden die Brüste immer praller und größer. Das regte Alvarez unheimlich auf.

Wir flogen sieben Stunden von Lissabon nach Dakar. Ich schrieb ein paar Briefe, schlief wieder eine Stunde, und in der Dämmerung begann ich Whisky zu trinken. Wir flogen zu hoch, um Einzelheiten zu erkennen, aber ich sah zu, wie das Licht beständig wechselte, und wie die Hügel Afrikas zuerst grün wurden und dann braun und dann violett, und wie die Farbe des Meeres sich veränderte, als nun die Sonne unter uns versank. Um Mitternacht erreichten wir Dakar. Hier stellten wir unsere Uhren um fünf Stunden zurück. Alvarez gab mir ein Schlafmittel, als wir wieder aufsteigen, und die Stewardeß löschte das Licht in der Kabine. Wir flogen acht Stunden über den Atlantischen Ozean.

In Recife wiegten sich die Palmen im Morgenwind, und ich sah viele Orchideen in den Bäumen. Im Augenblick, da die Maschine stillstand und die Ventilatoren zu kreisen aufhörten, brach uns der Schweiß aus allen Poren. Wir durften das Flugzeug nicht gleich verlassen. Ein riesiger Neger in Polizeiuniform kam zu uns und versprühte aus einer kleinen Bombe eine ätzende Flüssigkeit, die keim- und insektentötend war und die bei uns allen kleine Erstickungsanfälle verursachte. Dann durften wir aussteigen. Ich nahm ein Bad und rasierte mich. Im Warteraum sah ich Preston Sturges von Associated Press. Er sollte nach Madrid. Seine Maschine hatte einen Motorschaden.

Sturges saß seit elf Stunden in Recife fest. Ich schenkte ihm den Rest meines Whiskys.

Von Recife nach Rio brauchten wir noch einmal sieben Stunden Flugzeit. Wir frühstückten ausgiebig. Sechs englische Farmer und ein paar Schwarze waren an Bord gekommen. Eine alte Negerin las uns allen aus der Hand. Mir prophezeite sie viel Geld und eine blonde Frau, die mir drei Kinder schenken würde.

Wir flogen das Flußbett eines Stromes entlang. Ich sah jetzt den dichten Urwald. Eine Stunde vor Rio kamen dann die Zuckerplantagen, riesige, braunrote Flecken in dem Dunkelgrün des Urwaldes. Der Fluß sah lehmig aus. Genau um zwölf Uhr brasilianischer Zeit landeten wir auf dem internationalen Flughafen der Stadt, von der es heißt, sie wäre die schönste der Welt. Ich ging sofort auf das Postamt und schickte Sibylle ein Telegramm. Ich telegrafierte, daß ich gut angekommen sei und daß ich sie liebte. Das war am 2. Februar, um die Mittagsstunde.

## 8

Ich blieb neun Tage in Rio.

Ich wohnte, wo ich schon zweimal gewohnt hatte: im Hotel *Miramar* an der Avenida Atlantica. Auf der anderen Seite der Avenida zog sich der Sandstrand der Copacabana hin. Bei Wind wehte manchmal ein wenig kühler Gischt vom Atlantischen Ozean herüber in mein Schlafzimmer.

Das Wetter blieb schön, es war sehr heiß, aber ich hatte meine Tropenwäsche mitgebracht und litt nicht unter der Hitze. Es waren ruhige neun Tage.

Ich führte meine Kollegen — drei freundliche Herren — bei den brasilianischen Behörden ein und stattete den diplomatischen Vertretungen Besuche ab. Die Presseattachés kannten mich und waren sehr entgegenkommend zu den neuen Männern von WPA. Wir hatten Büroräume in der Rua de Misericordia 213 gemietet, in einem neuerbauten Wolkenkratzer, der an dem Fehler aller Wolkenkratzer in Rio litt: Wenn es lange heiß war, kam das Wasser nicht mehr in die oberen Stockwerke. Manchmal gab es überhaupt kein Wasser, und man mußte sich mit dem Inhalt von Siphons rasieren.

Am Nachmittag fuhren wir in den Jockeyklub, um Tee zu trinken, oder meine Kollegen legten sich an den Strand. Das tat ich nicht, obwohl ich gerne gebadet hätte. Die Menschen waren sehr schön in dieser Stadt — und ich hätte gewiß einiges Aufsehen erregt. Wenn meine Freunde badeten, setzte ich mich auf die Terrasse des Hotels *Miramar* und trank Gin-Tonic, eine Mischung von Gin und Chininwasser mit einer Schnitte Zitrone und viel Eis. Es war ein angenehmes Getränk.

Ich zeigte meinen Kollegen alles, was sie interessieren konnte: die großen Kaufhäuser, die Bars »Venus« und »Circe«, die Restaurants Shelton und Ritz, den Golfplatz, das Fußballstadion, die Kirche zum Herzen der Heiligen Jungfrau und das Bordell in der Avenida Presidente Antonio Carlos.

Abends waren wir immer eingeladen.

Wir trafen viele wichtige Leute. Zuletzt gab Senator Carioca Darcas einen Empfang für uns. Der Senator war einer der einflußreichsten Männer der Stadt mit politischen Verbindungen nach allen Richtungen. Er hatte eine reiche Erbin geheiratet, die sehr häßlich war. Frau Darcas besaß einen riesigen Hund. Es war in Rio allgemein bekannt, daß das Ehepaar Darcas und der Hund in verschiedenen Zimmern schliefen: Frau Darcas und der Hund in dem großen Ehebett, Senator Darcas allein nebenan.

Am letzten Tag meines Aufenthaltes mietete ich einen Wagen und fuhr mit meinen drei Kollegen zum Corcovado hinauf, jenem Berg, auf dessen Spitze sich die bekannte Christusstatue erhebt. Auf halber Höhe lag ein Waldrestaurant, das ich kannte, und hier lud ich die drei zum Mittagessen ein. Es war ein ruhiges Essen. Wir tranken Bier und Zuckerschnaps, und in den Sträuchern saßen zahme Papageien und sahen uns zu. Dann gingen wir im Wald spazieren.

Es gab eine Menge kleiner Höhlen, und ich zeigte meinen Kollegen die vielen Macumbas. Diese Macumbas waren Ausdruck eines Aberglaubens, dem Farbige wie Weiße in Rio erlagen. Ich kannte zahlreiche Europäer, die auch ihre Macumbas machten, vor allem Frauen.

Dem Aberglauben zufolge wohnten im Urwald des Corcovado viele bedeutende Geister, die den Menschen sehr schaden konnten, wenn sie wollten. Um sie bei Laune zu halten, opferte man ihnen Zigaretten und Zuckerschnaps. In den Höhlen sahen wir immer wieder kleine, vorsorglich geöffnete Schnapsfläschchen und neben ihnen Zigaretten und sogar Streichhölzer, damit die Geister die Zigaretten auch in Brand setzen konnten. Das nannte man eine Macumba. Wir hatten auch ein paar Fläschchen mitgebracht und opferten sie jetzt, jeder in einer anderen Höhle, den unsichtbaren Waldbewohnern. Man konnte sich dabei etwas wünschen.

Ich wünschte mir, daß Sibylle und ich beisammen blieben, daß wir einander weiter liebten und daß uns kein Unglück geschah, ihr nicht und mir nicht. Es waren die Götter dieses Urwalds, zu denen ich betete, es war nicht der christliche Gott von Bethlehem. Zu den Dämonen des Corcovado konnte ich noch beten. Und es war mir gleich, welcher von ihnen mein Gebet erhörte. Jeder Dämon war mir recht, wenn er nur in der Lage war, Sibylle und mich und unsere Liebe zu beschützen.

## 9

Auf dem Rückflug war die Maschine bis auf den letzten Platz ausverkauft. Eine berühmte brasilianische Fußballmannschaft flog mit bis Zürich. Ich hatte dem Zentralbüro in Frankfurt telegrafiert, daß meine Aufgabe erledigt sei und daß ich ein paar Tage Urlaub in Berlin nehmen wollte. Das hatten sie mir gestattet. Wir flogen diesmal von Lissabon an die Strecke Madrid—Rom—Zürich—Düsseldorf—Berlin. In Rom schickte ich Sibylle ein Telegramm. Ich kündigte mein Eintreffen für denselben Nachmittag an. Das war um acht Uhr morgens, am 12. Februar 1956.

Hinter den Alpen begann es zu regnen. In Zürich war es trüb. Zwischen Düsseldorf und Berlin — hier regnete es überall in Strömen — zog ich mich im Flugzeug um und rasierte mich.

Die Maschine traf fahrplanmäßig um sechzehn Uhr dreißig in Berlin-Tempelhof ein. Von Zürich an war sie ziemlich leer gewesen.

Ich fror entsetzlich, obwohl ich jetzt wieder meinen Wintermantel trug. Schon in der Maschine hatte ich Vasanthron genommen, um vielleicht einen Anfall von Diarrhöe zu verhindern. Jedesmal, wenn ich aus heißen Gegenden nach Europa zurückkehrte, litt ich an typhusähnlichem Durchfall.

Es klingt pathetisch, aber ich hatte tatsächlich von dem Augenblick an, da ich in Berlin aus der Maschine kletterte, das unheimliche Gefühl, daß etwas geschehen war. Ich ging durch den schweren Regen, der den Schnee fortschwemmte, vom Feld hinüber zu den Aufgängen in das Flughafengebäude. In der Art von Balkonen zogen sich an diesen Aufgängen entlang Besuchergalerien hin. Menschen warteten hier stets auf das Eintreffen ihrer Freunde oder Angehörigen. Auch Sibylle hatte hier stets gewartet, wenn ich nach Berlin kam. Es gab kein einziges Mal, an dem sie nicht gewartet hätte. Heute jedoch konnte ich sie nicht entdecken. Ein paar Männer warteten, drei Frauen, ein kleiner Junge; aber nicht Sibylle. Was hatte sie abgehalten zu kommen?

Während wir durch die Zoll- und Paßkontrolle geschleust wurden, beruhigte ich mich selber: vielleicht hatte Sibylle sich nur verspätet, vielleicht war sie in eine Verkehrsstockung geraten? Aber daran glaubte ich nicht wirklich. Meine Unruhe wuchs. Ich nahm mich zusammen und wartete. Sibylle kam nicht. Mein Gepäck wurde ausgeladen. Ein Träger schleppte es zu einem Taxi. Ich sagte dem Chauffeur, er solle warten, und suchte das ganze Gebäude nach Sibylle ab: das Vestibül, das Restaurant, das Postamt. Sibylle blieb unsichtbar.

Ich trat in eine Telefonzelle und wählte ihre Nummer. Das Freizeichen erklang. Regelmäßig schnurrte das Signal. Wieder. Wieder. Und noch einmal. Niemand hob ab. Das Geräusch der offenen Verbindung wurde mir unerträglich. Ich hängte ein und ging zu meinem Taxi.

»Lassenstraße hundertneunzehn.«

Der Wagen fuhr an. Ich fror plötzlich so sehr, daß meine Zähne aufeinanderschlugen wie in einem Malariaanfall.

»Was ist?« Der Chauffeur drehte sich neugierig um.

»Nichts.«

Ich dachte: Vielleicht hat sie mein Telegramm nicht bekommen. Oder sie hat bei Freunden übernachtet und ist heute noch nicht zu Hause gewesen.

»Fahren Sie schneller«, sagte ich.

»Schneller!« Der Chauffeur war ein Mann, der mit den Händen sprach. »Immer haben es die Herren eilig. Wenn etwas passiert, wer ist schuld? Immer unsereins. Wenn uns ein Schupo aufschreibt, wer bezahlt die Strafe? Immer wir. Fahren Sie schneller, fahren Sie schneller!«

»Schon gut«, sagte ich. »Schon gut.«

Ich besaß Schlüssel zu Sibylles Wohnung.

»Bitte, warten Sie«, sagte ich, als der Chauffeur vor dem Parkeingang hielt. Er antwortete nicht. Ich eilte durch den Regen über den Kiesweg auf das Haus zu. Es war kein Mensch zu sehen.

Als ich die Haustür öffnete, rief ich Sibylles Namen.

Es kam keine Antwort.

Ich eilte die Wendeltreppe zur Wohnungstür hinauf.

»Sibylle!«

Es blieb vollkommen still. Ich sperrte die zweite Tür auf, das heißt: ich wollte sie aufsperren. Der Schlüssel ließ sich nicht drehen. Mein Herz begann heftiger zu klopfen, als ich bemerkte, warum er sich nicht drehen ließ: das Schloß war überhaupt nicht versperrt.

Ich riß die Tür auf und rannte in die dämmrige Halle hinein. Das erste, was ich sah, waren sechs Blumenvasen voller Rosen. Es waren die Rosen, die man Sibylle in meinem Auftrag geschickt hatte. Die Vasen standen auf der Erde. Ihr Duft erfüllte betäubend den Raum. Obwohl ich fror, brach mir der Schweiß aus.

»Sibylle!« schrie ich zum drittenmal.

Nichts regte sich.

Nur der Regen trommelte monoton gegen die Fenster.

Ich rannte ins Wohnzimmer. Es war leer. Ich sah in die Küche. Nichts. Nun wollte ich ins Schlafzimmer. Dabei kehrte ich in die Halle zurück. Die Eingangstür stand noch immer offen, aber in ihrem Rahmen lehnte jetzt ein Mann. Er war klein, untersetzt und hatte kurzes braunes Haar. Der Mann trug eine Knickerbockerhose und ein Sportjackett. Ich dachte: Es ist lange her, daß ich jemanden in Knickerbockerhosen gesehen habe.

»Sind Sie Herr Holland?« fragte der Mann.

»Ja«, stammelte ich.

»Ich habe schon auf Sie gewartet«, sagte er. »Seit drei Tagen warte ich auf Sie, Herr Holland.«

»Wer sind Sie?«

»Ich heiße Albers«, erwiderte er und zog einen Ausweis hervor. »Walter Albers, Kriminalpolizei.«

»Kriminalpolizei«, wiederholte ich und hörte, wie aus dem Rauschen des Regens weit, weit entfernt noch, aber mit rasender Eile näher kommend und lauter werdend, das Brausen einer zur Landung ansetzenden Maschine.

»Kann ich einmal Ihren Paß sehen?« fragte er und streckte eine Hand vor. Den Paß. Zuerst kam in Deutschland immer der Paß. Das Trommeln der Tropfen wurde nun schon übertönt vom Donnern der vier Motoren. Die Maschine hatte unser Haus fast erreicht.

»Wo ist Frau Loredo?« schrie ich den Beamten an.

»Sie ist verschwunden.«

Die Fensterscheiben klirrten. Das Flugzeug raste über die Baumwipfel des Parks hinweg.

Der Lärm verklang. Wieder waren die Tropfen zu hören, stetig und hoffnungslos. Albers von der Kriminalpolizei fügte hinzu: »Wir nehmen an, sie ist entführt worden.«

## 10

Er sprach mit einer beständigen, den Zuhörer irritierenden Hemmung, nach jedem Zischlaut hielt er inne, als müsse er vor dem Weiterreden zuerst etwas hinunterschlucken. Er bewegte dann jedesmal die Kinnbacken.

»Ihren Paß«, wiederholte er und schluckte nach der scharfen Endung des Wortes. Ich holte das Dokument aus meiner Jackentasche, und er studierte es aufmerksam. »Sie kommen aus Rio de Janeiro?«

»Um Gottes willen, benehmen Sie sich wie ein Mensch,

Herr Albers! Erzählen Sie weiter! Das ist doch alles Wahnsinn! Was heißt, sie wurde entführt?«

»Es heißt, was es heißt! Es gab einen Kampf hier in der Wohnung, und es wurde geschossen.« Das letzte Wort war eine kleine Katastrophe für ihn.

»Wer hat geschossen?«

»Das wissen wir nicht.«

»Wann war das?«

»Vor drei Tagen. Gegen Abend. Etwa um halb sieben Uhr.«

»Woher wissen Sie das?«

»Von der Kleinen.« Er winkte. »Der Tochter des Pförtners.«

»Maria?«

»Ja, die Stumme. Sie hörte die Schüsse. Dann hörte sie Frau Loredo um Hilfe schreien. Sie rannte hierher in die Wohnung, sah die Verwüstung im Schlafzimmer und holte den Vater. Der Vater holte uns.«

»Und?«

»Nichts und. Frau Loredo war verschwunden.«

»Aber die Schüsse! Glauben Sie, daß sie erschossen wurde?«

»Kann sein«, sagte er. »Auf dem Teppich war Blut.«

»Dem Teppich?« Um mich begann sich alles in widerlicher Weise zu drehen. Ich fühlte, wie mir übel wurde.

»Dem Teppich im Schlafzimmer, Herr Holland. Aber das sagt nichts. Vielleicht wurde sie nur verwundet und fortgeschleppt.« Hilfreich fügte er hinzu: »Sie wissen doch, wie so etwas bei uns in Berlin zugeht.«

In meinen Ohren dröhnte es. Die Rosen rochen klebrig, faulig, gärend süß. Ich bekam keine Luft mehr. Ich drehte mich schnell um, ging ins Badezimmer und erbrach mich würgend. Das Erbrechen trieb mir die Tränen in die Augen. Ich wusch mich mit kaltem Wasser.

Vor dem Spiegel fand ich meinen Kamm, mein Rasierzeug, meine Zahnbürste. Alles war noch da. Nur Sibylle war nicht mehr da. Sie war entführt worden. Und verschwunden. Auf dem Teppich im Schlafzimmer war Blut gefunden worden. Den Teppich hatte ich ihr zu Weihnachten geschenkt. Es war ein kostbarer Teppich, mit einem komplizierten Muster. Sibylle war verschwunden. Ich putzte meine Zähne, spülte den Mund und rieb die Stirn mit Kölnischwasser ein. Während ich zu Albers zurückging, hatte ich die ganze Zeit Angst, zu stürzen. Meine Knie trugen mich kaum noch.

Der Kriminalbeamte war ins Schlafzimmer gegangen. Hier sah es aus wie nach einem Erdbeben. Das Bett war zerwühlt, ein Tischchen und alle Sessel waren umgestürzt. Die Nachttischlampe lag zerbrochen auf dem Boden. Albers stand vor ihr und starrte die Scherben an.

Weil mir so übel war, wollte ich mich auf das zerwühlte Bett setzen, zögerte jedoch im letzten Moment: »Darf ich?«

»Schon alles fotografiert.« Er nickte. »Nehmen Sie Platz. Auch die Leute vom Erkennungsdienst waren da.«

»Und?«

»Nichts. Keine Spuren. Eine Menge Abdrücke. Die von Frau Loredo. Und dann wahrscheinlich Ihre.«

»Wahrscheinlich.«

»Gab es eine Aufräumefrau?«

»Einmal wöchentlich.«

»Ich sage ja, eine Menge Abdrücke.«

Ich starrte das Bett an. Es roch nach Sibylles Parfüm, nach ihrem Körper. Es roch nach Sibylle. Ich stand schnell auf und ging zur anderen Zimmerseite.

Er sah mich an: »Im übrigen habe ich den Pförtner angerufen, während Sie —«, er unterbrach sich taktvoll, »— während Sie im Badezimmer waren. Er kommt herüber. Mit seiner Tochter.«

»Warum?«

»Er soll Ihnen erzählen, was geschehen ist. Es wird Sie interessieren. Der Pförtner sagt, Sie wären mit Frau Loredo befreundet gewesen.«

»Wir wollten heiraten.«

»Scheußliche Geschichte«, sagte er, und die beiden Worte töteten ihn beinahe wieder.

»Sind Sie erkältet?«

»Warum?«

»Sie sprechen so mühsam.«

»Ein neues Gebiß. Vor einer Woche hat man es mir eingepaßt, Sie haben keine Ahnung, wie weh es noch tut. Ich kann nichts essen, nur flüssige Sachen.« Er sagte erbittert: »In so einer Verfassung lassen sie einen Außendienst machen. Kein Herz. Die Leute haben kein Herz.« Er sog Speichel im Mund zusammen und schluckte ostentativ. »Sie machen sich keine Vorstellung von den Schmerzen!«

Sibylle war verschwunden.

Ich dachte: Jemand hat mir Sibylle genommen, obwohl ich eine Macumba gemacht habe. Obwohl ich zu allen Göttern, die es vielleicht gibt und an die ich nicht glaube, gebetet habe. Mich haben sie beschützt, Sibylle nicht. Vielleicht haben die Götter sie nicht beschützt, weil ich nicht an sie glaube.

Ich dachte: Aber an Sibylle habe ich geglaubt! Sie war für mich das, was für andere eine Religion ist oder eine politische Lehre. Ich war Reporter. Von mir konnte niemand verlangen, daß ich noch an die Kirche glaubte oder an die Politik. Der Assistent eines Zauberers glaubt auch nicht mehr an die Tricks seines Chefs. Aber an den Chef glaubt er vielleicht. Jeder Mensch mußte an etwas glauben, das hatte ich schon lange begriffen. Und ich hatte mir Sibylle ausgesucht dazu. Es war so gut gegangen, ich hatte gefühlt, wie gut es weitergehen würde. Mein Blick fiel auf eine dunkle Stelle des Fußbodens. »Ist das Blut?«

Albers nickte. »Unsere Leute haben es untersucht. Es dürfte *ihr* Blut sein. Es ist immer dasselbe bei diesen Entführungen. Ein Revolver. Oder Chloroform. Oder eins über den Schädel.«

Ich sah ihn an.

»Entschuldigen Sie«, sagte er. »Man gewöhnt sich an, so zu reden.« Er betastete voll Mitleid mit sich selber seinen Kiefer. Draußen klangen Schritte auf. Danach rief die Stimme des Portiers nach Albers.

»Hier!«

Der Portier Wagner kam ins Schlafzimmer. Seine stumme Tochter hielt die Augen gesenkt, als sie nun knickste. Sie sah mich nicht an, sie sah niemanden an.

»Guten Tag, Herr Holland«, sagte Wagner. Er hatte einen Lodenmantel übergeworfen. Er sprach herzlich: »Mein Beileid, Herr Holland.«

Darauf war ich nicht gefaßt gewesen. Mein eigenes Leid hatte noch nicht Zeit gehabt anzuwachsen, groß zu werden, mich zu erfüllen, da erhielt ich schon sein Beileid — als stünde bereits fest, daß Sibylle nicht nur verschwunden, sondern tot war. Erschossen. Als ob es keinen Zweifel mehr darüber gebe, daß sie überhaupt nicht mehr lebte. Ich sagte schwach: »Guten Tag, Maria.«

Die Stumme stieß ein kurzes Bellen aus. Albers sagte: »Ich werde jetzt Herrn Holland erzählen, was du uns aufgeschrieben hast, und wenn ich richtig erzähle, dann nickst du dazu mit dem Kopf.«

Maria nickte. Sie trug einen billigen Pullover in den verwaschenen Farben Rosa und Hellgrün und einen blauen Trägerrock. Beide Stücke waren ihr zu klein. Die Brüste weiteten die Maschen des Pullovers. Sie stand mit zusammengezogenen Schultern da und schämte sich ihres Körpers. Die langen Beine waren von den Knien an nackt. Sie trug zusammengerollte Seidenstrümpfe und schiefgetretene Sandalen. Einen Augenblick hob sie den Kopf und sah mich an. Ihre Augen waren unstet und tief umschattet. Das Gesicht war weiß.

»Du warst oft bei Frau Loredo, nicht wahr?«

»Er . . . err . . . errhh!« Maria nickte. Es war eine posthume Liebeserklärung, was sie da hervorwürgte.

»Wenn sie allein war, hast du sie oft besucht. Vor allem am Nachmittag.«

Wieder suchte der junge schöne Mund mit dem gelähmten Rachensegel Worte zu formen, gab auf und ließ den Kopf als Antwort nicken. Ja, Maria war oft bei Sibylle gewesen. Sibylle hatte ihr vorgelesen, ihr Bilder gezeigt, Platten vorgespielt. Maria hing sehr an Sibylle.

Albers sprach weiter. Er ließ jetzt jeden Satz von Maria durch Nicken bestätigen. Seinem Bericht zufolge hatte Maria in den späten Nachmittagsstunden des 9. Februar auf dem zugefrorenen See gespielt. Dann, plötzlich, hatte sie drei Schüsse gehört. Stimmt das, Maria?

»Arr . . . arr . . . arhhh!«

Es stimmte.

Den Schüssen folgte der Aufschrei einer Frauenstimme. Maria erkannte diese Stimme sofort: es war die der geliebten Frau Loredo. So schnell sie konnte, rannte sie nun vom Eis fort über den See zum Haus. Sibylles Wohnungstüren standen offen. Maria rannte sogleich ins Schlafzimmer. Es war leer. Sibylle war verschwunden. Stimmte das, Maria?

Das Mädchen stieß einen qualvollen Schrei aus und klammerte sich an mir fest. Sie schrie krampfhaft und nickte verzweifelt mit dem Kopf. Soviel Qual, soviel Schmerz, der keinen Ausdruck in Worten finden konnte. Soviel Schmerz, soviel Qual. Ich streichelte mechanisch ihr Haar.

Wagner sagte leise: »Na ja, und dann hat sie mich geholt, Herr Holland. Für mich stand es gleich fest, als ich ins Schlafzimmer kam: Frau Loredo ist entführt worden!«

»Wieso stand das gleich für Sie fest?«

»Na, das Durcheinander, Herr Holland, die Schüsse, das Blut! Ich habe früher beim Potsdamer Platz gewohnt. Da ist in unserem Haus auch einmal einer entführt worden, ein gewisser Leberecht. Bei dem war es genauso. Geschrei und Schießen und Blut auf der Treppe.« Er versank in Erinnerungen. »Den Leberecht haben sie übrigens gleich totgeschossen.« Er nickte ergriffen. »Ja«, sagte er, »mein Gott, ja . . .«

»Und es war kein Mensch zu sehen?«

»Kein Mensch.«

»Was taten Sie?«

»Ich schloß die Wohnung und rannte zur Polizei.«

»Warum telefonierten Sie nicht?«

Der Portier sah den Kriminalbeamten an.

»Was ist los?« fragte ich.

»Herr Wagner konnte nicht telefonieren«, sagte Albers. »Der Täter hatte den Apparatkontakt aus der Wand gerissen.«

»Ich habe doch vor einer Stunde —«, begann ich, aber Albers unterbrach mich: »Der Apparat ist gestern wieder in Ordnung gebracht worden.«

Sie hatten für alles eine Antwort. Sibylle war verschwunden, was ich auch tat, wie ich auch fragte. Sibylle war entführt worden, sie fanden immer neue Beweise dafür. Sie schienen es zwischen sich abgemacht zu haben, daß Sibylle entführt worden war.

»Ich rannte zum Revier beim Bismarckplatz«, berichtete indessen mit weiteren Verneigungen der Portier. »Das sind nur ein paar Schritte, wie Sie wissen, Herr Holland. Erst vor bis zum Johannaplatz und dann ums Eck in die Caspar-Theyss-Straße und dann noch —«

»Herrgott, ich weiß, wo das Revier liegt! Weiter!«

»Zwei Beamte rannten mit mir zurück, Herr Holland.«

Ein Geräusch ließ mich zusammenfahren. Maria verursachte es. Maria weinte. Das Weinen war noch schlimmer als das Schreien. Ich weiß nicht, ob Sie schon einmal gehört haben, wie es klingt, wenn eine Stumme weint. Es klingt furchtbar. »Bitte«, sagte ich, »bitte, bitte, bitte, hör auf zu weinen, Maria!«

Mir fiel eine Geschichte ein, die ich einmal gelesen hatte, die Geschichte eines Stummen, den ein Despot so furchtbar foltern ließ, daß er schrie. Es war die Geschichte eines Mannes, der keine Zunge mehr hatte und der dennoch Worte fand gegen ein übermächtiges Unrecht, das er nicht länger ertrug. Was war das für ein Mann gewesen, und was für ein Despot? Ich erinnerte mich nicht. Es gab viele Despoten und viele Menschen, die gefoltert wurden. Vielleicht hatte ich alles auch nur geträumt oder auf einer Bühne gesehen.

Ich sagte: »Das ist doch alles nicht möglich. Das gibt es doch nicht. Wer sollte Frau Loredo entführen?«

»Das fragen wir Sie«, sagte Albers.

»Ich weiß es nicht!« schrie ich. »Was sehen Sie mich so an? Glauben Sie, ich habe damit zu tun?«

Der Kriminalbeamte erwiderte: »Wir sind in Berlin, Herr Holland. In Berlin geschehen oft Verbrechen dieser Art. Natürlich ist es für uns noch ein unaufgeklärtes Verbrechen. Aber wir werden es klären.« Das sagte er ins Leere, wichtigtuerisch und pathetisch.

»Auf der Treppe im Stiegenhaus war auch Blut«, sagte der Portier. Er schien das Wort gern zu haben, er sagte es mit Gefühl.

»An der Wand«, bestätigte Albers.

»Und Sie haben keine Spur gefunden?«

»Wir haben auf Sie gewartet, Herr Holland. Vielleicht können Sie uns weiterhelfen.«

Draußen entstand Lärm. Eine Männerstimme rief: »Ich möchte wissen, wie lange ich noch warten soll!« Es war mein Taxichauffeur. Ich hatte ihn vollkommen vergessen.

»Bringen Sie mein Gepäck herauf«, sagte ich.

»Wenn es Ihnen recht ist, können wir mit dem Wagen gleich zum Revier fahren«, sagte Albers.

»Warum?«

»Der Kommissar möchte mit Ihnen sprechen. Ich soll Sie zu ihm bringen, wenn Sie hier auftauchen.«

Und so verließen wir, nachdem der mürrische Chauffeur meinen Koffer und meine Schreibmaschine gebracht hatte, Sibylles Wohnung. Ich ging durch den Regen über den Kiesweg zur Straße, wie ich so oft an Sibylles Seite gegangen war. Die Schlüssel ihrer Wohnung klapperten in meiner Manteltasche. Es wurde langsam dunkel, die Wolken segelten tief. Irgendwo über ihnen flog eine neue Maschine. Ich hörte das Brausen ihrer Motoren.

## 11

Im Büro des Kriminalkommissars Hellwig im Polizeirevier Berlin-Grunewald brannte eine starke Schreibtischlampe. Das Zimmer lag im ersten Stock eines roten Rohziegelbaues und war primitiv eingerichtet. Die Fenster sahen in einen verwilderten Garten hinaus. Der Kriminalbeamte Albers war bei der Vernehmung nicht anwesend, nur ein Mann, der meine Aussage mitstenographierte. Nachdem man meine Personalien aufgenommen hatte, kam Hellwig sogleich zur Sache: »Herr Holland, wie lange kannten Sie Frau Loredo?«

»Etwa ein Jahr. Nein, etwas länger. Ich lernte sie im November des vorletzten Jahres kennen.«

»Wo, bitte?« Hellwig war ein Mann von etwa sechzig Jahren, sehr still, sehr korrekt, mit ergrautem Haar und intellektueller Hornbrille. Er rauchte beständig Pfeife. Ich hatte das Gefühl, daß ihm die Pfeife half, eine beherrschte Haltung einzunehmen. Ich hatte einmal mit einem Nachtredakteur zusammen gearbeitet, an den mich Hellwig ungemein erinnerte.

Der Nachtredakteur war ein Mann, den nichts mehr aus der Ruhe bringen konnte, weil er in einem arbeitsreichen Leben zu der Ansicht gekommen war, daß alle Menschen mit Ausnahme eines einzigen verächtlich waren. Dieser einzige Mensch war seine alte, dicke Frau. Für sie hätte er jede Gemeinheit begangen, jeden Verrat. Für sie — sonst für niemanden. Er haßte die Kirche und er durchschaute die Politiker, er glaubte nur noch an seine Frau. Er hatte mir stets sehr imponiert, dieser Nachtredakteur. Ich hatte versucht, es ihm gleichzutun. Der Versuch war mißglückt.

Ich antwortete dem Kommissar: »Ich lernte Frau Loredo im *Maison de France* kennen. Auf einem Presseempfang der französischen Kolonie.«

Hellwig sog an seiner Pfeife. Gewiß war auch er glücklich verheiratet, dachte ich. Er hatte eine schöne Krawatte. Gewiß hatte eine Frau sie für ihn ausgesucht. Gewiß hatten sie eine gemütliche kleine Wohnung irgendwo im Grunewald, und seine weißhaarige Frau wartete schon auf ihn. Sie waren beide alt, die Leidenschaft war bei beiden vorbei, aber die Liebe bestand. Gewiß aßen sie gute Dinge und tranken alten Rotwein miteinander, und er war sehr zärtlich zu ihr. Ich bemerkte plötzlich, daß ich weinte. Der Stenograph neigte sich über seinen Block. Er war blaß und mager. Es entstand eine lange Pause. Draußen klopfte der Regen an die Scheiben und ließ den Schnee im Garten schmelzen. Ich hatte gewußt, daß es regnen würde, als ich abflog. Mein Beinstumpf hatte geschmerzt. Jetzt schmerzte er wieder.

Es war ganz dunkel geworden. Ich hatte Angst vor dieser Nacht.

»Sie waren aber nicht das ganze Jahr mit Frau Loredo zusammen?«

»Nein, Herr Kommissar. Ich bin Reporter. Mein Büro schickt mich dauernd auf Reisen. Ich mußte immer wieder fort aus Berlin. Aber wann immer ich konnte, kam ich wieder her. Ich glaube, ich war etwa die Hälfte der Zeit in Berlin.«

»Und Sie wollten heiraten?«

»Ich liebte Frau Loredo, Herr Kommissar«, erwiderte ich darauf, und meine eigene Stimme klang mir fremd. Wie konnte man so etwas aussprechen? Wie konnte ich mich verständlich machen? Vielleicht war dieser Kommissar Hellwig gar nicht glücklich verheiratet, vielleicht verband ihn nur eine rein äußerliche Ähnlichkeit mit meinem alten Nachtredakteur.

»Es ist schwer für Sie«, sagte er, und seine starken Brillengläser blitzten. »Man findet sehr selten einen wirklichen Menschen, nicht wahr?« Es klang plötzlich unecht, was er da sagte, unecht im Tonfall. Wollte er sehen, wie ich reagierte? Anscheinend, denn er fuhr fort: »Halten Sie es für möglich, daß Frau Loredo für einen ausländischen Nachrichtendienst arbeitete?«

»Sind Sie verrückt?«

»Nur eine Frage, Herr Holland. Vielleicht auch für eine innerdeutsche Spionageorganisation?«

Mir kam eine Idee. Ich sagte: »Sie fragen das, weil Sie herausgefunden haben, daß manchmal Nachrichtenhändler aus dem Osten in ihr Haus kamen, nicht wahr?«

Er sah mich vollkommen ausdruckslos an, aber er blinzelte zustimmend.

»Ich kann Sie beruhigen«, sagte ich voll freudloser Genugtuung über meinen Scharfblick. »Die Leute kamen zu *mir*.«

»Wirklich, Herr Holland?«

»Jawohl«, sagte ich. »Jeder große Nachrichtendienst hat Ostkontakte. Meine hielten sich durchaus im Rahmen des Üblichen. Wollen Sie eine Affäre daraus machen?«

»Gott behüte«, sagte er still.

»Frau Loredo hat nichts damit zu tun!«

»Es war nur eine Vermutung.« Er seufzte, als ob er mich bedauerte. »Dann muß ich die Frage anders formulieren. Was wissen Sie von der Frau, die Sie heiraten wollten, Herr Holland?«

»Das verstehe ich nicht!«

»Herr Holland, ein Verbrechen ist geschehen. Wir suchen den Täter. Wir suchen ein Motiv. Wir haben noch keines gefunden. Aber es muß doch ein Motiv geben, nicht wahr?«

»Natürlich!«

»Also bitte, beantworten Sie meine Frage.«

Ich hatte über diese Frage mittlerweile sehr schnell nachgedacht und war zu einem unheimlichen Ergebnis gekommen: Ich wußte nichts, fast nichts, von der Frau, die ich in meinem Leben an jenen Ort hatte setzen wollen, an dem im Leben jedes Menschen sich das befindet, woran er glaubt. Ich wollte an etwas glauben, weil ich begriffen hatte, daß man an etwas glauben mußte, wenn man leben wollte. Und nun —

Aber wen ging das etwas an? Mußte man die Familiengeschichte einer Frau kennen, um sie zu lieben? Mußte man sie im Schlaf reden gehört haben, um sicher zu sein, daß sie treu war? Mußte man ihrer Herr sein, um an sie zu glauben? Wer ist Herr eines Gottes? Wer nimmt Einfluß auf jene Mächte, welche aus besten Motiven eine politische Idee im Verlauf einer progressiven Destruktion monströs und mörderisch werden lassen? Wen ging es etwas an, wen ich liebte und woran ich glaubte.

Ich sagte: »Ich weiß das Notwendige. Frau Loredo war unverheiratet, in München geboren, lange im Ausland gewesen, kinderlos.«

»Wovon lebte sie?«

»Von Sprachunterricht.«

»*Nur* von Sprachunterricht?«

»Gelegentlich gab ich ihr Geld.«

»Größere Summen, Herr Holland?«

»Ja. Nein. Ja.«

»Kannten Sie die Schüler von Frau Loredo?«

»Sie erzählte mir oft von ihnen . . .«

»Kannten Sie Namen und Adressen?«

»Natürlich nicht.«

Er lehnte sich zurück, stocherte in seiner Pfeife und sagte traurig: »Nicht einmal die Namen?«

»Natürlich kenne ich ein paar Namen, Herr Kommissar! Es waren vor allem Frauen, ich glaube, Sibylle hatte viele Freunde, die gerne Italienisch und Französisch lernen wollten, reiche Leute —«

»Sie *glauben,* daß sie Freunde hatte?«

Ich neigte mich vor. Mein Hemd war völlig durchgeschwitzt, in der Bewegung fühlte ich es kalt und naß an meinem Körper. »Herr Kommissar«, sagte ich, »bitte sprechen Sie nicht so mit mir. Ich habe Frau Loredo nicht entführt. Ich habe sie geliebt. Das ist ein sehr . . . schwieriger Abend für mich. Sie sprechen, als hätte Frau Loredo ein Verbrechen begangen. Mir scheint jedoch, daß ein Verbrechen an Frau Loredo begangen wurde.«

Er wartete, bis die Maschine, die ich während meiner ganzen Rede gehört hatte, über das Haus hinweggeflogen war, dann sagte er leise: »Wir suchen die Wahrheit, Herr Holland. Das ist unser Beruf wie der Ihre.«

»Ich suche nicht die Wahrheit.«

»Ihnen ist es gleich, ob die Geschichten, die Sie schreiben, wahr sind oder erlogen?«

»Selbstverständlich ist es mir gleich — solange es gute Geschichten sind.«

»Das meinen Sie nicht so!«

»Wir wollen uns nicht über Berufsethik unterhalten«, sagte ich angewidert. Glaubte dieser Kriminalkommissar etwa an die Wahrheit? Ich hatte an Sibylle geglaubt. Und Sibylle hatte man mir genommen.

Die Wahrheit! Die Wahrheit!

»Sind Sie katholisch, Herr Holland?«

»Ja«, sagte ich, »aber hören Sie auf damit, mir wird übel!«

Er sah mich schweigend an, dann reichte er mir ein Blatt Papier über den Schreibtisch: »Das sind die Adressen und Namen aller Schüler von Frau Loredo. Sagen Sie mir, wie viele Namen Ihnen bekannt sind.«

Ich sah die Liste an. Sie wies zwei Dutzend Namen auf. »Etwa zehn davon«, sagte ich. Ich log. Ich kannte nicht einmal fünf, und von den Trägern dieser fünf Namen hatte ich nicht einen einzigen jemals zu Gesicht bekommen. Ich glaube, er merkte, daß ich log.

»Und das«, sagte Hellwig, und gab mir einen zweiten Bogen, »sind die Namen aller Bekannten und Freunde von Frau Loredo, die wir ermitteln konnten.«

Die zweite Liste war länger. Sie umfaßte etwa fünfzig Namen. Unter ihnen waren Schauspieler, Maler und Schriftsteller, auch ein paar Journalisten.

»Wie kamen Sie zu der Liste?«

»Die Leute haben sich zum großen Teil gemeldet. Den Rest haben wir gefunden. Hatte unter all diesen Leuten Ihrer Ansicht nach jemand ein Motiv, bei einer Entführung Frau Loredos mitzuwirken?«

»Keine Ahnung.«

»Wissen Sie von — entschuldigen Sie — von ein paar früheren Verhältnissen?«

»Ich weiß von allen früheren Verhältnissen.«

»Waren es viele?«

»Es geht«, sagte ich. Dann wurde ich wütend. Er redete von der Frau, die ich liebte, an die ich glaubte. Ich sagte: »Mit all diesen Männern ging sie im besten Einvernehmen auseinander.«

»Ja«, sagte er, »das haben wir auch festgestellt. Wissen Sie, was das bedeutet, Herr Holland?«

Ich wußte es: »Es bedeutet das Schlimmste von allem. Kein Motiv.«

»So ist es, Herr Holland«, sagte er.

Die Maschine, die jetzt Berlin anflog, kannte ich. Es war die Kursmaschine der PAA aus Frankfurt. Sie landete genau um neunzehn Uhr. Ich war oft mit dieser Maschine geflogen, als Sibylle noch lebte. Sie war immer auf dem Flughafen gewesen und hatte mich abgeholt. Wir waren dann zu Robert gefahren und hatten einen Begrüßungsschnaps getrunken. Dann hatten wir abendgegessen. Und dann waren wir heimgefahren in Sibylles kleine Wohnung. Wir freuten uns jedesmal aufeinander, als ob es das erstemal gewesen wäre. Wenn ich gegen Morgen mit ihr im Arm einschlief, hatte ich das Gefühl, eben bei der Beichte gewesen zu sein und die Absolution für alle Sünden erhalten zu haben. Ich war so sicher bei Sibylle gewesen, so sehr in Sicherheit.

»Sie können morgen vormittag vorbeikommen und Ihre Aussage unterschreiben«, sagte Hellwig. »Ich nehme an, Sie bleiben ein paar Tage in Berlin?«

Ich nickte. Ich fühlte mich sehr benommen.

»Ich wollte Ihnen noch etwas sagen, Herr Holland.«

»Bitte?«

Er sah mich lange an, dann kam er nahe zu mir und ich konnte seinen tabakhaltigen Atem riechen. »Wir haben keine Dokumente in der Wohnung gefunden. Der Paß, die Ausweise und alle Papiere von Frau Loredo fehlen.«

»Sonst wurde nichts gestohlen?«

»Nichts, Herr Holland.«

»Was geschieht jetzt?«

Er zuckte die Schultern.

»Also nichts?«

»Ich fürchte, es wird zunächst sehr wenig geschehen,

Herr Holland. Wenn Frau Loredo wirklich entführt wurde, ist sie unserem Eingriffsbereich entzogen.«

»Und man kann nichts tun? Nichts? Gar nichts?«

Er zuckte wieder die Schultern: »Man kann versuchen, die Täter zu finden — soweit sie sich in Westberlin aufhalten. Das tun wir natürlich. Aber sonst . . .«

Danach schwiegen wir beide lange Zeit.

Zuletzt fragte ich: »Sind Sie verheiratet, Herr Hellwig?«

»Ich wußte, daß Sie sich danach erkundigen würden«, sagte er still. »Meine Frau ist vor einem Jahr gestorben. Wir waren sehr glücklich miteinander.«

»Wie lange?« fragte ich.

Er antwortete: »Einundvierzig Jahre.«

Ich weiß nicht, wie einem Boxer zumute ist, der einen wirklich niederträchtigen Tiefschlag erhält. Ich weiß aber, wie man sich fühlt, wenn man beim Fußballspiel einen richtigen Tritt in die Hoden bekommt. Ich spielte Fußball. Ich habe einmal einen richtigen Tritt in die Hoden bekommen. Sie trugen mich vom Platz und ich hatte das Gefühl, daß mir die Eingeweide herausfielen, und ich konnte drei Tage lang nicht laufen. Ich dachte an diese peinlichste Episode meines Lebens, als ich das Polizeirevier Grunewald verließ. Ich hatte versprochen, die Stadt nicht zu verlassen, ohne meinen neuen Wohnort bekanntzugeben. Ich hatte gesagt, daß ich in Sibylles Wohnung schlafen wollte, obwohl das vielleicht etwas voreilig gewesen war. Ich ging durch die vom Schnee noch halb bedeckte, nasse und glatte Bismarckallee und hatte das Gefühl, daß mich eben jemand in die Hoden getreten hatte.

Ich kam gerade noch bis zu der ersten nassen, eiskalten Bank auf dem Johannaplatz, dann mußte ich mich setzen.

»Guck doch, Mami!« Ein kleines Mädchen mit Pelzstiefelchen wurde an der Hand seiner Mutter vorübergezogen.

»Komm schnell, mein Schatz. Es ist nur ein Betrunkener.«

Das brachte mich wieder auf die Beine. Mühsam schleppte ich mich weiter. Mit dem Abend war leichter Nebel gekommen. Die Straßenlaternen trugen weiche gelbe Höfe im Dunst. An Sibylles Wohnungstür hatte jemand mit einem Reißnagel einen Zettel befestigt. Ich las: »Bitte um Entschuldigung, habe vorhin vergessen zu sagen, daß morgen früh der Kassierer fürs elektrische Licht kommt. Hochachtungsvoll Emil Wagner.«

Während ich die Treppe hinaufschritt, überlegte ich, was ich mit der Wohnung anfangen sollte. Mit den Möbeln und Büchern, mit Sibylles Kleidern. Wem gehörte das alles nun eigentlich? Soweit ich informiert war, hatte Sibylle keine Verwandten. Ich dachte bitter: Aber wie weit bin ich informiert?

Im schwachen Licht der Stiegenhausbeleuchtung entdeckte ich dann auch den dunklen Fleck an der Wand, über dem Geländer. Er war langgezogen und verschmiert. Jemand, wahrscheinlich der Polizeifotograf, hatte die Spur mit Bleistift eingekreist. Das war also Blut. Vor drei Tagen strömte es noch in den Adern einer schönen Frau, in einem Körper, der weich war und warm, lebendig und erregend. Nun klebte es hier an der schmutzigen, kalten Mauer. Sibylle war verschwunden. Vielleicht war sie tot. Drei Tage nur. Die Zeit schien keine Rolle zu spielen bei der Zerstörung schöner Dinge durch das Leben. Auch die Entfernung nicht. Vor drei Tagen war ich noch auf der anderen Seite der Erde am Copacabanastrand in der Sonne gelegen. Ich fror weiter.

Die Wohnung war infolge der lange geschlossenen Fenster überheizt. Ich hielt den Rosengeruch nicht aus, öffnete die Balkontür und warf die Blumen auf die Terrasse. Da lagen sie, leuchtendrot im weißen Schnee, und der Regen fiel auf sie. Ich suchte nach Whisky.

Eine Flasche stand im Eisschrank. Der Eisschrank arbeitete. Er war auf »mittel« eingestellt. Das hatte noch Sibylle getan. Sie regulierte ihren Schrank dauernd, es war ein Sport von ihr, dachte ich und korrigierte mich grammatikalisch: Sibylle *hatte* ihren Schrank dauernd reguliert, das war ein Sport von ihr *gewesen*.

Es gab Lebensmittel im Eisschrank, Gemüse, etwas Fleisch, Sodawasser und Bier. Ich machte mir einen starken Drink und ging mit dem Glas in der Hand ins Wohnzimmer. Das Grammophon stand geöffnet da. Eine Platte lag auf dem Teller. Ich las den Titel: Rachmaninoff, Klavierkonzert Nummer zwei. Es war wie in einem schlechten Film.

Ich stellte den Apparat an und ließ die Platte laufen, aber ich hielt es nicht lange aus, dann schaltete ich das Grammophon wieder ab. Nun hörte ich nur den Regen draußen vor den Fenstern. Auf einem großen alten Zinnteller lagen Briefe, die Sibylle nicht mehr erreicht hatten, die Post der letzten drei Tage. Auch mein Telegramm aus Rom war darunter. Ich sah mir alles an. Postkarten aus England und Österreich. Irgendwelche Leute sandten Sibylle liebe Grüße. (»Du wirst nie erraten wer noch am Tisch sitzt — der alte Peter Joli! Wir haben ihn eben am Piccadilly getroffen!) Ein paar Rechnungen. Das graue Kleid war zur zweiten Anprobe fertig, schrieb Schneidermeister Adolf Jacobs, Berlin-Wilmersdorf, Athener Straße 32 a. Ich trank und überlegte, was ich Schneidermeister Adolf Jacobs sagen sollte. Was würde er mit dem grauen Kleid anfangen? Ob ich es bezahlen mußte?

Mein Gott. Mein Gott. Mein Gott.

Ich sagte die Worte laut vor mich hin und schlug mit der Faust auf den Tisch. Ich sprach nicht mit Gott. Man kann nicht mit jemandem sprechen, an den man nicht glaubt. Ich sagte die Worte nur in einem Anfall von großer Ratlosigkeit und Verzweiflung. Ich hätte ebensogut verflucht, o verflucht! sagen können. Was sollte ich nun tun? Ich überlegte: Was taten die Leute in Büchern, wenn so etwas geschah? Ich hatte keine Erfahrung auf diesem Gebiet. Mir war noch nie ein Mensch auf solche Art genommen worden. Mechanisch öffnete ich einen weiteren Umschlag.

»Meine liebe Sibylle! Tommy und ich haben uns so sehr über Deinen lieben Brief gefreut und erwidern Deine guten Wünsche für das neue Jahr auf das herzlichste. Wie schön, von Dir zu erfahren, daß Du so glücklich bist mit Deinem Paul. Wir haben Dir beide immer ein solches Glück gewünscht. Selbstverständlich werden wir zu Eurer Hochzeit nach Berlin kommen. Ich bin ja schon so gespannt auf *ihn* . . .«

Ich las nicht weiter. Ich ging hinüber ins Schlafzimmer. Ich lief zurück ins Wohnzimmer. Ich rannte hin und her, weil ich nicht stillstehen konnte vor Nervosität. Dann nahm ich mich zusammen, ging auf den großen Kleiderschrank zu und riß ihn auf. Ich wollte die ganze Wohnung durchsuchen, jeden Winkel, jede Lade. Ich mußte das tun. Vielleicht fand ich eine Spur, einen Hinweis. Das taten die Leute in den Romanen. Und immer fanden sie einen Hinweis, eine Spur.

Die Kleider hingen nebeneinander auf ihren Bügeln, die Wäsche lag in ihren Fächern. Es roch nach Parfüm. Es roch nach Sibylle. Ich durchwühlte die kleinen Berge von Spitzenhemdchen und Höschen. Nichts. Die Taschen der Kostüme. Leer. Da hingen sie nebeneinander, das braune Kostüm und das schwarze! Ich hörte Sibylles Stimme: »Soll ich das schwarze anziehen oder das grüne, Liebling?« Und ich sah sie vor mir stehen in dem kalten schwachen Morgenlicht dieses Abschieds, nackt, in Strümpfen. »Schau mich noch einmal ganz genau an, damit du nicht vergißt, wie ich aussehe.«

»Ich vergesse es nie, mein Herz. Ich kann die Augen

schließen, wann ich will, und immer sehe ich sofort dein Gesicht, deinen Körper.«

O mein Gott. O verflucht, verflucht, verflucht!

Im Schrank entdeckte ich nichts.

Ich öffnete die Laden einer Kommode. Hier gab es Schachteln und Mappen, alte Zeichnungen, Bilder, ein Fotoalbum. Fremde Menschen standen auf den Bildern neben Sibylle. Meistens lachten sie alle. Sibylle im Badeanzug. Sibylle im Theater, Sibylle in den bayrischen Bergen. Es waren alte Fotos. Dann fand ich meine Briefe. Sie lagen in einer Schachtel von Bally-Schuhen. Ich las zwei und legte sie wieder fort.

Ein Paar alte goldene Ballschuhe. Ein Fächer. Sieben vertrocknete Vergißmeinnicht. Eine abgegriffene Puppe. Ein kleiner roter Kalender für das Jahr 1955. Ich blätterte ihn durch. Neben den Datumszahlen standen ab und zu Notizen in Sibylles Handschrift: »15. April — rote Rosen. 17. April — Brief und Nelken. 22. April — Brief. 24. April — Telegramm.«

Ich blätterte ein Stück weiter.

»11. Mai — Orchideen und Brief. 13. Mai — Brief. 19. Mai — Rosen. 25. Mai — Rosen. 27. Mai — endlich! Für eine Woche. Bin sehr glücklich.«

Sie hatte das Ankunftsdatum jedes Briefes von mir notiert. Jedesmal, wenn ich ihr Blumen schickte, hatte sie das aufgeschrieben. Am 27. Mai war ich — endlich! — wieder einmal für eine Woche nach Berlin gekommen. Da war sie sehr glücklich gewesen.

Ich blätterte den Kalender durch bis zum Jahresende. Die Eintragungen blieben die gleichen. Sie bezogen sich nur auf uns beide. Beim 31. Dezember stand: »Danke, lieber Gott.« Das hatte sie vor nicht einmal ganz drei Monaten geschrieben. Ich legte den Kalender zurück und schloß die Lade. In diesem Augenblick begann das Telefon zu läuten.

Ich erschrak so sehr, daß ich mein Glas umwarf.

Das Telefon läutete immer weiter. Es war ungefähr das Unheimlichste, was ich jemals erlebt hatte, dieses schrillende Telefon in der totenstillen Wohnung.

Der Apparat stand in der Halle.

Ich trat an ihn heran, aber ich zögerte. Wer konnte das sein? Die Polizei? Jemand, der mich suchte? Aber wer suchte mich schon in Sibylles Wohnung? Meine Hand war naß von Schweiß, als ich den Hörer endlich ans Ohr hob und mich meldete.

»Hallo?«

Eine helle Frauenstimme ertönte: »Wer ist dort?«

»Siebenundachtzig-dreizehn-achtundvierzig.«

»Kann ich Frau Loredo sprechen?«

Der Regen trommelte gegen das Fenster vor mir, ich sah die Rosen draußen im Schnee auf der Terrasse liegen. Ich antwortete: »Leider, nein.«

»Ist sie nicht zu Hause?«

»Nein.«

»Wer spricht denn dort?« Die Stimme klang sehr munter.

»Ich heiße Holland.«

»O Herr Holland! Wie nett, daß ich wenigstens einmal ihre Stimme höre! Sibylle hat mir so viel von Ihnen erzählt.« Sie war nicht aufzuhalten. »Hier spricht Helga Maas, ich bin eine ganz alte Freundin von Sibylle! Vielleicht kennen Sie meinen Namen! Ach, wenn Sie wüßten, wie viele Jahre Sibylle und ich einander schon kennen!« Sie sprach rasend schnell. Ich machte gar nicht mehr den Versuch, sie zu unterbrechen. »Wo ist sie denn? Sicher noch in der Stadt? Nicht wahr! Ich wollte nicht stören! Wissen Sie, Herr Holland, ich bin gerade aus Kitzbühel zurückgekommen. Mit meinem Mann. Wir waren zum Wintersport dort, es war herrlich! Ach, so reizende Menschen! Ich wollte Sibylle wirklich nur guten Tag sagen.

Richten Sie ihr doch, bitte, meine Grüße aus, ja? Ich rufe morgen vormittag wieder an!«

»Ja, gnädige Frau«, sagte ich, »ich werde es ausrichten.«

»Gute Nacht, Herr Hollland.«

»Gute Nacht, gnädige Frau!«

»Und Sie *müssen* diesmal zu uns zum Tee kommen, Sibylle und Sie!«

»Gerne, gnädige Frau.«

Es war mir völlig klar, daß ich das nicht noch einmal ertragen würde. Das Telefon konnte jederzeit wieder zu läuten beginnen. Ich zog meinen Mantel an und rief ein Taxi. In der Wohnung ließ ich alle Lampen brennen und sperrte sorgfältig ab. Das Taxi wartete schon, als ich die Straße erreichte.

## 12

Ich fuhr zu Robert.

Auf dem Kurfürstendamm gab es keinen Schnee mehr, er war fortgetaut. Der Asphalt glänzte im Regen. Die Hauptstraße und ihre Geschäfte waren strahlend erleuchtet, Neonreklamen funkelten und blitzten und täuschten einen Eindruck von hektischem Leben und amerikanischer Prosperity vor, aber schon in den Seitenstraßen war es vollkommen dunkel, und die Ruinen von 1945 ragten in den nächtlichen Dunst hinein.

Es waren an diesem Abend nur wenige Menschen unterwegs. Die Huren standen meistens in den Hauseingängen. Sie trugen Pelzmäntel und froren. Manche traten andauernd von einem Bein aufs andere, um sich zu wärmen. Es war kein guter Abend für die Huren.

Als ich in Roberts Bar trat, verneigte sich der Klavierspieler am Flügel vor mir und begann *C'est si bon* zu spielen. Er hatte dieses Lied gespielt, als ich zum erstenmal mit

Sibylle hierhergekommen war, und die Melodie war so etwas wie unser Erkennungszeichen geworden: er spielte es stets, wenn wir erschienen. Das alte Lied machte uns zuletzt immer ganz sentimental. Der Klavierspieler begann völlig gedankenlos, dann erinnerte er sich, sein Gesicht verfiel, er brach ab und sagte, während ich an ihm vorbei zur Theke ging: »Es tut mir leid, Herr Holland. Ich habe nicht daran gedacht.«

»Schon gut«, sagte ich und gab ihm die Hand. Er hieß Enkins. »Spielen Sie weiter, es macht mir nichts.« Er zögerte, dann nickte er verlegen und begann wieder mit *C' est si bon.*

Roberts Bar war ganz in Dunkelrot gehalten. Es gab kleine Tische, Nischen, eine Tanzfläche und eine halbrunde Bar. Ich setzte mich an eine ihrer beiden gepolsterten Ecken. Die Beleuchtung war intim, die Menschen unterhielten sich leise, und es gab keine Kapelle, nur den Pianisten. Das alles hatte Sibylle und mir an Roberts Bar gefallen. Auf der Theke und auf den Tischen brannten Kerzen . . .

Die Barfrau war platinblond, üppig, und wenn sie lächelte, zeigte sie alle ihre schönen Jacketkronen.

»Guten Abend, mein Herr.«

»Guten Abend.« Wir kannten einander nicht, das Mädchen schien noch nicht lange hier zu arbeiten. »Einen doppelten Whisky, bitte.« Sie ging mit wiegenden Hüften dorthin, wo die Whiskyflaschen standen. Sie war noch sehr jung und nahm ihren Beruf ernst.

»Herr Holland!« Robert kam durch die Bar auf mich zu. Er war untersetzt und hatte eine halbe Glatze. Unter den sinnlichen Augen lagen schwere Tränensäcke, und er hatte eine große, schiefe Nase. All das im Verein mit einem immer freundlichen Mund ließ eines der gütigsten Gesichter der Welt entstehen. Robert war wie stets großartig gekleidet und roch nach Rasierwasser und Knize Ten.

Er schüttelte mir die Hand und sagte leise: »Ich habe auf Sie gewartet. Jeden Abend.«

»Guten Tag, Robert«, sagte ich. Wir sagten einander Sie, Sibylle und er hatten du zueinander gesagt, sie kannten einander viel länger.

Robert Friedmann war von 1933 bis 1946 in London gewesen, obwohl er in Berlin geboren wurde. Naheliegende Gründe zwangen ihn zur Emigration. Es ging ihm sehr gut in London; aber sobald es möglich war, kam er nach Berlin zurück, zurück in das Berlin von 1946, das Berlin des Hungers, der Kälte und der Armut. Er sagte, Berlin sei die einzige Stadt in der er leben könnte. Am Sonntag vormittag setzte er sich jetzt immer in seinen kleinen Wagen und fuhr mit seinem Hund hinaus auf die Rieselfelder. Da lief er eine Stunde herum. Dann fuhr er zurück in den Grunewald. Hier gab es eine Kneipe, in der er sich jede Woche vor dem sonntäglichen Mittagessen mit seinen Freunden traf: zwei Ehepaaren, einer Frau, ein paar Junggesellen. Da saßen sie dann zwischen elf und eins um einen großen Tisch ohne Tischtuch und tranken Bier und Steinhäger, und der Hund bekam eine Boulette. Robert rauchte eine kleine Zigarre und unterhielt sich mit seinen Freunden. Sie erzählten ihm die letzten Witze und den letzten Skandal, und was es sonst Neues gab. Das war für Robert die schönste Zeit. Deshalb allein, sagte er mir einmal, wäre er nach Berlin gekommen. In der Emigration hatte er immer von diesem Frühschoppen geträumt. Es gab nichts Schöneres für ihn. »Man weiß doch hier in Berlin, wo man hingehört«, sagte er. »Man hat seine Freunde, man ist nicht fremd.« Robert Friedmann lebte allein. Seine Frau war tot. Sie war zu lange in Berlin geblieben, denn sie hatte geglaubt, sich von der Stadt überhaupt nicht trennen zu können.

»Herr Holland«, murmelte Robert, auf den Hocker

neben mich gleitend, »seit dem Tod meiner Frau ist mir nichts so nahegegangen wie das mit Sibylle. Sagen Sie mir, wie ich Ihnen helfen kann. Ich tu alles, Herr Holland! Was ich kann, tu ich, um Ihnen zu helfen.«

Die Bardame stellte den Whisky vor mich hin und entfernte sich diskret. Sie begann Gläser am anderen Ende der Theke zu putzen.

»Wer kann es getan haben, Robert? Wer, Robert, wer?«

»Ich weiß es nicht. Das ist das Furchtbare. Alle haben wir uns den Kopf zerbrochen. Keiner hat eine Antwort gefunden.«

»Hatte sie Feinde, Robert?«

Er schüttelte stumm den Kopf.

Ich trank mein Glas in einem Schluck aus und machte der Bardame ein Zeichen. Sie nickte und füllte ein neues. Robert sagte: »Stellen Sie die Flasche her, Coco, und geben Sie mir auch ein Glas. Kümmern Sie sich nicht um uns. Was der Herr trinkt, wird nicht bezahlt.«

Ich sagte, nachdem Coco gegangen war und während Robert sein Glas vollgoß: »Sie kennen Sibylle länger als ich, Robert.«

»Ich habe sie schon neunzehnsechsundvierzig kennengelernt.« Er nickte gramvoll.

»Eben, Robert. Sie wissen, ich habe Sibylle geliebt. Ich frage nicht aus Eifersucht. Es können nicht Leute von drüben allein getan haben! Das gibt es nicht! Jemand aus Westberlin muß ihnen geholfen haben. Wer? Ich muß den Schuft finden, der es getan hat. Sagen Sie mir, was gab es für Männer in Sibylles Leben? Vor mir meine ich.«

Er schwieg.

Der Pianist spielte *April in Portugal.* Das war auch eines unserer Lieder gewesen. Ein Paar tanzte, eng umschlungen, verliebt. Wir hatten auch immer so getanzt.

»Bitte, Robert!«

»Natürlich gab es Männer«, sagte er. »Sibylle war allein. Und sie war nicht glücklich.«

»Warum nicht?«

»Sie muß im Krieg viel mitgemacht haben.« Er holte Zigaretten hervor. Seine Finger waren gelb von Nikotin. »Und neunzehnsechsundvierzig waren wir alle ein wenig wild in Berlin. Ja, Herr Holland, es gab eine Reihe von Männern, aber lauter nette. Seit Sibylle Sie traf, gab es überhaupt keinen mehr. Nur Sie.«

»Ja, ja, das weiß ich. Ich sage, ich bin nicht eifersüchtig.«

»Warten Sie ab, Herr Holland.«

»Was heißt das?«

»Alles in Berlin redet jetzt natürlich über Sibylle. Es gibt viele Geschichten. Sie werden noch einiges hören. Daß Sibylle zu viele Männer hatte, und daß sie haltlos war, und so weiter.«

»Das ist mir egal. Mir war sie treu.«

»Ja, Herr Holland. Ja!« Er sah mich ernst an. »Wenn ich jünger wäre und meine Frau nicht noch immer liebte, hätte ich Sibylle gebeten, mich zu heiraten.«

»Lieben Sie Ihre Frau denn noch immer, Robert?«

»Natürlich«, sagte er.

»Sie ist doch schon so lange tot!«

»Das spielt keine Rolle«, sagte er. »In London ja, da begann ich sie schon ein bißchen zu vergessen; aber seit ich wieder in Berlin bin, ist Sarah immer in meiner Nähe. Ich denke, ich bleibe auch bei ihr. Ich bin schon zu alt. Soll ich noch etwas Neues anfangen?« Er sah mich an: »Herr Holland, *Sie* werden mich verstehen: Ich finde, Sibylle war eigentlich keine typische Frau! Ich meine, innerlich. Innerlich hatte sie viel von einem Mann, nicht wahr?«

»Ja«, sagte ich.

»Sie empfand wie ein Mann. Und wenn sie — in der Zeit vor Ihnen — mit einem Kerl loszog, dann tat sie das auch wie ein Mann. Ich finde, sie tat alles so: lieben, trinken, rauchen, denken.«

»Vor allem denken«, sagte ich. »Deshalb hingen wir so aneinander. Nicht wegen der Bettgeschichten allein, Robert. Sondern weil wir immer derselben Ansicht waren. Manchmal mußten wir gar nicht sprechen, wir sahen einander an — und einer wußte, was der andere dachte.«

»So war es auch mit Sarah«, sagte er.

»Glauben Sie, daß Sibylle etwas mit Nachrichtendiensten zu tun hatte?«

»In Berlin hat jeder dritte etwas mit Nachrichtendiensten zu tun. Aber ich glaube es nicht.«

»Wir wollten heiraten, Robert.«

»Ja«, sagte er, »ich weiß. Ich traf Sibylle auf der Straße, und sie erzählte es mir. Ich wäre einer der beiden Trauzeugen gewesen.«

Wir tranken beide. Die Bar wurde jetzt sehr voll. Ich fühlte ein Ziehen und Brennen in meinem Magen. Ich wußte, was das bedeutete: das Vasanthron hatte nicht geholfen. Mein Diarrhöeanfall kündigte sich an. Ich hoffte, daß es nur ein kleiner Anfall sein würde. Meistens half Whisky. Also trank ich.

»War die Polizei bei Ihnen, Robert?«

»Ja. Ein netter Mann — Hellwig heißt er. Er zeigte mir Listen von den Leuten, die Sibylle kannten. Ich schrieb noch ein paar Namen dazu.«

»Und niemand auf den Listen hatte ein Motiv?«

»Keiner, Herr Holland. Alle hatten Sibylle gern.«

»Aber jene, die jetzt über sie schlecht reden?«

»Das sind Leute, die Sibylle nicht kennen. Fremde Leute. Schwätzer.«

Ich drehte mich mit meinen Fragen seit Stunden im Kreis. Ich mußte weiterkommen. Es mußte einen Ausweg geben aus diesem Kreis. »Mit wem war sie zuletzt zusammen, Robert? Wissen Sie das vielleicht?«

»Mit Frau Langbein«, sagte er sofort.

»Kennen Sie die Dame?«

»Ja, gut. Vera Langbein ist eine Freundin von Sibylle«, erwiderte Robert langsam.

»Ich muß mit ihr sprechen. Vielleicht kann sie mir helfen. Haben Sie die Adresse?«

Er nickte und schrieb sie mir zusammen mit der Telefonnummer auf. »Rufen Sie morgen früh dort an, aber nicht vor elf. Vera schläft immer so lange.«

Kolikartig zog sich mein Mageninneres zusammen. Ich stöhnte.

»Was ist?«

»Der Klimawechsel. Ich habe dann immer mit dem Magen zu tun. Nichts Schlimmes, ich muß mir eine Wärmeflasche machen.«

»Wollen Sie nicht bei mir übernachten? In meiner Wohnung? Ich passe auf Sie auf.«

»Nein, danke.« Ich trank mein Glas aus. »Ich bin lieber allein.«

»Ich tu alles für Sie, Herr Holland, alles!« Er sah aus wie ein alter Bernhardiner.

»Danke, Robert. Aber es geht bestimmt bald vorüber.«

Meine Eingeweide brannten wie Feuer. Ich mußte sehen, daß ich heimkam.

»Hören Sie, Herr Holland, wenn Sie morgen zu Vera gehen, dann ist es besser, ich erkläre Ihnen vorher die Situation in ihrem Haus, damit Sie keinen Fauxpas begehen. Es ist nämlich ein bißchen kompliziert bei Vera.«

Ich sagte: »Bei vielen Leuten in Berlin ist es ein bißchen kompliziert.«

Er seufzte: »Wem sagen Sie das? Das macht diese verfluchte Abgeschnittenheit, dieses Inselleben. Wir haben hier alle einen erotischen Schützengrabenkomplex.«

»Nicht nur einen erotischen«, sagte ich.

»Passen Sie auf: Es gibt also ein Ehepaar Langbein. Der Mann ist ein sehr reicher Juwelier. Dann gibt es ein Ehepaar Hansen. Herr und Frau Langbein lieben einander. Herr und Frau Hansen lieben einander nicht. Obwohl aber Herr Langbein Frau Langbein liebt, findet er es seit Jahren unmöglich, mit ihr zu schlafen. Herr Hansen findet es nicht unmöglich, mit Frau Langbein zu schlafen. Deshalb haben Herr und Frau Langbein sich getrennt und wohnen nicht mehr zusammen. Auch Herr und Frau Hansen haben sich getrennt. Frau Hansen lebt allein, Herr Hansen lebt bei Frau Langbein.«

»Und Herr Langbein?«

»Hat sich eine eigene Wohnung genommen.«

»Der Mann, den ich also möglicherweise bei Frau Langbein treffe, wird Herr Hansen sein?«

»Richtig.«

»Das ist doch gar nicht so kompliziert«, sagte ich. »Warum erklären Sie es mir so genau, Robert?«

»Es wird sich gleich in Berlin herumsprechen, daß Sie Vera besucht haben, Herr Holland. Alles spricht sich immer gleich herum in Berlin. Und so wird es natürlich auch gleich Frau Hansen erfahren, und sie wird Sie anrufen und ausfragen. Das tut sie immer. Sie ruft alle Leute an, die mit Vera in Berührung kommen. Ich möchte, daß Sie dann die Situation übersehen.«

»Ich nehme an, Frau Hansen haßt Frau Langbein«, sagte ich.

Er schüttelte den Kopf: »Nein, die beiden sind gute Freundinnen. Frau Hansen haßt Herrn Langbein.«

»Aber der ist doch selber betrogen! Der kann doch nichts dafür!«

»Das sagen *Sie*. Frau Hansen sagt, er wäre an allem schuld. Darin sind sich überhaupt alle Beteiligten einig.«

Ach, Sibylle, dachte ich, wie glücklich waren wir beide! Ich sagte: »Berlin ist eine eigenartige Stadt.«

»Und trotzdem die einzige, in der man noch leben kann, Herr Holland. Die einzige Stadt der Welt!« Er lächelte sein trauriges jüdisches Lächeln, und die Tränensäcke unter den Augen wurden noch dicker und dunkler.

## 13

Die Nacht war so, wie ich es erwartet hatte.

Ich schlief kaum. Entweder ich füllte neues Wasser in meine Wärmeflasche, oder ich nahm Tierkohle, oder ich lief ins Badezimmer. Zwischendurch schluckte ich Schlaftabletten, aber an Schlafen war nicht zu denken. Ich lag in dem schmalen Bett, in dem ich immer mit Sibylle gelegen hatte, denn es gab kein anderes Bett in der Wohnung. Daran hätte ich vorher denken sollen, obwohl es in meinem Zustand ziemlich egal blieb. Ich war viel zu schwach und benommen, um mir Gedanken zu machen.

Im Morgengrauen fiel ich in einen unruhigen Schlummer, aus dem mich um halb acht Uhr der Kassier der Elektrizitätswerke riß.

»Tag!«

Ein junger Mann stand vor der Tür und tippte an seine Kappe.

Ich begann schlaftrunken: »Frau Loredo —«

»Is entführt worden, hab's in der Zeitung gelesen. Wollen Sie vielleicht die Rechnung bezahlen?« Es war ein liebenswürdiger junger Mann. Ich gab ihm das Geld und nahm die Quittung in Empfang. »Was wird denn jetzt aus der Wohnung?« Er sah sich neugierig um. »Habe sie mir mal angesehen, als Frau Loredo noch da war. Hübsche Bude. Kenne jemanden, der sie gleich nehmen würde. Is doch schade, wenn sie leersteht. Ich —«

»Raus«, sagte ich.

»Was?«

»Verschwinden Sie!«

»Na, wissen Sie, Herr —«

Ich schlug die Tür zu. Auf der Treppe hörte ich ihn schimpfen. Ich ging in die Küche und kochte Tee. Der Anfall war vorüber, das fühlte ich, aber ich war noch sehr schwach. Wenn ich ein paar Schritte ging, begann sich alles vor meinen Augen zu drehen. Nachdem ich den Tee getrunken hatte, meldete ich ein Gespräch nach Frankfurt an. Es kam bald. Ich hatte die Nummer meines Büros angegeben.

»Sie haben Frankfurt verlangt! Bitte, melden Sie sich!«

»Hallo?«

»Hier West-Presse-Agentur«, sagte eine Mädchenstimme. Ich kannte die Stimme. Sie gehörte dem nettesten Mädchen in unserer Telefonzentrale.

»Hier ist Holland«, sagte ich. »Guten Morgen, Marion.«

»Morgen, Herr Holland. Es tut mir sehr leid, was geschehen ist.«

In Frankfurt wußte man es natürlich bereits.

»Kann ich den Chef sprechen?«

»Sofort, Herr Holland. Wir haben Ihren Anruf schon erwartet.«

Es klickte zweimal in der Leitung, dann meldete sich Werner. Er war der Leiter des Büros.

»Morgen, Paul. Es tut mir so leid, was geschehen ist.«

Alle sagten sie dasselbe. Ich überlegte: Man mußte gerecht sein. Was hätte *ich* gesagt? Was konnte man überhaupt sagen?

»Ich möchte um Urlaub bitten, Chef.«

»Natürlich, Paul. Wie lange?«

»Ich weiß noch nicht. Vielleicht zwei oder drei Wochen.«

»Ist gut. Kalmar wird für Sie einspringen.«

»Danke, Chef.«

»Was werden Sie jetzt tun?«

»Ich weiß noch nicht.«

»Brauchen Sie Geld? Sollen wir Ihnen etwas schicken?«

»Ja. Nein, danke. Ich melde mich, wenn ich etwas brauche.«

»Keine Spur von Sibylle, wie?« .

»Nein, Chef.«

»Wir wissen auch nichts. Wenn Sie uns benötigen, Paul —«

»Danke, Chef, Sie sind wirklich nett. Sehr nett.«

»Lächerlich! Wir besitzen Ihre Berliner Adresse. Rufen Sie uns an, wenn Sie Ihren Aufenthaltsort ändern.«

»Ja, Chef.«

Ich fühlte mich viel besser nach diesem Gespräch, so, als wäre ich ein großes Stück weitergekommen. Ich wartete bis elf Uhr, dann rief ich Frau Vera Langbein an und bat, sie besuchen zu dürfen. Um drei Uhr wäre es ihr angenehm, sagte sie. Sie wohnte weit draußen an der Avus, beim Zehlendorfer Kleeblatt, unmittelbar neben der Zonengrenze. Bevor ich mit einem Taxi zu ihr hinausfuhr, besuchte ich Kriminalrat Hellwig, um meine Aussage zu unterschreiben. Er war nicht da. Die Aussage konnte ich trotzdem unterschreiben.

»Etwas Neues?« fragte ich Hellwigs Vertreter.

Er schüttelte den Kopf.

Vera Langbein war eine schöne, nervöse Dame von etwa vierzig Jahren. Sie hatte sehr blondes Haar und sehr schwarze Augenbrauen. Ihre Haut war weiß, die Augen waren leuchtend blau. Sie empfing mich im Salon ihres großen, luxuriösen Hauses. Frau Langbeins rechter Fuß steckte in Gips. Sie humpelte an einem Stock. Ich erfuhr, daß sie vom Pferd gestürzt war und sich den Knochen gebrochen hatte. Es ging ihr schon wieder besser. Sie bot mir Wermut und Zigaretten an und musterte mich dabei kritisch. Ich glaube nicht, daß ich ihr gefiel.

»Sibylle und ich waren sehr alte Freundinnen«, erklärte sie. »Sie gab mir Unterricht in Italienisch.«

»Schon lange, gnädige Frau?«

Sie sagte: »In letzter Zeit nicht mehr. Aber ungefähr vor zwei Jahren . . . ging es ihr nicht gut. Da dachte ich, daß ich ihr vielleicht helfen konnte, wenn ich bei ihr Stunden nahm.« Sie rauchte ununterbrochen. »Ich bin faul, Herr Holland, ich habe nicht viel gelernt. Es waren ja auch eigentlich nur Pro-forma-Stunden. Meistens klatschten wir bloß, oder Sibylle brachte mir Argot-Ausdrücke bei.«

»Ich verstehe.«

»Wie gesagt, es geschah hauptsächlich, um Sibylle finanziell zu unterstützen. Ich konnte es leicht, es spielte bei mir keine Rolle.«

Ich dachte, daß Frau Langbein mir auch nicht gefiel. Es beruhte alles auf Gegenseitigkeit.

»In letzter Zeit«, fuhr die Dame fort, kreuzte die Arme über der Brust und sah mich abschätzend an, »kamen wir ein bißchen auseinander. Sibylle ist in letzter Zeit mit den meisten ihrer alten Freunde ein bißchen auseinandergekommen.«

»Ich hoffe, daß ich nicht die Schuld daran trage.«

»In gewissem Sinn natürlich schon, Herr Holland. Sibylle lebte sehr zurückgezogen, seit sie Sie kennenlernte.«

Ich schwieg und ließ sie reden. Ich hatte das Gefühl, daß sie irgendwann etwas sagen würde, was für mich von Bedeutung war.

»Zum Beispiel Ihre Anrufe!«

Ich hatte Sibylle, wenn ich nicht bei ihr war, im letzten Jahr täglich angerufen, wo immer ich mich aufhielt. Nur in Rio hatte ich dieses Ritual aus finanziellen Gründen unterlassen.

»Was war mit meinen Anrufen?«

»Nun, man konnte abends mit Sibylle nichts mehr anfangen. Um acht Uhr mußte sie zu Hause sein, unter allen Umständen! Denn um acht Uhr riefen Sie immer an.«

Ich nickte.

»Obwohl es manchmal zwölf Uhr und ein Uhr wurde.« Sie lächelte spitz.

»Gnädige Frau, ich telefoniere oft aus dem Ausland, manchmal mußte ich stundenlang auf eine Verbindung warten, oder ich war mitten in einer Besprechung.«

»Ich mache Ihnen doch keinen Vorwurf, Herr Holland!« Genau das aber schien sie zu tun. »So war es auch das letztemal, als wir uns sahen, am Tag bevor —« Sie unterbrach sich und sah zu Boden. »Es ist mir vollkommen unerklärlich und rätselhaft, wer es getan hat, Herr Holland!«

»Niemand begreift es, gnädige Frau.«

»Aber jemand *muß* es doch getan haben!«

»Eben. Würden Sie mir erzählen, wie Ihr letztes Zusammentreffen mit Sibylle verlief?«

»Natürlich. Ich holte sie nach dem Mittagessen ab und fuhr mit ihr zu meinem Pferd hinaus.«

»Wohin bitte?«

»Zu meinem Pferd.«

»Oh!«

»Mein Mann hat mir zu Weihnachten ein Pferd geschenkt. Gewiß haben Sie gehört, daß ich von meinem Mann getrennt lebe?«

Ich murmelte etwas Unverständliches.

»Es wird viel geschwätzt in Berlin, Herr Holland. Mein Mann und ich lieben einander sehr. Ein Geschenk wie das Pferd beweist das doch, nicht wahr?«

»Gewiß, gnädige Frau.«

»Gar nicht zu reden von den anderen Geschenken«, fuhr sie fort. »Moderne Menschen haben eben neue Wege, persönliche Schwierigkeiten zu bewältigen.«

Ich nickte.

Sie fragte plötzlich scharf und laut: »Wer hat Ihnen von mir erzählt? Frau Hansen?«

Ich schüttelte den Kopf.

»Wer denn?«

»Ich weiß es nicht mehr, gnädige Frau. Aber bestimmt war es nicht Frau Hansen.«

Sie sah mich mißtrauisch an. Ich versuchte, das Gespräch wieder auf jenes Gebiet zu bringen, das mich allein interessierte: »Sie besuchten also Ihr Pferd . . .«

»Ja. Sibylle brachte ihm Lebkuchen. Süß, nicht? Wir sprachen übrigens dauernd von Ihnen.« Sie sagte das anklagend. »Sibylle war sehr glücklich. Wollten Sie sie wirklich heiraten?«

»Ja.«

»Süß«, wiederholte sie, vollkommen abwesend. Sie dachte an etwas anderes, wahrscheinlich an Frau Hansen.

»Und nach dem Besuch des Pferdes, gnädige Frau?«

»Wie? Ach so! Ja, wir fuhren noch in die Stadt und tranken Tee zusammen.«

»Wo, bitte?«

»In der Konditorei Wagenseil.«

Ich kannte die Konditorei.

»Waren Sie lange dort?«

»Etwa eine halbe Stunde. Es war nicht sehr gemütlich.«

»Wieso nicht?«

»Ach, zu voll! Und dann waren da ein paar Italiener, die starrten uns dauernd an. Ekelhaft, so etwas!«

Italiener! Ich horchte auf. Sibylle war in Italien gewesen, sie hatte mir immer wieder von Italien erzählt. Ich fragte: »Waren es Bekannte?«

»Wo denken Sie hin? Ganz fremde Menschen. Unverschämt nenne ich das, zwei Frauen so anzustarren! Sie zogen uns richtig aus mit den Blicken! Sogar dem Serviermädchen war es zuviel.«

Von allem, was Frau Langbein erzählte, interessierten mich nur diese Italiener. Ich fragte: »Wie viele waren es?«

»Sechs, sieben. Vielleicht nur fünf. Ich weiß es nicht mehr. Warum?«

Ich antwortete mit der Gegenfrage: »Hatten Sie das Gefühl, daß Sibylle einen von ihnen kannte?«

»Herr Holland, hören Sie auf! Natürlich kannte sie keinen von ihnen! Es waren einfach ein paar ungezogene, freche Kerle, sonst nichts.«

»Natürlich«, sagte ich. »Und so verließen Sie also die Konditorei?«

»Ja, Herr Holland. Ich brachte Sibylle heim. Sie sagte, es sei schon halb sieben.«

»Aber an diesem Tag mußte sie doch gar nicht nach Hause. Ich war noch in Rio. Und aus Rio rief ich nie an!«

»Sie sagte, Ihre Briefe aus Brasilien kämen immer abends an.«

Das stimmte. Meine eigene Maschine, die auch Post brachte, war am Nachmittag gelandet. Und ich hatte Sibylle täglich geschrieben.

»Sie wirkte vollkommen ruhig?«

»Vollkommen, Herr Holland.«

Und einen Tag später war sie verschwunden, dachte ich.

»Wir finden alle keine Erklärung, Herr Holland«, sagte Vera Langbein, die meine Gedanken erraten hatte. »Es ist eine furchtbare Geschichte — für Sie am furchtbarsten. Keiner von uns begreift die Zusammenhänge.«

Die Tür ging auf. Ein kleiner Mann mit unruhigen Augen und kranker Gesichtsfarbe trat ein: »Ich bitte um Verzeihung, ich wollte nicht stören —«

»Peter, das ist Herr Holland. Herr Holland, das ist Herr Peter Hansen.« Frau Langbein war ein bißchen rot geworden.

»Mein Beileid, Herr Holland«, sagte der kleine Herr Hansen prompt. Ich dachte: Ich möchte wissen, wie Herr Langbein aussieht.

»Liebling, ich wollte dich nur um die Autoschlüssel

bitten«, erklärte der Ehebrecher sanft und still. »Ich muß noch einmal in die Stadt.«

»Ich werde auch gehen, ich habe Sie schon viel zu lange aufgehalten, gnädige Frau.«

»Kann ich Sie vielleicht mitnehmen?« fragte Herr Hansen.

»Danke«, sagte ich. »Auf mich wartet ein Taxi.«

Gleich danach gelang es mir, mich zu verabschieden. Als ich auf die Straße trat, drehte ich mich plötzlich um. Hinter dem Fenster des Salons fiel jäh ein Vorhang zurück in seine vertikalen Falten. Jemand hatte mir nachgesehen. Zum erstenmal seit gestern nachmittag erfaßte mich eine glückliche Unruhe. Ich dachte: Ich bin auf der richtigen Spur.

»Zur Konditorei Wagenseil!«

»Okay, Boß«, sagte der Chauffeur. Als wir die Avus verließen und am Funkturm vorbeikamen, überflog diesen gerade eine Maschine. Sie flog ganz tief, direkt über den Turm. »Eines Tages werden die Kerle es schon schaffen«, sagte der Chauffeur.

## 14

Diesmal arbeitete ich, um Zeit zu sparen, mit meinem Presseausweis. Ich hatte Glück, in der Konditorei war an diesem Nachmittag nicht viel Betrieb, und ich kam gleich an das richtige Mädchen. Es hieß Ellen und war dunkel und schläfrig.

»Ich bin Journalist, Ellen. Ich soll über die Entführung dieser Frau Loredo schreiben. Sie haben gewiß davon gehört?«

»Natürlich, Herr Holland.« Sie sprach mit einem sächsischen Akzent und hatte sehr große, sehr rote Hände, die sie ständig zu verbergen suchte. »Es waren schon ein paar Herren von der Polizei hier. Frau Loredo hat doch bei uns Tee getrunken am Tag, bevor es geschah.«

»Sie haben sie bedient, Ellen, nicht wahr?«

Sie nickte ernst und sorgenvoll. Mit den roten erfrorenen Händen auf dem Rücken, stand sie zwischen den gewaltigen Kuchengebirgen, den Riesenkörben voll Gebäck, den Schwarzwälder Kirschtorten, den geilen Schaumrollen, den giftiggelben Cremeschnitten, den leuchtend bunten Obstkuchen. Ich hatte mich in eine Ecke gesetzt und einen Kognak bestellt. Es war mittlerweile dunkel geworden. Nebel senkte sich auf die Stadt. Wenn er dichter wurde, gab es heute abend keine Flugzeuge mehr.

Die Kellnerin Ellen sagte indessen: »Es war noch eine andere Dame da.«

»Blieben die beiden Damen lange?«

»Nein. Sie waren verärgert über ein paar Herren.«

»Was waren das für Herren?«

»Italiener, glaube ich. Sie starrten Frau Loredo und ihre Freundin dauernd an und machten Bemerkungen.«

Italiener, Italiener. Sibylle hatte in Italien gelebt. Italiener, Italiener . . .

»Was sagten sie?«

»Ich verstehe nicht Italienisch.«

»Und was geschah, als die Damen gegangen waren, Ellen?«

»Nichts. Die Italiener gingen auch.«

»Alle auf einmal?«

»Ja, sie gehörten zusammen. Einer fragte mich noch, ob ich wüßte, wer die Damen waren.«

Ich fühlte, wie mein Herz heftiger zu schlagen begann, aber ich fragte völlig ruhig: »Und was antworteten Sie daraufhin diesem Herrn?«

»Ich sagte, ich würde nur Frau Loredo kennen.«

»Fragte der Mann auch nach einer Adresse?«

»Nein.«

Ich dachte: Wenn er den Namen kannte, brauchte er nicht die Adresse. Loredo war kein häufiger Name. Und es gab ein Telefonbuch.

»Wie sah der Mann aus, Ellen? Können Sie sich daran erinnern?«

»Sehr schlank und groß. Er hatte eine Brille und schwarze Haare. Und er sprach ein bißchen Deutsch.«

»Würden Sie ihn wiedererkennen, wenn Sie ihm begegneten?« Das war eine Standardfrage in allen Kriminalromanen. Aber hatte ich mir nicht vorgenommen, so zu handeln, wie die Menschen in den Büchern es taten?

»Ich glaube . . .«

»Wie viele Männer waren es?«

»Fünf.«

»Sind Sie sicher?«

»Ganz sicher. Sie saßen da drüben. Das ist ein Tisch für vier Personen, und ich mußte ihnen noch einen Sessel bringen.«

Fünf Italiener. Das war alles, was ich nun wußte. Aber vor vierundzwanzig Stunden hatte ich noch gar nichts gewußt. Fünf Italiener.

Ich gab dem Mädchen ein großes Trinkgeld und ging. Im Augenblick, da ich ins Freie trat, sah ich auf der anderen Seite der Straße Sibylle.

## 15

»Sibylle!«

Ich schrie den Namen einmal, dann noch einmal. Leute blieben stehen und sahen mich erstaunt an. Ich rannte auf die Fahrbahn hinaus. Ein Mann riß mich an der Schulter zurück: »Sind Sie verrückt geworden?« Ein

Wagen raste an mir vorbei, der Fahrtwind schlug mir ins Gesicht.

Die Konditorei Wagenseil lag in der Meineckestraße, nahe am Kurfürstendamm. Sibylle erreichte eben die großen Auslagescheiben des Modehauses Horn und verschwand um die Hausecke. Ich war vollkommen sicher, daß es sich um Sibylle handelte, so monströs diese Sicherheit schien, und obwohl sie einen schwarzen Pelzmantel trug, den ich nicht kannte. Aber ich hatte einen Augenblick lang ihr Gesicht im Schein einer Straßenlaterne gesehen, und dieser Augenblick hatte mir genügt.

Nun ist eine Prothese immer nur eine Prothese, so hervorragend sie auch konstruiert ist und soviel sie auch gekostet hat. Es gibt gewisse Dinge, die man nicht tun soll, wenn man eine Prothese trägt, sie stehen in der Gebrauchsanweisung verzeichnet. Zu diesen Dingen gehört an erster Stelle das Laufen. Laufen hält keine Prothese aus. Ich dachte daran, als ich nun zu laufen begann. Ich dachte: Hoffentlich hält sie es trotzdem aus. Ich war nicht sehr optimistisch. Das Kunstbein knarrte und ächzte. Ich fühlte, wie der kleine Schaumgummipolster sich verschob . . .

Als ich den Kurfürstendamm erreichte, blieb ich einen Moment stehen, dann erblickte ich sie wieder. Sie ging auf die beleuchtete Ruine der Gedächtniskirche zu, sehr eilig und schnell. Es waren viele Menschen zwischen ihr und mir. Ich kam auf dem Gehsteig nicht schnell genug vorwärts. Also rannte ich auf der Fahrbahn. Jetzt scheuerte der Stumpf auf dem Leder. Der Schmerz trieb mir Tränen in die Augen. Aber eigentlich weinte ich mehr aus Wut. Ich schrie wieder Sibylles Namen. Nun blieben schon viele Passanten stehen. Hinter mir hupte wütend ein Auto. Ich mußte auf den Gehsteig zurück.

Hier stieß ich mit empörten Fußgängern zusammen.

»Immer langsam, junger Mann!«

»Sie haben wohl einen Vogel, was?«

»Entschuldigen Sie, bitte! Lassen Sie mich doch durch! Da vorne ist eine Dame, die ich unbedingt einholen muß . . .«

Sie machten mir Platz, aber sie hatten mich aufgehalten. Ich sah Sibylle nicht mehr. Keuchend eilte ich weiter, auf die Lichtampel beim Berliner Kindl zu. Wo war sie? Eben hatte ich sie noch gesehen.

Da! Sie überquerte gerade bei grünem Licht die Kreuzung in Richtung Bahnhof Zoo. Ich rannte wieder auf der Fahrbahn los. Diesmal war mir das Hupen der Autos egal. Als ich die Kreuzung erreichte, wechselte das Licht der Ampel. Es versperrte mir den Weg. Aber ich konnte Sibylle nicht noch einmal verlieren. Ich rannte über den Damm, obwohl die Wagen eben anfuhren. Die Prothese knickte, ich taumelte, kam wieder auf die Beine.

Ein Hupkonzert setzte ein. Reifen kreischten auf dem gefrorenen Asphalt. Scheinwerfer und Stoßstangen schossen auf mich zu. Ich sprang wie ein Hase hin und her. Die Trillerpeife des Schutzmannes ertönte gellend. Ich sah im Vorbeirennen, wie er aus seiner gläsernen Kanzel sprang. Und vor mir schritt Sibylle, schnell, aufrecht, in ihrem schwarzen Persianer. Jetzt kam ich rasch an sie heran. Zehn Schritte noch. Fünf Schritte. Einer. »Sibylle!« Ich packte sie an der Schulter und riß sie zu mir herum.

Eine vollkommen fremde Frau sah mich an. »Was fällt Ihnen ein?«

»Verzeihen Sie, ich dachte, Sie wären . . .«

In diesem Augenblick traf auch der Schutzmann von der Kreuzung ein. Er war außer Atem und sehr wütend:

»Das wird Sie eine Kleinigkeit kosten, mein Herr!«

Mein Bein tat mir jetzt so weh, daß ich nicht länger stehen konnte. Ich setzte mich plötzlich auf das Pflaster.

»Was ist los? Sind Sie besoffen?«

»Mein Bein«, sagte ich.

Der Polizist blickte es an. Die Hose hatte sich verschoben, man konnte das Leder der Prothese sehen.

»Was rennen Sie auch mit so etwas?« sagte der Polizist. Es klang freundlicher. Menschen blieben stehen. Ich massierte mein Bein und entschuldigte mich und versuchte, meine Situation zu erklären. Die fremde Dame zuckte die Achseln und ging weiter. Der Polizist verlangte meinen Ausweis und notierte sich die Daten. Ich saß auf der nassen, schmutzigen Straße und wartete darauf, daß der Schutzmann mir meinen Paß zurückgab, und dachte: Sibylle, Sibylle, Sibylle.

## 16

»Sie haben sich getäuscht, Herr Holland, so etwas kommt vor.«

»Sie war es, Robert! Es war Sibylle!«

Ich saß an der Theke von Roberts Bar. Die Finger, die mein Glas hielten, zitterten. Die Bar war zu dieser Zeit noch fast leer. Nur zwei Frauen mit ihren Freunden saßen in Nischen. Ab und zu lachten sie grell. Sie tranken Sekt.

»Es war nicht Sibylle. Sie haben es doch selber festgestellt, daß es eine ganz fremde Dame war.«

Ich sagte halsstarrig: »Ich habe mit Sibylle gelebt, Robert. Ich kannte sie ein Jahr lang. Ich habe sie oft auf die größten Entfernungen erkannt. Im Dunkeln wußte ich mit geschlossenen Augen, wenn sie auf mich zukam. Kennen Sie diese Sicherheit nicht? War es bei Ihrer Frau nicht auch so?«

»Doch, doch . . . aber . . .«

»Und ich sage Ihnen, die Frau, die ich sah, als ich aus der Konditorei trat, war Sibylle!«

»Hören Sie auf damit!« sagte er laut und böse. »Sie machen mich ja noch meschugge. Es kann nicht Sibylle gewesen sein, sonst hätten Sie sich nicht mit einer fremden Frau lächerlich gemacht!« Er sagte eindringlich: »Sibylle ist tot. Sie sind mit Ihren Nerven herunter. Sie haben sich eingebildet, Sibylle zu sehen, weil Sie dauernd an sie denken, dauernd von ihr reden.«

»Und wieso«, sagte ich, »wenn es also eine Halluzination war, hatte Sibylle dann einen Mantel an, den ich nicht kannte? Eine Wunschvorstellung muß sich doch aus bekannten Elementen zusammensetzen — oder?«

»Bitte, Herr Holland. Bitte!«

Die beiden Frauen in den Logen lachten laut. Sie sahen bürgerlich aus, aber sie waren auffallend geschminkt.

»Sind das Nutten?«

»Wo denken Sie hin? Das sind anständig verheiratete Frauen. Die Männer sind kleine Angestellte. Sie verdienen nicht genug. Da gehen die Frauen ein bißchen auf den Strich. Sie haben jede eine Wohnung, und man kann ziemlich sicher sein, daß sie nicht krank sind.«

»Und was machen die Männer?«

»Nebenan ist eine Kneipe. Die Männer trinken dort Bier. Die Frauen werden mit den Kunden nach Hause gehen, wenn der Sekt alle ist. Und in einer Stunde holen sie dann ihre Männer aus der Kneipe.«

»Ist das so üblich?«

»Ich kenne eine ganze Menge Frauen, die es tun«, sagte er achselzuckend. »Lauter anständige, nette Personen.«

Ich erzählte Robert, was ich in der Konditorei erfahren hatte. »Sie kennen doch so viele Menschen in Berlin, Robert! Hotelportiers und Pensionsbesitzer. Vielleicht können Sie feststellen, wo die Italiener wohnen. Es scheint, daß sie alle zusammengehörten.«

»Hm.«

»Sibylle hat lange in Italien gelebt. Ich fühle, diese Kerle haben mit der Sache etwas zu tun! Ich fühle es ganz stark, Robert.«

Er überlegte sachlich: »Vielleicht gehörten sie zu einer Tagung. Bei uns gibt es jetzt ununterbrochen Tagungen.«

Er versprach, alles zu tun, was er konnte. Ich fühlte mich noch sehr schwach und sagte ihm, daß ich nach Hause gehen wollte.

»Sobald ich etwas herausbekommen habe, rufe ich Sie an, Herr Holland.« Zum Abschied schenkte er mir eine Flasche Whisky.

»Das geht aber nicht!«

»Es geht schon«, sagte er und steckte mir die Flasche in die Manteltasche. »Von mir können Sie alles annehmen, ich bin ein Freund von Sibylle. Und ich weiß, wie mies Ihnen ist.«

Er rief mir ein Taxi, und ich fuhr nach Hause in den Grunewald. Ich kochte mir wieder Tee und setzte mich mit der Tasse ins Wohnzimmer, neben das Bücherregal. Die kritische Arbeit über Anaximander von Milet lag noch dort, wo ich sie am Morgen meines Abfluges hingelegt hatte, und das Buch fiel auch wieder an der gleichen Stelle auseinander, als ich es in die Hand nahm. Noch einmal las ich den angestrichenen Satz: »Der Ursprung der Dinge ist das Grenzenlose. Woraus sie entstehen, darin vergehen sie auch mit Notwendigkeit, denn sie leisten einander Buße und Vergeltung für ihr Unrecht nach der Ordnung der Zeit.«

Hatte Sibylle diesen Satz angestrichen? Hatte er ihr gefallen? Man konnte eine Frau ein ganzes Jahr lang lieben, und man wußte doch nichts von ihr.

Das Telefon läutete.

Ich ging in die kleine Halle. Als ich abhob, meldete sich eine intellektuelle Frauenstimme: »Herr Holland?«

»Ja.«

»Hier spricht Frau Hansen.«

Ich dachte an Roberts Warnung, aber ich mußte den Hörer abheben, wenn das Telefon läutete, denn es konnte ja auch Robert selbst sein, der eine Spur gefunden hatte.

»Ich habe heute schon ein paarmal versucht, Sie zu erreichen«, erklärte sie.

»Ich bin gerade nach Hause gekommen, gnädige Frau.«

»Ich höre, Sie waren heute nachmittag bei Frau Langbein.«

»Woher wissen Sie —«

»Man hat es mir erzählt.« Sie sprach sehr streng mit mir, Entschuldigungen ließ sie nicht gelten. »Es ist gleich, wer es mir erzählt hat. Haben Sie meinen Mann bei Frau Langbein gesehen?«

»Ja.«

»Dann ist es gut«, sagte sie zufrieden. Und forschend: »Nur ihn?«

»Ich verstehe nicht . . .«

»Herr Langbein war nicht da?«

»Nein.«

»Hat Vera von ihm gesprochen?«

»Gnädige Frau, ich weiß wirklich nicht, was das alles bedeuten soll . . .«

»Machen Sie sich keine Gedanken! Ich war eine alte Freundin von Sibylle, Sie erweisen mir einen Freundschaftsdienst, wenn Sie meine Frage beantworten. Es ist von großer Bedeutung für mich!«

»Ich verstehe nicht, wieso . . .«

»Sie kennen diesen Herrn Langbein nicht!« Ihre Stimme wurde hysterisch. »Ich habe allen Grund, zu vermuten, daß er noch gelegentlich zu Vera kommt. Heimlich. Ohne daß mein Mann es weiß.«

Ich fragte höflich: »Sie meinen, man muß vermuten, daß Herr Langbein Ihren Gatten mit Frau Langbein betrügt?«

»Ich bin fast sicher! Was sagen Sie dazu? Ist das nicht ungeheuer?«

»In der Tat.«

»Mein Mann und Vera waren sehr glücklich, wissen Sie. Ich war so froh darüber. Manchmal luden sie mich ein. Wir spielten Canasta oder wir tranken ein bißchen vor dem Kamin. Wir waren richtige Freunde. Endlich war es Vera gelungen, sich von ihrem Mann zu befreien. Und jetzt taucht er wieder auf und will alles zerstören. — Wie finden Sie denn das?«

»Gnädige Frau«, sagte ich, »Ihre Befürchtungen sind unnötig. Ich hatte den Eindruck, daß Frau Langbein mit Ihrem Herrn Gemahl sehr glücklich ist.«

»Das beruhigt mich, das beruhigt mich sehr, Herr Holland. Vielen Dank. Und was ich noch sagen wollte: Es tut mir natürlich schrecklich leid, was Sibylle geschehen ist. Wir waren so alte Freundinnen!«

Ich legte den Hörer nieder mit dem angenehmen Gefühl, eine gute Tat begangen zu haben, und dachte, daß ich doch gerne gewußt hätte, wie der allseits so verachtete Herr Langbein aussah. Seltsame Freundinnen hatte Sibylle gehabt. Oder lag es an Berlin? Ich entschied, daß es an Berlin lag, und ging zu Bett. Um halb vier Uhr morgens riß mich das ununterbrochene Läuten der Torglocke aus dem Schlaf. Ich stolperte zum Fenster und versuchte festzustellen, wer beim Parkeingang stand. Der Nebel war zu dicht, ich sah nichts.

In der Halle gab es eine kleine Sprechanlage zum Tor. Ich schaltete sie ein und fragte: »Wer ist da?«

»Robert Friedmann. Lassen Sie mich herein, Herr Holland. Ich habe Neuigkeiten für Sie.« Ich drückte auf einen Knopf, und das Parktor öffnete sich. Gleich darauf kam der kleine, dicke Barbesitzer atemlos in die Wohnung. Ich hatte inzwischen einen Schlafrock angezogen und führte ihn ins Wohnzimmer.

Im Mantel ließ er sich in einen Sessel fallen und schnappte nach Luft. Dann holte er eine Fotografie aus der Tasche und warf sie triumphierend auf den Tisch: »Bitte!«

Die Fotografie zeigte fünf Männer vor einem Flugzeug. Sie standen nebeneinander und lachten. Sie hatten alle dunkles Haar und sahen südländisch aus.

»Das sind die Italiener?«

Er nickte, holte einen Zettel hervor und las: »Von links nach rechts: Tino Sabbaddini, Emilio Trenti, Mario Turline, Cesare Nuovo und Carlo Zampa.«

Der Mann, den Robert Carlo Zampa nannte, stand ganz rechts außen. Er war sehr groß und sehr schlank. Er hatte schwarzes Haar und eine Hornbrille.

## 17

»Wie kommen Sie zu dem Bild?«

Er war rührend in seinem Stolz: »Ah, Herr Holland, auf den alten Robert Friedmann kann man sich eben noch immer verlassen! Nachdem Sie gegangen waren, setzte ich mich ins Auto und fuhr ein bißchen herum. Von einem Hotel zum anderen. Ich begann mit den größten. Die meisten Portiers kenne ich. Sie waren alle sehr nett, aber sie konnten mir nicht helfen. Entweder wohnten in letzter Zeit überhaupt keine Italiener bei ihnen, oder zu viele, oder es waren Frauen. Erst als ich ins *Ritz* kam, hatte ich Glück. Der Portier erinnerte sich sofort. Ja, bei ihm hatten vor kurzem fünf Italiener gewohnt. Er zeigte mir die Eintragung im Register und die Meldezettel. Die fünf wohnten dort bis zehnten Februar.«

»Am neunten wurde Sibylle entführt.«

Er nickte.

»Am zehnten reisten sie ab?«

»Ja.«

»Alle zusammen?«

»Ja, sie flogen mit Air France nach München.«

»Was waren das für Männer? Ich meine, was hatten sie für Berufe?«

Er sagte: »Sie hatten alle denselben Beruf. Es waren Gemüsehändler.«

»Was?« Eine mörderische Lust zu lachen flog mich an.

»Sie handelten mit Gemüse, Herr Holland. Auch mit Obst und Südfrüchten. Im großen, verstehen Sie? Es scheint sich um lauter gutsituierte Männer zu handeln.«

»Was machten sie in Berlin?«

»Sie waren geschäftlich hier. Der Portier sagte, die Herren besuchten viele deutsche Städte. Sie waren schon in Hamburg, Düsseldorf, Hannover und Frankfurt gewesen. Sie wollten sichtlich mit den Deutschen ins Geschäft kommen.«

»Und jetzt sind sie in München?«

»Das weiß ich nicht. Ich meine, ich weiß nicht, ob sie *noch* in München sind.«

»Welchen ständigen Wohnort geben sie an?«

»Alle Rom.«

»Und das Foto? Woher haben Sie das?«

Robert sagte: »Das Hotel schickte einen Wagen zum Flughafen, als die fünf ankamen. Ich stöberte den Chauffeur des Wagens auf. Er erinnerte sich, daß ein privater Fotograf eine Aufnahme von der Maschine gemacht hatte. Der Fotograf wieder war den Leuten auf dem Flughafen bekannt. Sie gaben mir die Adresse. Ich fuhr zu ihm, und er fand noch einen Abzug des Bildes. Der Mann heißt Werner Weich und wohnt in der Olympischen Straße vierunddreißig im zweiten Stock«, sagte er stolz und sah mich glücklich an.

»Das haben Sie alles für mich getan, Robert . . .«

»Für Sie und für Sibylle«, antwortete er bescheiden.

An diesem Morgen um neun Uhr saß ich auf dem Polizeirevier Grunewald dem Kommissar Hellwig gegenüber. Das Foto lag zwischen uns. Alles verlief anders, als ich es mir vorgestellt hatte.

Hellig war freundlich, aber bestimmt: »Es gibt hier eine Anzeige gegen Sie, Herr Holland. Sie haben gestern abend bei der Gedächtniskirche eine kleine Verkehrsstörung verursacht.«

»Ja«, sagte ich, »ja, doch! Hören Sie zu, Herr Kommissar, die fünf Italiener auf diesem Bild —«

»Sie haben eine fremde Dame für Frau Loredo gehalten, nicht wahr? Sie glaubten, Frau Loredo zu sehen.«

»Ich *habe* Frau Loredo gesehen!«

»Aber die Dame, die Sie anhielten, war nicht Frau Loredo!«

»Nein. Sie war aber auch nicht die Dame, die ich zuerst sah.«

»Warum liefen Sie ihr dann nach?«

»Ich — Herrgott, Herr Kommissar, können Sie sich vielleicht vorstellen, daß ich im Augenblick nicht die besten Nerven habe?«

»Das wollte ich von Ihnen hören«, sagte er freundlich.

»Was?«

»Daß Sie selbst den Zustand Ihrer Nerven charakterisieren. Damit kennen Sie auch meine Ansicht über die fünf Herren aus Italien.«

»Wollen Sie damit sagen, daß das keine Spur ist?«

»Es ist eine von vielen Spuren, die wir verfolgen.«

»Sie *wußten* schon von den Italienern?«

»Natürlich, Herr Holland.«

»Aber warum gehen Sie der Spur dann nicht nach?«

»Wir gehen ihr nach. Wir gehen vielen Spuren nach, Herr Holland. In den letzten achtundvierzig Stunden vor ihrem Verschwinden war Frau Loredo bei dem Juwelier Hähnlein, im Delikatessengeschäft Rollenhagen und im Delphi-Kino. Ferner besuchte sie den Friseur Armand. Sie ließ sich von Herrn Franz die Haare legen.«

»Und?«

»Und Sie können sich denken, Herr Holland, daß Frau Loredo dabei mit vielen Menschen zusammentraf. Wir interessieren uns für alle diese Menschen, soweit wir sie erfassen können. Wir haben unsere eigenen Methoden, einen solchen Fall zu bearbeiten. Glauben Sie mir, Herr Holland, wir übersehen nichts.«

»Aber dieser Carlo Zampa fragte noch nach Sibylles Namen!«

»Herr Holland, haben Sie noch nie versucht, den Namen einer schönen Frau zu erfahren?«

»Herr Kommissar, Frau Loredo hat lange in Italien gelebt! Ich bin ganz sicher, daß diese Italiener mit der Entführung zu tun haben!«

Er sagte kühl: »Sie müssen sich irren.«

»Wieso?«

»Frau Loredo hat nicht in Italien gelebt.«

»Lächerlich, sie hat es mir doch selber erzählt!«

»Unseren Meldeämtern ist aber nichts davon bekannt.«

»Wollen Sie sagen, daß Frau Loredo log?«

Er zuckte die Achseln. »Viele Menschen erfinden Geschichten, Herr Holland.«

»Aber warum?«

»Um anderen zu imponieren. Oder weil sie viel Phantasie besitzen. Es gibt viele Gründe.«

»Frau Loredo *war* in Italien!« rief ich.

»Nein«, sagte er, »das stimmt nicht.«

Ich gab es auf. Ich sah ein, daß ich selbst handeln mußte, wenn ich die Absicht hatte, weiterzukommen. »Ich verlasse Berlin, Herr Kommissar.«

»Ich nehme an, Sie fliegen nach München?«

»Ja. Ich werde in den *Vier Jahreszeiten* wohnen.«

»Gut, Herr Holland.« Er stand auf und gab mir die Hand. »Sie haben nicht viel Vertrauen zu uns, nicht wahr?«

»O doch«, sagte ich. »Doch, doch, natürlich!« Ich war entschlossen, nur noch auf mich selber zu vertrauen.

Es gelang mir, einen Platz in der Mittagsmaschine der Air France zu bekommen. Robert brachte mich zum Flughafen. Ich gab ihm die Schlüssel zu Sibylles Wohnung, und wir verabredeten, daß wir in ständigem telefonischem Kontakt bleiben wollten. Wir standen in der unruhigen Halle des Flughafens und rauchten, und ich dachte daran, daß ich vor zwei Wochen noch mit Sibylle hier gestanden und gewartet hatte.

»Achtung, Air France gibt den Start ihres Fluges sieben-neunundsechzig nach München bekannt. Die Passagiere werden durch Flugsteig drei an Bord gebeten. Wir wünschen Ihnen einen angenehmen Flug.«

»Also, auf Wiedersehen, Herr Robert.«

»Leben Sie wohl, Herr Holland. Und alles Gute.«

Ich ging durch die Sperre zum Flugsteig drei, und Robert stand in der Halle und winkte. Klein und dick stand er da, die linke Hand zum Gruß erhoben. Ich drehte mich ein paarmal nach ihm um, und jedesmal, wenn ich mich umdrehte, verzog sich sein trauriges Gesicht zu einem zuversichtlichen Lächeln. Ich klemmte meine Schreibmaschine unter den Arm und ging die Treppe zum Flugfeld hinunter. Das Wetter war klar und sehr kalt. Ich dachte daran, wie ich mich auf den Sommer gefreut hatte. Sibylle und ich wollten miteinander verreisen, irgendwohin ans Meer, vier Wochen lang. Wir wollten im heißen Sand liegen und uns im heißen Sand lieben und danach ins Wasser laufen. Wir waren noch nie miteinander verreist, aber in diesem Sommer wollten wir es tun. Wir hatten es uns fest vorgenommen.

## 18

Die Maschine war stark belegt.

Ich saß auf der linken Seite des Ganges, ziemlich weit vorne, neben einer dicken, sorgenvollen Dame. Gleich nach dem Start servierten zwei Stewards ein Mittagessen, aber ich war nicht hungrig. Ich dachte über die Worte des Kommissars Hellwig nach. Was hieß das: Sibylle war nicht in Italien gewesen? Sie hatte es mir doch selber erzählt! Ich dachte erschrocken: Hat sie gelogen? Oder irrte sich das Meldeamt? Ich dachte verstört: Ein deutsches Meldeamt irrt sich nicht.

Was bedeutet das alles?

Die Dame neben mir aß zwar, doch sie schien sich nicht gut zu fühlen, obwohl der Flug völlig ruhig verlief. Von Zeit zu Zeit schüttelte sie den Kopf und seufzte. Zweimal sprach sie mit sich selber, ich konnte sie aber nicht verstehen. Es war eine Dame von etwa fünfzig Jahren. Sie trug ein Lodenkostüm und hatte ein breites, derbes Kinn. Als wir die Elbe hinter uns gelassen hatten, bestellte sie Kognak. Beim Öffnen des kleinen Fläschchens verschüttete sie die Hälfte. Ein paar Tropfen fielen auch auf meine Hose. Sie entschuldigte sich erschrocken.

»Keine Ursache.«

»Ich bin nämlich völlig mit den Nerven herunter!« Ich schwieg und blickte aus dem Fenster. Es gab keine Wolken an diesem Tag, und so sah ich die Erde. Das Land war tief verschneit. Wie Mohnkörner lagen die Häuser im Schnee. Die Dame trank den Rest des Fläschchens, schüttelte sich und sagte: »Das hat man notwendig, diese Aufregungen! Fünfundzwanzig Jahre wohne ich in der Stadt. Kein Mensch hat mir je etwas nachsagen können. Und jetzt haben sie mich angezeigt.«

Ich begriff, daß sie auf alle Fälle weiterreden würde, ob

ich mich interessiert zeigte oder nicht, und so erkundigte ich mich höflich: »Angezeigt?«

»Wegen kommunistischer Propaganda«, sagte sie, und ihr Doppelkinn zitterte empört. Sie sprach mit bayrischem Akzent. »Mich! Von allen Leuten in Hof mich!«

Der zweite Pilot ging nach hinten, er nickte mir zu.

»Ich habe da ein Radiogeschäft. In der Ludwigstraße. Das größte in der Stadt. Kennen Sie Hof?«

Nein, ich kannte die Stadt im äußersten Norden Bayerns nicht. »Liegt direkt an der Zonengrenze, nicht wahr?«

»Das ist es eben!« Sie sah mich mit ihren hilflosen grauen Mausaugen an. »Übrigens, ich heiße Högl. Erna Högl.«

Ich nannte meinen Namen.

»Alles ist gutgegangen, bis ich die Fernsehapparate bekommen habe«, fuhr Frau Högl bedrückt fort. »Ich halte ja nichts von diesen neumodischen Erfindungen, wissen Sie, aber meine Schwester! Also, die macht mich vollkommen verrückt! Wir sind rückständig, sagt sie, und wenn wir nicht den ersten Fernsehapparat in der Auslage haben, dann haben ihn die anderen, und das geht nicht, denn wir sind das größte Geschäft am Platz. Bis ich mich breitschlagen lasse und drei Apparate bestelle!«

Gleichmäßig und ruhig dröhnten die vier Motoren, es war halb zwei Uhr. Um drei sollten wir in München landen.

»Sehen Sie«, fuhr die Radiohändlerin mit den schlechten Nerven fort, »in Bayern gibt es sieben Sender, die das Fernsehprogramm Münchens ausstrahlten. Überall kann man es empfangen — nur bei uns in Nordbayern nicht. Weil da die Berge dazwischen liegen. Und wenn man sich auf den Kopf stellt, in Bayreuth und Marktredwitz und Selb und Hof bekommt man nichts vom bayrischen Fernsehen auf den Schirm. Wir liegen im toten Winkel, heißt es. Aber nur für das bayrische Programm!«

Ich produzierte ein interessiertes Räuspern.

»Der Sender Ernst Thälmann, den kriegen wir tadellos«, sagte Frau Högl, und es klang bitter. »Der steht auf dem Katzenberg bei Chemnitz in der Ostzone, und so was von einem klaren Empfang haben Sie noch nicht erlebt! Noch ein Fläschchen, Herr Ober«, rief sie dem Steward zu.

»Glauben Sie nicht, daß Sie aufhören sollten, zu trinken, Frau Högl?« sagte ich vorsichtig. »Draußen ist es sehr kalt . . .«

»Sie meinen, ich vertrag's nicht? Keine Angst!« Sie winkte ab, empfing das Fläschchen und fuhr fort: »Also am ersten Tag lasse ich den Apparat in der Auslage einfach laufen und denke mir nichts dabei. Im Gegenteil, ich freue mich, daß die Leute trotz der Kälte auf der Straße stehenbleiben und einer den anderen wegdrängt. Denn, wie gesagt, es ist das erste Fernsehgerät, das wir in Hof überhaupt je gesehen haben.«

»Was sandte ‚Ernst Thälmann' denn für ein Programm?«

»Die Winterolympiade in Cortina. Sehr schöne Aufnahmen, Herr Holland, nichts zu wollen! Die Leute waren alle begeistert. Ich setzte mich ein bißchen hinten in den Laden und trinke Kaffee, und meine Schwester sagt, daß doch eigentlich alles nur ihrem Drängen zu verdanken ist, und so nach einer halben Stunde gehen wir beide auf die Straße, um nachzusehen, was gerade gesendet wird, und es stehen noch mehr Leute da, und wir sehen einen sehr interessanten Kulturfilm aus der Taiga. Und im Anschluß daran gibt es Aufnahmen von einem Betriebsfest bei der Schiffswerft Genosse Pieck. Da bin ich schon ein bißchen nachdenklich geworden, denn ein Redner hat den Genossen Pieck nämlich hochleben lassen, und dann haben sie alle die Internationale gesungen.«

»Hörte man das durch die Auslagenscheibe?«

»Und wie, Herr, und wie! Ich hatte den Apparat doch eigens auf den Straßenlautsprecher geschaltet. So was von einem Gebrüll haben Sie noch nicht erlebt! Ich war so erschrocken, mich hätten Sie mit der linken Hand umwerfen können.«

»Was taten Sie, Frau Högl?«

»Na, ich nichts wie rein in den Laden und abdrehen. Aber gerade wie ich abdrehen will, sind sie mit der Internationale fertig, und die Bilder vom Genossen Stalin und Genossen Lenin und Genossen Pieck und so weiter verschwinden, und es beginnt eine Kinderstunde mit Hänsel und Gretel. Und die Kinder draußen auf der Straße machen einen Krach, der noch lauter ist als das Gebrüll bei der Internationalen, und schreien ‚Weiterspielen, weiterspielen!'«

»Und so spielten Sie weiter, Frau Högl?«

»Natürlich, was soll ich denn machen? Ich sage Ihnen, Herr Holland, diesen Abend hab ich Fieber gehabt. So etwas von einem Irrenhaus können Sie sich nicht vorstellen. Ich hatte noch kein Programmheft von dem Sender. Und die Roten haben es ganz raffiniert angefangen, immer schön gemischt, nie wußten Sie, was als nächstes kam! Eine kleine Hausmusik, und, bums, eine Werkreportage! Ein bißchen Kabarett und gleich wieder etwas Niedliches aus einem volkseigenen Ferienkinderheim. Und kaum hatten Sie sich daran gewöhnt, ging ein Spielfilm los, in dem waren die Helden lauter Rotchinesen und die finsteren Bösewichter lauter Amerikaner. Und am nächsten Tag ist dann die Polizei gekommen, weil man mich als Kommunistin angezeigt hat.«

»Was sagte die Polizei, Frau Högl?«

»Die Herren waren sehr freundlich. Ich habe gefragt, ob ich vielleicht die Apparate zurückgeben soll, aber sie haben gesagt, nein, das käme gar nicht in Frage, das sähe aus wie Einschränkung der persönlichen Freiheit!«

»Donnerwetter!«

»Warten Sie ab, Herr Holland. Das war nicht alles, was die Polizisten sagten. Sie sagten auch, sie wollten doch annehmen, daß ich ein politisches Gewissen besaß. Also wissen Sie, mit so einer Frage kann man einen Menschen wirklich in Verlegenheit bringen!«

»Was antworteten Sie darauf?«

»Was hätten Sie darauf geantwortet, Herr Holland?«

»Ich bin Reporter, Frau Högl. Mir stellt man solche Fragen vorsichtshalber überhaupt nicht.«

»Sie haben es gut, Herr Holland! Ich sagte natürlich, daß ich eines besäße, und darauf sagten die Polizisten, ich sollte auf dem Fernsehschirm nur noch durchlassen, was ich mit meinem politischen Gewissen verantworten könne.«

»Und das tun Sie jetzt?«

»Jawohl.« Frau Högl holte tief Atem. »Meine Schwester und ich. Wir sitzen den ganzen Tag im Laden mit der Hand am Schalter. Eine Woche sie, eine Woche ich. In der letzten Woche war ich dran. Jetzt habe ich Urlaub genommen.«

»Urlaub nach Berlin?«

»Ach«, sagte sie, »es ist so eine wunderbar ruhige, friedliche Stadt!«

»Friedlicher als Hof in Bayern?«

»Gar kein Vergleich, Herr Holland.« Frau Högl seufzte. »Morgen früh geht die Quälerei wieder los, da bin ich wieder dran! Wissen Sie, manchmal glaube ich, die Leute von ‚Ernst Thälmann' wollen uns bloß verrückt machen. So schnell wie jetzt haben sie ihr Programm überhaupt noch nie gewechselt!«

Frau Högl versank in ein brütendes Schweigen. Der Kognak hatte sie müde gemacht. Ich schlief ein und wachte über Fulda wieder auf, als die Maschine sich in die Kurve legte, die sie aus dem sowjetischen Korridor in die westdeutsche Bundesrepublik herausführte, und schlief wieder ein, und wachte wieder auf, als wir über München kreisten. Es war zehn Minuten nach drei. Ich fragte, warum wir nicht landeten. »Der Faschingsprinz aus Köln ist eben angekommen, mein Herr. Die Herrschaften blockieren das Rollfeld«, erklärte mir die Stewardeß.

Als ich gegen halb vier Uhr aus der Maschine kletterte, war die Kölner Karnevalsgesellschaft noch immer zu bewundern. Sie trugen Tschakos und Helme, goldverschnürte Jacken in Rot und engsitzende Hosen in Weiß. Sie trugen alle Stiefel, und viele trugen blitzende Säbel an den Seiten. Ohne daß ihn jemand darum gebeten hätte, erläuterte ein Mann vom Bodenpersonal die Situation: »Die Herren mit den roten Westen sind von der Kölner Narhalla. Sie bilden die Leibgarde. Die Damen in Weiß sind die Ehrenjungfrauen Seiner Tollität.« Die Ehrenjungfrauen sahen aus wie erfrorene Filmkomparsinnen. »Das Mädchen in den roten Stiefeln, das tanzt, ist das Funkenmariechen!«

In der Tat schwang eine pralle Blondine die Beine. Man sah die weißen Spitzenhöschen und das rosige Fleisch der Schenkel. Das Funkenmariechen wirbelte einen weißen Stock durch die Luft.

Es schien, daß der Tanz zu Ehren des Münchner Faschingsprinzenpaares absolviert wurde, das mit seinem ebenso bunten Gefolge den Kölner Gästen gegenüberstand. Der Münchner Faschingsprinz war rosig und fett und sah aus wie der Sohn eines Metzgermeisters. Die Prinzessin an seiner Seite war blaß und mager. »Sie stammt aus einer der reichsten bayrischen Gastronomenfamilien«, erläuterte der ungefragte Mann vom Bodenpersonal.

Es war unmöglich, den Platz zu überqueren, solange

die Begrüßungszeremonie dauerte. Frau Högl stand neben mir. Sie sagte ein paarmal hilflos: »Mein Gott, mein Gott!« Dann sah sie wieder dem Schauspiel zu.

Es gab Fotoreporter und die Männer von der Wochenschau. Kameras surrten. Die von den Kölnern mitgebrachte Blechmusikkapelle spielte *Warum ist es am Rhein so schön?* Zu den Klängen dieses Liedes begannen alle Anwesenden zu »schunkeln«, das heißt, sie hängten sich ineinander ein und bewegten die Körper rhythmisch hin und her. Das Funkenmariechen schwang noch immer die Beine.

Als das Lied zu Ende war, gingen die Männer der Kölner Prinzengarde in eine halbe Kniebeuge und klatschten sich dröhnend mit den Händen auf die prallen Sitzflächen, wobei sie in unverständlichem Kölnisch einen offenbar zweideutigen Vers brüllten, der ebenso brüllendes Gelächter herausforderte.

Frau Högl sah mich an, dann sah sie wieder fort.

Ich dachte daran, daß ich ein Reporter war, und daß mich das alles nichts anging, daß ich nur zu berichten hatte, ohne Furcht, ohne Leidenschaft, ohne Mitleid. Ich dachte, daß man von mir weder Ekel noch Eifersucht erwarten durfte, denn ich war nur ein Reporter. Ich dachte an Sibylle . . .

Nun umarmten sich die Faschingsprinzessinnen der beiden Städte und küßten einander. Die Faschingsprinzen schüttelten einander die Hände. Der aus Köln trug eine goldgeränderte Brille und hatte Schmisse im glatten Gesicht. Der aus München trug sein aschblondes Haar militärisch kurz geschnitten und klappte die Hacken zusammen, als er sich verneigte.

»Ganz reiche Leute, die Herren«, erklärte der Mann vom Bodenpersonal. Es klang bewundernd. Indessen fuhren die Bayern unter dem Beifall der Kölner eine Weißwurstkanone und ein riesiges Bierfaß auf. Die Musik intonierte ein neues Lied. Nun sangen die Münchner *Da drunt' am Isarstrand.*

»Mein Gott«, sagte Frau Högl verloren.

Die Gesellschaft hob riesige Tonhumpen voll bayrischem Bier. Die Faschingsprinzen leerten sie auf einen Zug. Schaum troff ihnen von den Lippen. Triumphierend schüttelten sie die leeren Humpen gegen die surrenden Kameras der Wochenschauleute. Arm in Arm standen sie da, mit purpurroten Gesichtern, vereint und unbesiegbar. Nun wurden die Weißwürste kredenzt.

»Im Fernsehen«, sagte Frau Högl tonlos, »bei dem Gewerkschaftsfest auf der Werft Genosse Pieck, da hat es auch Uniformen gegeben. Und Fahnen. Und Transparente. Und aufgerissene Münder. Und Gebrüll.«

Ich war nur ein Reporter. Alles war interessant für mich, wenn es eine Nachricht ergab. Das hier war deshalb uninteressant für mich.

»Ich habe Angst, Herr Holland!«

Ich sah Frau Högl überrascht an.

»Ich gehe sonntags immer in die Kirche«, erklärte sie leise, indessen alle Anwesenden der Faschingsgesellschaft den Popo der jungen Dame aus Köln beklatschten, »und vorige Woche hat der Herr Pfarrer eine Stelle aus der Offenbarung Johannes' vorgelesen, an die muß ich immer denken.«

»Welche Stelle war das?«

»Wenn ihr euch nicht besinnt, werdet ihr alle untergehen«, antwortete Frau Högl aus Hof in Bayern.

Ich verabschiedete mich von ihr und ging durch die leicht angetrunkenen Kölner Gäste zum Flughafengebäude. Dabei kam ich an zwei Indern, einem Mann und einer Frau, vorbei, die den Vorgängen mit unbewegten Gesichtern zusahen.

Die Frau sagte leise: *»Have you ever seen anything like this?«*

Der Mann erwiderte ernst, an seiner Brille rückend: »*It's their way to enjoy themselves.*«

Ich betrat das stille Gebäude des Flughafens München-Riem und ging zum Schalter der Air France. Hier kannte man mich. Ich legte den Zettel mit den Namen der fünf Italiener vor die freundliche Stewardeß und bat sie festzustellen, ob diese Fluggäste inzwischen weitergeflogen seien — mit der Air France oder irgendeiner anderen Gesellschaft.

»Wollen Sie so lange im Restaurant warten, Herr Holland? Es wird etwa eine halbe Stunde dauern, wir müssen die Listen der letzten Tage durchsehen.«

Es dauerte sogar eine Stunde. Dann rief mich eine Lautsprecherstimme zurück zum Schalter der Gesellschaft. Die Stewardeß sagte: »Von den fünf Herren sind vier nach Rom weitergeflogen. Den fünften Herrn konnten wir weder in unserer Liste noch bei KLM, SAS, PAA, BEA oder SABENA finden. Er heißt —«

Ich sagte schnell: »— Carlo Zampa!«

Die Stewardeß sah mich überrascht an: »Nein, wieso?«

»Carlo Zampa ist auch nach Rom weitergeflogen?«

»Ja, um achtzehn Uhr dreißig am zehnten Februar, mit Flug eins-neunundzwanzig der PAA.«

»Wie heißt denn der Mann, den Sie in Ihren Listen nicht finden können?«

Die Stewardeß erwiderte: »Er heißt Emilio Trenti.«

## 19

Ich nahm ein Taxi und fuhr ins Hotel.

Ich hatte in den *Vier Jahreszeiten* von Berlin aus ein Zimmer reserviert und auch der Zentrale in Frankfurt meine neue Adresse bekanntgegeben. Auf dem Weg in die Stadt sah ich viele Menschen mit Masken und in Phantasiekostümen zu Veranstaltungen eilen. München feierte den Fasching.

Mein Zimmer lag im vierten Stock des Hotels. Ich nahm ein heißes Bad, dann ging ich in die Halle hinunter, setzte mich in eine Ecke und schloß die Augen, um nachzudenken. Vier Männer von den fünfen, die ich suchte, hatten Deutschland schon wieder verlassen. Der fünfte war nicht aufzufinden. Dieser fünfte war auch nicht der Mann gewesen, der sich in Berlin, in der Konditorei Wagenseil, nach Sibylles Namen erkundigt hatte. Dieser Mann, Carlo Zampa, saß schon wieder in Rom. Emilio Trenti hingegen war nicht mit den anderen geflogen. Was bedeutete das? Warum war er zurückgeblieben?

Es mußte überhaupt nichts bedeuten! Vielleicht hatte er noch in Deutschland zu tun. Vielleicht war auch er bereits wieder in Italien. Er mußte nur einen Eisenbahnzug oder ein Auto benützt haben. Vielleicht war er mit dem Auto oder der Eisenbahn in irgendeine andere Stadt Deutschlands gefahren. Oder in irgendein anderes Land. Vielleicht saß er noch in München, vielleicht hier im Hotel *Vier Jahreszeiten.*

Ich gedachte mit plötzlicher Nachsicht des Kommissars Hellwig. Es war wirklich vollkommen unmöglich, jeder Spur nachzugehen. Was konnte ich jetzt tun? Zur Polizei fahren und im Meldeverzeichnis nachsehen lassen. Das würde Tage dauern — allein in München. Und ich würde überhaupt nur Erfolg haben, wenn Emilio Trenti sich angemeldet hatte und nicht weitergefahren war. Ich dachte in lähmender Ernüchterung: Und *wenn* es mir gelang, Herrn Emilio Trenti zu finden, standen die Chancen neunzig zu zehn, daß er mit Sibylles Verschwinden nicht das geringste zu tun hat! Ich wünschte plötzlich, ich wäre in Berlin geblieben. Da gab es immerhin noch Robert und die Wohnung. Hier in München gab es nichts und niemanden . . .

»Herr Holland?«

»Ja. Was ist?«

Ich sah auf. Ein Page stand vor mir.

»Ein Ferngespräch aus Frankfurt für Sie. In Kabine drei, bitte!«

»Für mich?«

Er nickte und wies den Weg mit der Hand: »Da drüben, mein Herr!«

Ich ging in die gepolsterte Zelle, in der es nach Baldrian roch. Es meldete sich die Telefonistin meines Büros: »Einen Augenblick, Herr Holland, ich verbinde mit Herrn Kalmar.«

Gleich darauf ertönte dessen Stimme: »Paul?«

»Ja, was ist los?«

»Gut, daß du schon im Hotel bist. Ich dachte, du kämest erst mit der Abendmaschine. Wir haben eine Nachricht für dich.«

Ich öffnete die Zellentür ein bißchen, denn der Geruch nach Baldrian erstickte mich fast.

»Kennst du einen gewissen Emilio Trenti?«

Ich lehnte mich an die Wandpolsterung und zerrte an meinem Kragen. »Was ist mit ihm?«

»Der hat hier angerufen. Vor zwei Stunden. Er sagte, er müsse dich morgen unbedingt sprechen.«

Ich schwieg. Mein Atem ging stoßweise, ich hatte Angst, keine Luft zu bekommen, wenn ich sprach.

Sibylle, dachte ich, Sibylle. Oh, Sibylle.

»Er sagte, wir sollten unter allen Umständen versuchen, dich zu erreichen. Er bittet dich, morgen nachmittag um vier Uhr bei ihm zu sein.«

»Wo?«

»In Salzburg.«

»Wo?«

»In Salzburg, der Stadt in Österreich. Die Adresse —«

»Warte einen Moment.« Ich nahm mit zitternden Fingern den Bleistift, der vor mir lag, und schrieb mit, was Kalmar diktierte: »Salzburg-Parsch, Akazienallee drei. Hast du das?«

»Ja.«

»Er sagte, Parsch wäre ein Vorort von Salzburg.«

»Telefon?«

»Er hat kein Telefon. Er sagte, es hätte auch keinen Sinn, daß du früher kämest, er wäre erst morgen nachmittag dort. Ich hoffe, das alles ist sinnvoll für dich?«

»Nicht sehr . . . Sagte Herr Trenti, worum es sich handelt?«

»Ja, Paul.«

Warum roch es hier so nach Baldrian? Wie war Baldrian in die Zelle gekommen? Widerlich, dieser Geruch!

»Worum?«

»Er sagte, es handle sich um Sibylle Loredo.«

# ZWEITES BUCH

## 1

Ich wohne nun seit drei Wochen im Hotel *Ambassador,* genau gesagt, seit zweiundzwanzig Tagen. Die Luft ist mild geworden in Wien, die Menschen sitzen vor den Cafés auf der Straße, und wenn die Sonne scheint, ist es schon heiß. Der Sommer, sagt man allgemein, soll in diesem Jahr sehr früh beginnen.

Heute vormittag hat sich Doktor Gürtler verabschiedet. Es war ein Auseinandergehen, das mir völlig unerwartet kam. Er untersuchte mich routinemäßig, so wie er mich in den vergangenen drei Wochen stets untersucht hatte, und stellte fest, daß ich bald wieder ganz in Ordnung sein werde.

»Ich bin zum letztenmal bei Ihnen, Herr Holland«, sagte er dann überraschend, während er seine Instrumente einpackte und ins Badezimmer ging, um sich die Hände zu waschen. Ich ging ihm nach.

»Morgen kommt ein Kollege von mir, ich kann fast sagen ein Freund: Doktor Deutsch. Ein hervorragender Arzt. Ich habe ihn besonders auf Sie aufmerksam gemacht.«

»Und Sie?«

Er trocknete seine Hände und sah mich lächelnd an.

»Ich ordiniere nicht mehr im ersten Bezirk. Ich habe meine Praxis aufgegeben.«

»Aufgegeben? Aber warum?« rief ich.

Daraufhin gab er eine seltsame Antwort: »Weil ich so nicht weiterleben will.«

»Entschuldigen Sie, ich konnte nicht ahnen, daß Sie private Gründe dafür haben.«

Er schüttelte den schweren weißhaarigen Schädel und

kam mit mir in den Salon zurück. »Man kann ruhig darüber reden. Ich weiß nicht, wie es Ihnen selber geht, Herr Holland — aber ich fühle mich seit ein paar Jahren so unruhig, so gereizt.«

Ich sah ihn an und schwieg. Immer noch priesen die Blumenfrauen unten auf der Straße ihre Ware an. »Primeln«, sangen sie, »Narzissen, schöne Veilchen, fünf Schilling das Büschel, kaufts uns was ab!«

Doktor Gürtler biß sich auf die Lippen, starrte auf den Teppich und sagte heiser: »Kein Mensch kann leben, ohne an etwas zu glauben.«

Ich schwieg.

»Es klingt lächerlich, wenn ein exakter Wissenschaftler so etwas behauptet, wie?«

»Durchaus nicht«, sagte ich verlegen.

»Ich weiß schon, wie es klingt«, sagte er.

Wir standen einander im Salon meines rot-weiß-goldenen Appartements gegenüber und sahen aneinander vorbei. Es war, als hätte er mir eben anvertraut, daß er an Gonorrhöe erkrankt sei. Seltsam, dachte ich, wie verlegen wir beide waren. Und dabei hatte er doch nur festgestellt, daß jeder Mensch an etwas glauben müßte . . .

»Veilchen«, sangen die Blumenfrauen in der Tiefe. »Taufrische, schöne Veilchen, fünf Schilling das Büschel . . .«

Ich fragte: »Und haben Sie etwas gefunden, woran Sie glauben können, Herr Doktor?«

Der alte Arzt hob den Kopf wie ein Erwachender. »Ich — werde Ihnen sagen, wie es ist. Sie sind Journalist. Vielleicht interessiert es Sie. Es heißt, daß Journalisten sich für alles interessieren . . .« Er setzte sich schwerfällig. Er war sehr gut gekleidet, er hatte auf mich immer den Eindruck eines wohlhabenden Mannes gemacht. Seine Stadtpraxis, hatte er mir erzählt, war eine der ersten Wiens.

»Wollen Sie vielleicht etwas trinken?« fragte ich ihn.

Er schüttelte abwesend den Kopf: »Wissen Sie, wo Floridsdorf ist, Herr Holland?«

»Nein.«

»Floridsdorf ist ein Industrieviertel im Norden Wiens«, erklärte er. »Es wohnen nur Arbeiter dort. Die Gemeinde hat in dieser Gegend gerade ein neues Kinderkrankenhaus eingerichtet.«

Ich setzte mich ihm gegenüber in einen tiefen, weichen Sessel. Schräg fiel eine goldene Sonnenlichtbahn in den Salon. Staubteilchen tanzten in ihr.

»Der Mann, der das Kinderkrankenhaus leitet, heißt Ehrlich. Er ist viel jünger als ich. Doktor Walter Ehrlich heißt er.« Gürtlers Stimme verlor sich. Er schwieg.

Ich fragte leise: »Ist er es, den Sie sich ausgesucht haben, um an ihn zu glauben?«

Er nickte. »Kommt es Ihnen komisch vor?«

»Nein.«

»Ich . . . ich bewundere ihn«, sagte mein Arzt, und es klang, als schämte er sich seiner Worte. »Ich möchte so sein wie er. So ähnlich wenigstens. Ich möchte tun, was er tut. Und denken, wie er denkt.«

Ich stand auf und trat zu einem Wandbord, auf welchem eine Flasche Whisky stand. Einen Siphon und einen silbernen Eiskübel hatte Kellner Franz danebengestellt. Ich machte mir einen Drink. Ich dachte an Sibylle, und die Narbe unter meinem Herzen tat mir weh. Ich dachte daran, daß Sibylle nun tot war, endgültig tot, versargt und bestattet in einem tiefen Grab. Ich dachte daran, daß sie nie wiederkehren würde und daß meine Tage in Wien zu Ende gingen. Ich mußte fort von hier. Mein Büro hatte sich schon zweimal erkundigt, wie lange ich noch zu bleiben gedachte. Ich sollte nach Brasilien. Sie warteten darauf, daß ich mich gesund meldete, damit sie mich nach Brasilien schicken konnten. Aber bevor ich Wien verließ, mußte ich eine Entscheidung treffen. Ohne diese Entscheidung war es mir unmöglich, abzureisen.

Während ich trank, sprach mein Arzt weiter. »Dieser Mensch ist Chirurg wie ich, Herr Holland. In seinem Krankenhaus gibt es, wie Sie sich denken können, nur arme Kinder. Die Eltern sind Arbeiter. Es ist nichts an ihnen zu verdienen.« Seine Augen leuchteten. »Aber Sie sollten dieses Krankenhaus einmal sehen, Herr Holland! Es ist das modernste Kinderspital der Stadt!« Er war erregt. »Doktor Ehrlich hat seine eigenen Methoden. In seinem Haus fühlt kein Kind Angst vor der Operation. Alle Kinder lachen und sind glücklich.«

Ich trank wieder und ich dachte: Ach, Sibylle!

»Am Tag, bevor ein Kind operiert wird«, erzählt Gürtler weiter, »gibt Doktor Ehrlich für die kleine Liesl, den kleinen Hans oder die kleine Ruth ein Fest. Ein Kinderfest mit Musik und Geschenken und Kuchen!«

»Dem Patienten zu Ehren?«

»Ja, Herr Holland. Der Patient ist der Held des Tages, das wird stets besonders hervorgehoben: weil er doch morgen operiert wird. Seht, wie tapfer er ist, wie erwachsen! Er fürchtet sich nicht! Kein kleines bißchen fürchtet er sich! Im Gegenteil, er weiß, daß die Operation ihn gesund machen wird — und deshalb freut er sich auf sie!«

»Die Methode funktioniert?«

»Sie machen sich keine Vorstellung davon, *wie,* Herr Holland! Ich erlebte den Fall eines Elfjährigen, dem man ein Bein abnehmen mußte. Bei seiner Party saß er im Bett und blies den anderen auf einer Kindertrompete *Alle meine Entlein* vor und strahlte über das ganze Gesicht. Man bewunderte ihn maßlos! Nur zwei kleinere Jungen heulten.«

»Warum?«

»Sie wollten auch schon am nächsten Tag operiert

werden. Aber das ging nicht. Sie mußten noch warten. Und darüber waren sie unglücklich . . .«

Wir sahen einander wieder an und schwiegen.

Mein Arzt sagte: »Doktor Ehrlich kümmert sich auch noch um die Kinder, wenn sie sein Krankenhaus wieder verlassen haben. Viele leben in elenden Verhältnissen, sie müssen mit den Eltern zusammen schlafen, sie haben kein eigenes Bett, kein gutes Essen. Dann nimmt Doktor Ehrlich sie von Zeit zu Zeit wieder zu sich ins Krankenhaus.«

»Als Gesunde?«

»Ja. Sozusagen zur Erholung. In seinem Krankenhaus gibt es fast ebensoviel gesunde Kinder wie kranke.«

»Primeln!« riefen die Blumenfrauen. »Narzissen und Veilchen!«

»Und zu diesem Doktor Ehrlich«, sagte ich, »gehen Sie nun.«

»Ja, Herr Holland.«

»Wo werden Sie wohnen?«

»Bei ihm, im Krankenhaus.«

»Sie geben in der Stadt alles auf, auch Ihre Wohnung?«

Er nickte.

»Ich habe Doktor Ehrlich vor einem Jahr kennengelernt, bei einem Vortrag. Er sagte damals einen Satz, den ich nicht vergessen konnte.«

»Nämlich?«

»Er sagte: Wohlwollen ist wichtiger als Liebe.«

Ich trank mein Glas leer und dachte, daß ich zu einer Entscheidung kommen mußte. Seit drei Wochen saß ich in Wien und schrieb auf, was ich erlebt hatte, in der Absicht, die Wahrheit zu Papier zu bringen. Die Polizei hat mich verhört, wieder und wieder. Ich habe den Polizisten erzählt, wie Sibylle gestorben ist. Aber ich habe den Polizisten über Sibylles wirkliches Ende nicht die Wahrheit gesagt. Die Wahrheit schreibe ich auf diesen Seiten nieder, die wirkliche, wahre Wahrheit. Es wird sich, wenn ich meinen Bericht abschließe, erweisen, warum ich das tue . . .

»Ich werde Sie sehr vermissen«, sagte ich zu Doktor Gürtler, als er mir zum Abschied die Hand schüttelte.

»Vielleicht kommen Sie mich einmal besuchen. Die Adresse ist Donauuferdamm drei-zwei-vier.«

»Sie freuen sich auf Ihre neue Tätigkeit, nicht wahr?«

Seine alten Augen leuchteten auf. »In meinem ganzen Leben«, sagte er, »bin ich noch nie so glücklich und zufrieden gewesen!«

Er ist nun gegangen.

Ich bin allein. Und wieder sitze ich bei meiner Schreibmaschine und denke an Sibylle, an Sibylle, an sie allein, und weiß, daß es Sibylle nicht mehr gibt als Menschen. Nur noch als Begriff, als etwas, woran man glauben kann. Aber kann man, darf man glauben?

Ich weiß es nicht. Ich muß weiterschreiben. Ich habe nicht mehr viel Zeit. Sie warten auf mich in Frankfurt, sie wollen mich nach Brasilien schicken. Und so setze ich meinen Bericht fort. Ich werde die Wahrheit berichten. Die wirkliche, wahre Wahrheit über den Tod Sibylle Loredos. Ich werde aufschreiben, was geschehen ist, alles; ich werde nichts verschweigen, auch nicht das entsetzliche, wahnsinnige Ende.

## 2

Einen Tag, nachdem ich in München eingetroffen war, verließ ich die Stadt wieder in Richtung Salzburg. Ich nahm den Schnellzug um vierzehn Uhr dreißig.

Der Zug war überheizt und fast leer. Das Land lag unter einer gewaltigen Schneedecke begraben. Draußen drehte sich die schmerzend helle Welt vorüber wie auf einem Grammophonteller. Die Sonne schien in Bayern. In zwei Stunden sollte ich bei Emilio Trenti sein.

Um nicht dauernd an ihn zu denken, begann ich in den Zeitungen zu blättern, die ich auf dem Bahnhof gekauft hatte. Im Ural, las ich, hatten die Sowjets, amerikanischen Informationen zufolge, ihre bisher größte Wasserstoffbombe zur Explosion gebracht. Der Bundesverband der deutschen Schwerindustrie wies in einem Memorandum an den Bundeskanzler darauf hin, es müsse vorgesorgt werden, daß — wenn eine neue Rüstungsindustrie geschaffen werde — die Rüstungsindustriellen in keinem Fall noch einmal wie nach 1945 diffamiert würden. In Marokko hatten die Aufständischen unter den französischen Siedlern neuerlich ein grauenvolles Blutbad angerichtet, dem fünfundvierzig Frauen und Kinder zum Opfer gefallen waren. Der österreichische Skichampion Toni Sailer erhielt laufend Filmangebote. Das Oberlandesgericht in Bremen entschied in einem Urteil: »Ein vom Nationalsozialismus Verfolgter hat keinen Anspruch auf Entschädigung irgendeiner Art, wenn die Verfolgung erst nach Erreichung des 70. Lebensjahres begonnen hat.« Auf dem 20. Kongreß der Kommunistischen Partei der Sowjetunion in Moskau kritisierte der Chef der größten Staatspartei der Welt, der kleine, rundliche Nikita Chruschtschow, scharf den toten georgischen Schusterssohn Josef Wissarionowitsch Dschugaschwili, genannt Stalin, und stellte ihn, sich selber und eine Entwicklung von Jahrzehnten bloß, indem er erklärte: »Mehrere komplexe und widersprüchliche Ereignisse aus dem Bürgerkrieg 1918 bis 1920 werden von einigen Historikern mit angeblich verräterischer Tätigkeit einzelner Parteiführer jener Zeit erklärt, die unberechtigterweise viele Jahre nach den beschriebenen Ereignissen zu Volksfeinden gestempelt wurden. Eine derartige Geschichtsklitterung hat mit marxistischer Geschichtsschreibung nichts zu tun.« Und nach einer ersten Golfpartie in seinem Erholungsheim erklärte der Präsident der Vereinigten Staaten von Amerika, Eisenhower: »Ich bin ein bißchen bange — nicht nur wegen meiner Schläge, sondern auch wegen meiner selbst.«

Ich ließ die Zeitung sinken und sah in den glitzernden Wintertag hinaus. Ich dachte an Sibylle. Sie hatte einmal gesagt: »Alles hat sich so verwirrt. Jüdische Emigranten kommen als Deutschnationale zurück. Geflüchtete Kommunisten eröffnen Radiosender gegen die Sowjetunion. SS-Leute werden katholische Chauvinisten. Franzosen verehren die Deutschen. Russen verstehen sich mit den Ägyptern. Und ehemaligen Konzentrationslagerhäftlingen muß man mühsam ausreden, daß Hitler schon allein deshalb ein großer Mann war, weil er Autobahnen bauen ließ . . .«

Die Achsen des Wagens schlugen monoton, der Zug fuhr sehr schnell. An seinen beiden Seiten wehte der Wind den Schnee in silbernen Flügeln hoch. Ich dachte: Hitler hatte den großen Vorzug, eine Vereinfachung der Gefühle in der ganzen Welt zu bewirken. Moralisch war das Dritte Reich eine gute Zeit. Man konnte sich leicht und einfach entscheiden. Es war nicht schwer, gegen Hitler zu sein. Nun aber brach eine Welt zusammen, und das Unglück legte Wurzeln bloß, welche diese ganze Welt umklammerten. Immer neue Gefühle der Rache, der Rankünе, der Sympathie, der Verzweiflung und des Vertrauens entstanden, immer wegloser wurde der Dschungel unserer Überzeugungen.

»Wenn es doch nur nicht so furchtbar schwer wäre, anständig zu leben und das Richtige zu tun«, hatte Sibylle gesagt. »Wenn es doch nur nicht so furchtbar viele Ismen gäbe, sondern zum Beispiel nur Faschisten und Antifaschisten. Wie leicht wäre das Leben dann. Und wie schwer ist es so!«

Hinter Rosenheim wurde das Wetter schlechter. Im Bergland von Salzburg senkte sich schwarzer, schwerer Eisnebel auf das Land herab. Es dunkelte rasch, und es war unheimlich anzusehen, wie der Nebel, einem Vorhang gleich, von den Bergspitzen abwärts die Gegend unsichtbar werden ließ. Ich stand auf dem Gang meines Waggons und betrachtete das Schauspiel. Hinter uns, über dem Chiemsee, schien noch die Sonne. Vor uns, im Süden, war es schon Nacht. Es wehte ein schwacher Ostwind, als ich in Salzburg aus dem Bahnhofsgelände trat. Ich suchte ein Taxi, aber es gab keine.

»Ich werde telefonieren«, versprach ein Träger. Er verschwand. Zehn Minuten später kam ein uralter Mietwagen angerollt. Der Chauffeur war heiser: »Wohin?«

»Akazienallee drei, draußen in Parsch.«

»Fahren Sie wieder zurück in die Stadt?«

»Das weiß ich noch nicht. Warum?«

»Da draußen bekomme ich nie wieder eine Fuhre«, brummte er.

Das war also die Festspielstadt Salzburg im Winter. Ich hatte sie bisher nur im Sommer gekannt, zur Zeit des großen Rummels, der Fremdeninvasion, der Andenkenverkäufer, der Eitelkeit und des *Jedermann*. Jetzt fuhr ich durch menschenleere Straßen, den schwarzen Fluß mit seinen Eisschollen entlang, vorbei an geschlossenen Cafés, geschlossenen Bars, geschlossenen Hotels. Die Rollbalken der Lokale waren heruntergezogen, die Jalousien der Hotelfenster herabgelassen. Nur wenige Straßenlaternen brannten. Auf den Gehsteigen türmten sich riesige Schneehaufen. Hier lebte man anscheinend nur zwei Monate im Jahr.

Das Taxi fuhr rumpelnd in die Vorstadt hinaus. Die letzten Häuser blieben zurück. Über eine verschneite Landstraße ratterte der alte Steyr 12 auf einen Berg zu, der sich unmittelbar vor der Stadt erhob, riesenhaft und schwarz. Nun hüllte der Nebel uns völlig ein. Der Chauffeur fluchte. Dann blieb er abrupt stehen.

»Was ist los?«

»Sie müssen hier aussteigen. In die Akazienallee kann ich nicht hineinfahren.«

»Warum nicht?«

»Weil das noch keine Straße ist. Die wird erst gebaut.«

Ich stieg aus und sah, daß die Akazienallee tatsächlich nur aus drei Häusern und einem von Baggern und Bulldozern aufgewühlten Wiesengebiet bestand. Umgestürzte Loren, ein kleiner Kran und eine Bauhütte versperrten den Weg.

»Nummer drei ist auf der linken Seite«, sagte der Chauffeur. Er blieb hinter dem Steuerrad sitzen und zündete sich eine Zigarette an.

Ich ging in den Schnee hinein. Es war ein ziemliches Stück bis zum Gartentor von Haus Nummer drei. Ich versank nun schon tief in dem naßkalten Matsch, der auf der verwüsteten Wiese lag. Das Wasser rann mir in die Schuhe, ich fühlte es eisig an meinem linken Bein, und ich dachte: Wasser ist schlecht für das Leder und das Metallgelenk der Prothese. Ich ging unsicher auf dem weichen Schnee.

Das Gartentor des Hauses Nummer drei stand angelehnt. Es war ein niederes Holztor der Art, wie man sie in den Vororten Münchens fast ausschließlich traf, aus gespaltenen Baumästen aneinandergefügt. Neben dem Tor begann ein Zaun der gleichen Art. Ich entdeckte eine elektrische Glocke und unter ihr ein Namensschild aus Messing. Es war hier sehr dunkel, und der Nebel ließ nur eine Sicht auf wenige Schritte zu. Also bückte ich mich, um den Namen zu erkennen, der auf der Tafel stand. Der Name lautete: Wiegand. Ich klingelte, wartete, klingelte wieder, doch alles blieb still.

Ich ging in den Garten hinein. Alles in dieser Gegend

schien erst vor kurzer Zeit entstanden zu sein, auch der Garten. Im Schnee erblickte ich einige zweifellos neugepflanzte Bäume. Sie waren höchstens einen Meter hoch und ganz kahl. In der Entfernung sah ich Blumenbeete mit Strohkuppen und, schon im Nebel schwimmend, ein Glashaus. Es war ein langer, schmaler Weg, der zu der Villa führte. Ich dachte: Der fremde Name am Tor besagt nichts. Vielleicht ist das ein Freund von Trenti, ein Bekannter. Vielleicht auch ein Angehöriger. Es war nicht wahrscheinlich, daß der in Rom Seßhafte in Salzburg eine Villa besaß.

Das Haus, das ich nun fast erreicht hatte, zeigte in einem Fenster Licht. Es hatte einen ersten Stock und war sichtlich auch erst nach dem Krieg erbaut worden, in einem zweckmäßigen und kunstlosen Stil. Das erleuchtete Fenster beunruhigte mich ein wenig. Wenn jemand zu Hause war, warum hatte er dann nicht auf mein Klingeln reagiert?

Der Weg beschrieb einen Bogen. Ich rutschte auf einer glatten Stelle aus, kam ins Taumeln und hatte gerade mein Gleichgewicht wiedergefunden, als sich die Haustür öffnete und ein Mann erschien. Ich blieb stehen. Der Mann, den ich nur als Silhouette erkennen konnte, betrug sich in einer Weise, die ihn sofort verdächtig machte. Lautlos trat er ins Freie, sich nach allen Seiten umblickend. Den Kragen seines schweren Mantels hatte er hochgeschlagen. Ich sah mit steigender Erregung, wie er nun ein Taschentuch hervorzog und mit ihm die Klinke der Haustür rieb. Ebenfalls mit Hilfe des Taschentuches versuchte er danach, die Tür ins Schloß zu drücken. Das mißlang. Die Tür ließ sich nicht schließen. Nach einigen vergeblichen Versuchen resignierte der Mann. Die Tür offenlassend, aus dem Inneren der Villa fiel etwas Licht in den Schnee, lief er die wenigen Stufen herab, die zum Eingang emporführten. Lautlos, gespenstisch lautlos, kam er direkt auf mich zugelaufen, den Kopf gesenkt, mit seltsam kleinen, trippelnden Schritten. Seine Hosenbeine wehten.

Der Mann war etwa fünfzehn Meter herangekommen, als er mich erblickte. Blitzschnell machte er kehrt und rannte über die Blumenbeete davon. In diesem Moment verlor ich meine Selbstbeherrschung. Ich wußte, daß ich kaum Chancen hatte, ihn einzuholen, und dennoch lief ich hinter ihm her. Ich schrie: »Bleiben Sie stehen!« Aber er kümmerte sich nicht darum. Er rannte in einem großen Bogen um das Haus. Es gab nur einen Ausgang aus dem Garten, und den versuchte er über einen Umweg zu gewinnen. »Stehenbleiben!« brüllte ich, strauchelnd, gleitend und dauernd am Rande eines Sturzes hinter ihm her rennend.

Dann war es soweit: ich stürzte über einen schweren Ast, der mir zwischen die Füße kam. Ich flog in den Schnee. Die Prothese knirschte ekelhaft, und ich fühlte einen wahnsinnigen Schmerz im Oberschenkel. Tränen schossen mir in die Augen. Der Mann war um das Haus herumgerannt und lief nun wieder über den Weg auf das Gartentor zu. Ich erhob mich torkelnd, meine Prothese trug mich kaum; ich wußte, daß ich nicht mehr drei Schritte laufen konnte, aber ich wußte auch, daß ich diesen Mann, diesen verfluchten Hund, der da an mir vorbeirannte auf zwei gesunden Beinen, daß ich diesen dreimal verfluchten, gottverdammten Sohn eines Hundes einholen mußte.

Ich packte den nassen Ast, über den ich gestürzt war, und bewegte ihn wirbelnd im Kreis. Ich fühlte seine ganze Schwere, sie riß an meinem Armgelenk. Dann ließ ich den Ast los. Er sauste pfeifend durch den Nebel. Er soll ihn treffen, dachte ich keuchend, treffen soll er ihn . . .

Der Ast traf den Mann zwischen den Schulterblättern. Es gab ein dumpfes Geräusch, dann stöhnte der Mann auf und fiel wie ein Sack in den Schnee. Es muß grotesk ausgesehen haben, als ich nun auf einem Bein in großen Sprüngen zu ihm hüpfte. Ich taumelte immer wieder, aber mit wenigen Sätzen war ich bei ihm — gerade, als er sich wieder erheben wollte. Ich packte ihn an den Schultern und stieß ihn mit dem Kopf in den Schnee. Er lag auf dem Gesicht und begann zu stöhnen. Ich schlug und trat ihn, wohin ich traf. In meinen Augenhöhlen pochte das Blut. Ich war wie von Sinnen.

In unlogischer, unheimlicher Weise glaubte ich plötzlich, den Mann gefunden zu haben, der mir Sibylle genommen hatte, den Mann, der an allem schuld war. Das Blut in meinem Schädel hämmerte und dröhnte. Ich bekam nicht mehr genug Luft. Ich packte den Mann, neben dem ich nun im Schnee kniete, und riß ihn zu mir hoch. Ich wollte sein Gesicht sehen, das Gesicht dieses verfluchten Hundes. Ich sah sein Gesicht. Er war gar kein Mann. Es war eine Frau.

## 3

Das nasse weiße Haar hing ihr strähnig in die Stirn. Sie war höchstens fünfunddreißig Jahre alt, aber sie hatte vollkommen weißes Haar. Die Wangen waren schmutzig von Blut und Schnee. Die Augen waren hell und riesengroß. Die Lippen des Mundes hatten sich geöffnet und zeigten das Gebiß. Sie sah mich an mit einem Blick, in dem nichts mehr war als nackte Angst. Ich habe nie in meinem Leben soviel Angst in Menschenaugen gesehen. Ich ließ sie los, und sie fiel nach hinten in den Schnee und lag reglos auf dem Rücken — in ihrem schweren, männlich geschnittenen Wintermantel. Die Beine, die in Hosen steckten, waren unnatürlich abgewinkelt. Sie rührte sich nicht und sah mich an.

»Wer sind Sie?« fragte ich.

Sie preßte eine Faust gegen den Mund. »Warum sind Sie fortgerannt, als ich Sie anrief?« Sie schwieg und begann zu zittern. »Antworten Sie!« sagte ich leise. Sie schüttelte den Kopf. Ich sagte: »Ich werde Sie schlagen, wenn Sie nicht antworten!« Sie antwortete nicht. Ich schlug sie ins Gesicht. Ihr Atem kam pfeifend durch die zusammengepreßten Zähne, aber sie sagte nichts. Ich erhob mich torkelnd. »Stehen Sie auf!« Dieser Aufforderung kam sie nach, bebend und langsam. Sie war einen Kopf kleiner als ich. Mechanisch klopfte sie mit zarten Kinderhänden den Schnee von ihrem Mantel. Ich packte sie an einem Arm. »Kommen Sie!« Ich hinkte zwei Schritte auf die Villa zu, da sprach sie zum erstenmal: »Nein.« Sie blieb stehen. Sie wehrte sich, sie versuchte, sich aus meinem Griff zu befreien. »Nicht ins Haus! Bitte, nicht ins Haus!«

»Und ob!« sagte ich. »Und ob!« Ich riß sie mit mir.

»Nein!« Jetzt wimmerte sie. »Bitte, bitte! Ich tue alles, was Sie wollen, alles — aber nicht ins Haus! Bitte!« Sie stampfte mit einem Fuß auf.

Ich drehte sie zu mir um und gab ihr zwei Ohrfeigen, und sie begann zu weinen. »Los!« sagte ich. Jetzt ließ sie sich widerstandslos führen. Ich stieß die Haustür auf. »Gehen Sie hinein!«

Sie stand vor mir, ihr Gesicht war weiß wie Schnee und ihre Backenknochen traten gespenstisch hervor. Sie mußte sehr hübsch sein — unter anderen Umständen. Ich sah, daß sie ganz klare, hellblaue Augen besaß. Das vollkommen weiße Haar wirkte unerhört fehl am Platz. Sie stand etwa in Sibylles Alter. Der Gedanke an Sibylle wirkte verheerend auf mich. Ich mußte mich zusammennehmen, sonst hätte ich diese Frau wieder geschlagen. Ich schob sie in die beleuchtete kleine Halle des Hauses hinein und untersuchte die Tür. Von innen ließ sie sich schließen, denn von innen konnte man die Zunge des automatischen Schlosses zurückdrehen.

Mit dem Rücken lehnte ich mich an das kalte Holz der Haustür und sah die Frau an. Sie war inzwischen in einen Sessel gesunken, der vor einem Spiegel stand. In der Halle gab es eine kleine Garderobe, ein paar alte Bilder, einen Kamin und etwas Zinngeschirr. Es gab einen Teppich und mehrere Türen. Die Türen waren alle geschlossen. Die fremde Frau saß da und weinte. Sie hatte die Beine ausgestreckt, die Arme hingen herab, und über ihr weißes, schmutziges Gesicht liefen Tränen.

»Sagen Sie mir, wie Sie heißen und was Sie hier suchten. Sagen Sie die Wahrheit.«

Sie hob ihr tränenverheertes Gesicht zu mir empor und versuchte zu sprechen. Ihre Lippen formten bebend Silben, sie keuchte und lallte wie eine Betrunkene.

»Was ist los? Ich kann Sie nicht verstehen!«

Sie sank in sich zusammen und begann wieder zu wimmern. Ich trat zu ihr. »Hören Sie mich?«

Sie nickte. Ich sah, daß die rotlackierten Nägel ihrer Finger abgesplittert und schwarz waren von der nassen Erde des Gartens. Die Hände bebten so sehr, daß sie in ihrem Schoß auf und nieder hüpften. Ich sagte: »Ich heiße Holland. Ich bin hierher gekommen, um Herrn Trenti zu sprechen. Kennen Sie Herrn Trenti?«

Wieder nickte sie.

»Sind Sie auch hier, weil Sie ihn sprechen wollten?«

Sie nickte zum drittenmal. Es war ganz still, totenstill in diesem Raum. Über dem kalten Kamin hing ein großes Bild. Es stellte eine englische Jagdgesellschaft dar. Ich sah viele Hunde und Pferde. Die Jäger trugen rote Jacken.

»Wo ist Herr Trenti?«

Sie hob die rechte Hand und wies auf eine Tür neben dem Kamin. Ich ließ sie los und ging zu der Tür, auf die sie wies. Im Raum dahinter brannte Licht. Es war eine Bibliothek. An allen vier Wänden zogen sich Bücherregale hin. Es gab eine grünbeschirmte Leselampe und einen Lehnstuhl beim Fenster.

Herr Trenti lag vor dem Lehnstuhl auf dem Boden. Er trug einen grauen einreihigen Anzug samt Weste, und sein Gesicht mit den zur Decke gerichteten Augen zeigte einen ungemein überraschten Ausdruck. Die linke Hand lag auf dem linken Oberschenkel. Die rechte Hand hatte Herr Trenti zum Hals gehoben, als wollte er die Krawatte lockern oder das Hemd öffnen, weil ihm zu heiß war. Doch Herr Trenti, Gemüsegroßhändler aus Rom, wollte sein Hemd nicht öffnen oder seine Krawatte lockern, weil ihm heiß war. Herr Emilio Trenti wollte überhaupt nichts mehr, denn er war tot. Jemand hatte ihn erschossen. Die linke Seite seiner Weste, deren unterste zwei Knöpfe offenstanden, war rot von Blut.

## 4

Ein Priester in Düsseldorf erklärte mir einmal seine Ansichten über das Wesen des französischen Dichters Baudelaire. Dessen mörderischer Ekel vor der Schönheit, wenn sie ihm böse und fleischlich gegenübertrat, so meinte der Priester, wäre eine der reinsten christlichen Regungen gewesen. Im Verlaufe unserer Unterhaltung führte der Priester auch noch Charles Péguy an, der behauptet, daß niemand ein so gutes Gebet sprechen könnte wie der Sünder, weil er mitten im Herzen des Christentums lebt.

Als ich dieses Buch begann, schrieb ich, daß in meinem Leben Sibylle Loredo jenen Platz eingenommen habe, an den andere Menschen eine politische Lehre stellten, einen Gott, den Glauben an etwas. Sibylle war für mich alles gewesen, schrieb ich damals, woran ich glaubte, woran ich zu glauben entschlossen war. Ich konnte nicht mehr an den Gott der weißen Rasse glauben, dessen Statthalter auf Erden die christlichen Kanonen segneten und dessen Päpste zwar mit den Nationalsozialisten diplomatische Beziehungen aufrechterhalten hatten, jedoch nun alle Kommunisten exkommunizierten. Ebensowenig war es mir noch möglich, an die Beteuerungen der Politiker zu glauben. Weil ich aber begriffen hatte, daß ich dennoch glauben, an irgend etwas glauben mußte, wenn ich leben wollte, hatte ich Sibylle Loredo geliebt. Es war gutgegangen mit ihr, ich hatte in Frieden geschlafen und in Frieden gearbeitet.

Im Gegensatz zu mir war Sibylle eine gute Katholikin gewesen. Manchmal, wenn sie mich darum bat, ging ich mit ihr zur Kirche. Sie kniete, und ich stand neben ihr und sah sie an und hörte die Worte vom Altar: »Meinen Frieden gebe ich euch, mein Friede sei mit euch. Lamm Gottes, das du hinwegnimmst die Sünden der Welt, gib uns den Frieden.« Es war die beständige Botschaft und Verheißung des Friedens in der christlichen Religion, die Sibylle gläubig machte. Es war, wie ich im Laufe der hektischen Ereignisse in den Wochen nach ihrem Verschwinden begreifen lernte, die letzte Hoffnung einer Verzweifelten gewesen. Ich sollte begreifen lernen, daß das Wort »Frieden« für Sibylle dasselbe bedeutet hatte wie für den Süchtigen die Flasche, für die Nymphomanin der Akt, für den Krebskranken die Erlösung durch den Tod. Heute weiß ich, wie verzweifelt diese Hoffnung Sibylles, von der ich nur ein kleiner Teil war, gewesen ist. Wie verzweifelt — und wie vergeblich. An jenem Abend, an dem ich vor der Leiche Emilio Trentis in der Bibliothek des Hauses Akazienallee Nummer drei in Parsch, dem Vorort von Salzburg, stand, wußte ich noch nichts. Ich hatte keine Ahnung . . .

Ich kniete neben dem toten Gemüsehändler aus Rom,

ohne ihn zu berühren, sah in das bleiche, aufgeschwemmte Gesicht mit den Tränensäcken und der zerfurchten Stirn des überarbeiteten Geschäftsmannes und in die gebrochenen, erstaunten Augen.

Der Mund Emilio Trentis stand offen. Er hatte viele Goldzähne und machte einen wohlhabenden Eindruck. Ich fühlte einen Luftzug und drehte mich um. Die junge Frau mit dem weißen Haar war hinter mich getreten. Sie sagte tonlos: »Ich habe es nicht getan.«

Ihr schwerer Kamelhaarmantel war aufgegangen, ich sah die Flanellhosen, die sie darunter trug, und den blauen Pullover. Sie hatte große Brüste. Sie sagte leise: »Als ich kam, war er schon tot.«

»Wann kamen Sie?«

»Knapp vor Ihnen.«

»Wer öffnete die Tür, wenn er schon tot war?«

»Die Tür stand offen.«

Ihr Gesicht war von Schmutz verkrustet. Dort, wo ich sie geschlagen hatte, war ein wenig Blut aus dem Mund geronnen. Nun trocknete es ein. Wir sahen einander lange an, und wieder erfüllte die unwirkliche Stille das Haus. Nichts regte sich.

Die Stille machte mich benommen. Ich fragte: »Warum kamen Sie überhaupt hierher?«

»Warum kamen *Sie*?« Jetzt kehrte Leben in ihr Gesicht zurück, sie hatte den Schock überwunden. Sie begann sich zu wehren.

»Herr Trenti wollte mich sprechen.«

Sie sah den Toten an, dann wieder mich, dann fragte sie: »Haben Sie es getan?«

Ich schüttelte den Kopf.

Sie wandte mir plötzlich den Rücken. Ich sagte: »Beantworten Sie meine Frage! Was wollten Sie hier?«

Sie erwiderte, ohne mich anzusehen: »Er hat mich angerufen. Gestern nachmittag. In Wien.«

»In Wien?«

»Ich wohne in Wien. Er rief mich an und sagte, er müßte mich unbedingt sprechen. Es sei sehr dringend. Und er gab mir diese Adresse.«

»Sagte er, warum er Sie sprechen wollte?«

»Nein. Sagte er es Ihnen?«

»Er sagte, es handle sich um eine gewisse Sibylle Loredo.«

Ich sah sie scharf an, als ich den Namen aussprach, aber in ihrem schmutzigen Gesicht regte sich nichts. Es blieb ganz ausdruckslos.

»Sibylle Loredo?«

»Ja. Kennen Sie den Namen?«

Sie schüttelte den Kopf. Sie war hübsch, ja, sie war schön. Wahrscheinlich war sie schöner als Sibylle. Aber sie gefiel mir nicht. Als ich Sibylle zum erstenmal sah, an jenem Abend im *Maison de France* in Berlin, da gab es von dem Augenblick an, da sie den Raum betrat, keine andere Frau mehr für mich, da sah ich nur sie, und ihr Anblick berauschte mich wie Wein. Jetzt ging es mir umgekehrt. Diese Frau stieß mich ab, ich konnte nicht sagen, weshalb. Alles an ihr mißfiel mir, alles störte mich: ihre Art, ausdruckslos zu reden, das kleine Gesicht, das unnatürlich weiße Haar, die blauen Augen. Die Verlorenheit ihres Körpers in dem riesigen Mantel. Ihre Brüste. Ihre Beine. Alles. Warum gefällt uns ein Mensch? Was macht ihn sympathisch? Im Anblick dieser Frau befiel mich solche Sehnsucht nach Sibylle, daß mir ganz übel wurde.

Indessen fragte sie schleppend: »Sibylle Loredo? Wer ist das?«

»Eine Bekannte.« Es ging sie nichts an, wer Sibylle Loredo für mich gewesen war. Ich fragte: »Woher kannten Sie Herrn Trenti?«

Sie biß die Zähne zusammen und schüttelte den Kopf.

»Sie wollen nicht reden?«

Sie sagte leidenschaftlich: »Sie haben mich geschlagen.«

»Es tut mir leid.«

»Mich hat noch niemals jemand geschlagen.«

»Ich hielt Sie für einen Mann«, sagte ich und dachte: Wenn ich gewußt hätte, daß du eine Frau bist, hätte ich dich genauso geschlagen!

Ich fragte: »Wie heißen Sie?«

»Petra Wend.«

»Petra Wend? Ihr Name —«

»Vielleicht kennen Sie ihn.«

»Ich denke. Aber woher?«

»Gehen Sie oft ins Kino?«

»Ja.«

»Ich bin Kostümberaterin. Ich habe einen Modesalon in Wien. Mein Name steht auf dem Titelvorspann von vielen Filmen.«

»Warum sind Sie aus dem Haus gelaufen, als Sie den Toten entdeckten? Warum riefen Sie nicht die Polizei?«

»Ich wollte nicht in die Sache verwickelt werden. Ich hatte Angst.«

»Wovor?«

»Ich weiß nicht, wovor. Haben Sie keine Angst?«

»Doch«, sagte ich. »Ich habe immer Angst.« Ich trat über den Toten hinweg zu einem Tisch, auf dem ein Telefon stand. Neben dem Apparat lag ein Telefonbuch.

»Was wollen Sie tun?«

»Die Polizei rufen.« Ich fand die Nummer, die ich suchte, und wählte. Eine tiefe Männerstimme meldete sich: »Polizeidirektion Salzburg.«

»Hier spricht Paul Holland. Schicken Sie Ihre Beamten in die Akazienallee Nummer drei. Hier ist ein Mann erschossen worden.«

»Sind Sie betrunken?«

»Nein.«

»Dann lassen Sie gefälligst diese dummen Witze!«

»Hören Sie, hier ist *wirklich* ein Mann erschossen worden!«

Die Stimme wurde munterer: »Wie ist die Adresse?« Ich wiederholte sie. »Gut, wir kommen sofort.«

Ich legte den Hörer nieder. Sie schienen es nicht gewohnt zu sein, daß in Salzburg jemand im Winter erschossen wurde. Es war außerhalb der Saison.

## 5

Dann kamen sie, mit Blaulicht und Sirene, sechs Männer. Sie brachten Kameras und Lampen mit und Graphitstaub und die berühmten großen grauen Umschläge, und sie machten sich an die Arbeit wie in jeder anderen Stadt der Welt. Sie fotografierten Emilio Trenti, und sie fotografierten das Zimmer, und sie fotografierten Petra Wend und mich. Ein Polizeiarzt untersuchte den Toten und stellte fest, daß er auch wirklich tot war.

»Seit etwa eineinhalb Stunden.«

Draußen fuhr eine Ambulanz vor, und zwei junge Männer in Weiß brachten eine Bahre. Sie legten den toten Gemüsehändler darauf, und Herr Emilio Trenti aus Rom verließ kurz danach das Haus in Salzburg, das ihm nicht gehörte — die Füße voran. Sie brachten ihn ins Pathologische Institut.

»Morgen früh können Sie den Autopsiebefund haben«, sagte der Polizeiarzt, ein kleiner, glatzköpfiger Herr, der einzige, der die ganze Zeit über ostentativ verärgert war. Er hatte an diesem Abend ins Theater gehen wollen. Man gab *Gräfin Mariza,* sagte er mir.

Draußen, auf der verschneiten Wiese, warteten neugierige Menschen zwischen der Bauhütte und dem rostigen Bagger und sahen zu, wie der Tote in die Ambulanz gehoben wurde. Es waren Nachbarn. Sie standen dicht zusammengedrängt im Nebel und flüsterten miteinander. Ihre leisen, zischenden Stimmen klangen wie raschelndes Laub. Die Sirene des Krankenwagens heulte auf, die Ambulanz fuhr fort.

Die Männer der Mordkommission gingen lautlos durch das Haus und suchten nach Spuren. Sie gingen im Garten umher und betrachteten die vielen Fußabdrücke und die Stelle, an der ich Petra Wend verprügelt hatte. Sie sprachen mit den Nachbarn.

Im Haus Nummer eins wurde an diesem Tag ein Geburtstag gefeiert. Es waren zahlreiche Menschen zusammengekommen, eine große, fröhliche Gesellschaft. Der Hausherr, den man feierte, trug eine bunte Papiermütze auf dem Kopf und war ein bißchen betrunken. Er hatte Lippenstiftflecken auf dem Hemd. Verlegen stand er vor dem Kommissar, der die Untersuchung leitete. Der Kommissar hieß Enders. Der Nachbar hieß Groß.

Sie hatten Herrn Groß in das Mordhaus gebeten, er lehnte vor dem kalten Kamin in der Halle und erzählte, was er wußte. Es war nicht sehr viel. Petra Wend und ich saßen im Hintergrund. »Kannten Sie Herrn Trenti?« fragte Kommissar Enders, ein fast übereleganter, schöner Mann mit angegrauten Schläfen, der aussah wie ein Filmstar. Er sprach einen kultivierten österreichischen Dialekt.

»Nur optisch, Herr Kommissar.« Nachbar Groß war klein und dick. Er schluckte dezent und hielt sich eine rosige Hand vor den weichen Mund. »Ich habe ihn ein paarmal gesehen, wenn er Herrn Wiegand besuchte.«

»Herrn Wiegand gehört das Haus?«

»Jawohl.« Groß nahm die bunte Papiermütze ab und schluckte wieder. »Sie müssen entschuldigen, ich habe ein bißchen Sekt getrunken. Ich sollte das eigentlich nicht tun, denn ich habe eine schwere Gastritis. Morgen früh wird mir sehr übel sein.«

»Was hat Herr Wiegand für einen Beruf?«

»Gemüse en gros, denselben Beruf wie Herr Trenti. Sie waren befreundet.«

»Wo ist Herr Wiegand?«

»Verreist. Er verreist häufig. Herr Trenti hatte die Schlüssel zur Villa. Immer, wenn Herr Wiegand in Rom war, lebte er bei Herrn Trenti. Immer, wenn Herr Trenti nach Salzburg kam, lebte er hier.«

»Sie haben heute nachmittag keinen Lärm gehört? Einen Schuß oder Stimmen?«

»Nichts, Herr Kommissar. Bei mir drüben war allerdings solcher Lärm, daß man sein eigenes Wort nicht verstand.«

Die anderen Nachbarn hatten gleichfalls nichts gehört. Sie bestätigten Enders, daß Wiegand und Trenti befreundet gewesen waren. Mehr wußten sie nicht.

Dann erzählte ich dem Kommissar meine Geschichte. Er hörte aufmerksam zu und machte sich Notizen. In seiner Krawatte trug er eine Perle, es war überhaupt eine Eleganz von gestern, in der er sich kleidete. Er besaß auch einen Siegelring.

Er fragte: »Glauben Sie, daß das Verbrechen an Herrn Trenti mit dem Verbrechen an Frau Loredo in Verbindung steht?«

»Davon bin ich überzeugt!« sagte ich leidenschaftlich.

»Hm«, machte er. Dann drehte er mir den Rücken und sprach mit Petra Wend. Sie hatte inzwischen ihr Gesicht gereinigt und ihr Haar in Ordnung gebracht. Ihre Lippen waren zu grell geschminkt und sie hatte zuviel Rouge aufgelegt. In ihren Augen saß noch immer ein Ausdruck von entsetzlicher Angst.

»Und Sie, *Madame*« (Enders sagte stets *Madame,* er streute gerne französische Worte in seine Rede ein), »wo haben Sie Herrn Trenti kennengelernt?«

In ihrem bleichen, überschminkten Gesicht zuckte ein

Muskel über der Nase. Ich bemerkte, wie sie die Hände zu Fäusten ballte. Sie erwiderte beherrscht: »In Italien.«

»Nach dem Krieg?«

»Während des Krieges.« Der Muskel zog sich von der Nasenwurzel über die Stirn senkrecht zum Haaransatz empor; ich konnte sehen, wie er pochte und bebte, er trat nun richtig hervor.

»Wann während des Krieges, *Madame*?«

»Neunzehnvierundvierzig, glaube ich. Ich . . . hielt mich zu dieser Zeit gerade in Rom auf. Und da wurde er mir auf einer Gesellschaft vorgestellt.«

»Was machte er damals?«

»Er war ein hoher Beamter im Ernährungsministerium.« Petra Wend biß sich auf die Lippen. »Ich lebte in Rom. Es kamen viele Leute in mein Haus. Auch er.«

*»J'ai compris«,* sagte Enders. *»Excusez moi,* wenn ich Sie noch weiter molestiere, *Madame.* Nach dem Krieg haben Sie Herrn Trenti nicht mehr gesehen?«

Sie schüttelte den Kopf.

»Auch nichts mehr von ihm gehört?«

»Nichts, Herr Kommissar.«

»Und dennoch kamen Sie sofort hierher, als er Sie anrief?«

»Er sagte, es wäre sehr wichtig. Für ihn und für mich. Er sagte, es ginge um sein Leben. Und auch um meins.«

Während sie diese Worte sprach, gelang es meinen Fingern endlich, den kleinen harten Gegenstand zu fassen. Er war in eine Spalte meines Ledersessels geglitten, ich stieß mit der Hand auf ihn, als ich mich setzte. Während des ganzen Verhörs hatte ich versucht, ihn aus seiner Spalte herauszuholen, ohne daß der Kommissar oder Petra Wend es bemerkten. Jetzt war es mir gelungen.

Enders sprach mit Petra, er wandte mir den Rücken zu. Zentimeter um Zentimeter schob ich die geschlossene rechte Hand über mein Knie. Dann senkte ich den Blick und öffnete die Hand für Sekunden. Ich hatte gewußt, was ich erblicken würde, bevor ich es sah. Ich hatte die Form des kleinen Gegenstandes wiedererkannt. Es war ein ovaler goldener Ohrring mit Clip. Ich kannte den Ohrring und sein geflochtenes Ornament gut. Dieser Ring und das Pendant dazu waren eigens für Sibylle entworfen worden; auf der Innenseite der Ringe waren zwei kleine s eingraviert. Die Ohrringe hatte der Juwelier Hähnlein in Berlin, Kurfürstendamm 34, hergestellt, ich hatte zweihundertachtzig Mark für sie bezahlt. Sibylle war sehr entzückt von ihnen gewesen. Sie liebte die Ohrringe.

Einen von ihnen hielt ich nun in der Hand. Das Schmuckstück brannte auf meiner Haut wie Feuer. Ich steckte die Hand in die Hosentasche. Als ich sie wieder hervorzog, hielt sie eine Zigarettenpackung. Den Ohrring hielt sie nicht mehr. Der lag jetzt in der Tasche. Ich zündete eine Zigarette an und fragte mich, ob Petra Wend etwas bemerkt hatte.

Ich kam mir vor wie ein Trinker, der in den endlos tiefen Tunnel seiner Süchtigkeit hineintaumelte. Kein Ausweg war zu erwarten, und es wurde immer dunkler um mich und immer kälter.

## 6

»Ich ersuche Sie beide, in Salzburg zu bleiben«, sagte der Kommissar. »Ich bedaure, daß ich Sie so molestieren muß, aber es geht nicht anders. *Je regrette.*«

»Wir dürfen die Stadt nicht verlassen?«

»Nein, *Madame.* Wenigstens solange unser *interrogatoire* dauert.«

»Halten Sie uns für die Täter?«

Seine buschigen weißen Augenbrauen hoben sich: »Herr Holland, *pardon,* ich tue nur meine Pflicht.«

»Ich muß zurück nach Wien! Auf mich wartet ein Film, der nächste Woche ins Atelier gehen soll!«

»*Deplorable, Madame*. Aber es muß sein.«

»Wo können wir wohnen?« fragte ich.

»Es gibt eine Reihe sehr guter Hotels.«

»Ich wohnte früher immer im *Pitter«*, sagte Petra.

»Wenn Sie so freundlich sein wollen, mit mir zu fahren, werde ich auch dort wohnen.« Ich sah sie forschend an. Ihr Blick blieb leer. Hatte sie den Ohrring bemerkt? Ich dachte: Diese Frau war im Krieg in Italien. Sie schien nicht gerne über die Zeit zu sprechen. Im Gegensatz zu Sibylle. Die hatte mir dauernd von jenen Tagen erzählt. Aber hatte sie mir die Wahrheit erzählt?

Ich dachte erschrocken: Zum erstenmal, seit ich sie kenne, zweifle ich an Sibylle. Zum erstenmal halte ich sie für fähig, gelogen zu haben. Das machte der Ring. Wie kam der Ohrring in dieses Haus? Hatte Trenti ihn ihr fortgenommen? Oder hatte sie ihn hier verloren? Ich hatte plötzlich ein überwältigendes Bedürfnis nach frischer Luft. »Wollen wir gehen?«

Petra nickte. Wir wanderten durch den nebligen Garten zu meinem Taxi.

Bei dem parkenden Wagen balgten sich mit Gekreisch zwei Katzen im Schnee. Sie rannten fort, als wir näher kamen. Ich hinkte neben Petra durch den Schlamm.

»Haben Sie sich verletzt?«

»Nein, ich gehe immer so. Ich habe nur ein Bein.«

»Oh, Verzeihung«, sagte sie. Die meisten Menschen sagten das, ich antwortete schon nicht mehr darauf. Ich setzte mich neben sie in den Fond, und der Chauffeur fuhr los. Wir kamen aber nur langsam vorwärts, denn der Nebel war jetzt sehr dick geworden. Seine bernsteinfarbenen Schlieren flogen uns entgegen. Ich dachte an Sibylles Ohrring . . .

»Ist es eine Kriegsverletzung?«

»Bitte?« Ich sah Petra an.

Sie blickte nach vorn, hinein in den Nebel. »Ihr Bein. Haben Sie es im Krieg verloren?«

Danach fragten die wenigsten. Die meisten versuchten stets, schleunigst das Thema zu wechseln.

Ich antwortete: »Nein.«

»Sondern?« Ihre Stimme war ausdruckslos wie immer, und sie ging mir auf die Nerven wie immer.

»Ich suchte Schnaps.«

»Schnaps?«

»Französischen Kognak. Bevor ich Soldat wurde, hatte ich noch zehn Flaschen Hennessy. In einer Kiste. Wollen sie die Geschichte weiterhören?«

Sie nickte.

»Die Kiste mit Kognak fuhr ich in einen Wald vor Frankfurt und vergrub sie. Ich merkte mir die Stelle. Ich wollte etwas zu trinken haben, wenn ich zurückkam.«

Sie schwieg. Der Motor summte.

»Neunzehnsechsundvierzig kam ich zurück und ging in den Wald. Ich fand die Stelle. Auch die Kiste mit dem Kognak war noch da. Nur als ich sie zurückschleppte, hatte ich Pech. Ich trat auf eine Tellermine. Der ganze Kognak war beim Teufel.«

»Mein Gott«, sagte sie. »Diese Sinnlosigkeit.«

Ich erwartete, daß sie mir mitteilen würde, wie sehr sie den Krieg haßte, und daß er eine Kulturschande gewesen sei, und daß man ihn hätte vermeiden müssen. Aber sie sagte nichts mehr, und auch ich schwieg, bis wir die Stadt erreichten. Es war neunzehn Uhr dreißig, die erleuchtete Wagenuhr zeigte die Zeit.

Durch eine Unterführung erreichten wir das Hotel. Es lag in der Nähe des Bahnhofs. Als ich ausstieg, sah ich die roten und grünen Signallichter der Schienenstränge. Ein Zug fuhr vorbei. Seine Fenster leuchteten im Nebel, und ich hörte die Achsen vieler Räder schlagen. Ich dachte, daß Sibylle vielleicht hier war, hier, in Salzburg, irgendwo in der Dunkelheit, vielleicht ganz nah. Vielleicht beobachtete sie mich. Und vielleicht war sie auch tot, trotz allem.

Ein Hausdiener trug Petras Koffer ins Hotel, meine Reisetasche trug ich selber. Wir bekamen die Zimmer 312 und 314. Wie in zahlreichen Hotels, gab es auch hier kein Zimmer 313. Das Haus war modern eingerichtet und sehr sauber. Der Portier teilte höflich mit, daß es eben renoviert worden sei. Im Lift fuhren wir in den dritten Stock empor. Ein kleiner Page stand mit dem Gepäck zwischen uns. Der Lift surrte leise, er roch nach frischer Farbe und Metall. Über den Kopf des Pagen hinweg sahen wir einander an, und ich wartete darauf, daß irgendein Ausdruck in diese wasserhellen blauen Augen trat, ein Zeichen des Mißtrauens, des Einverständnisses, des Hasses. Das Gesicht Petras blieb aber völlig ausdruckslos.

Vor ihrer Zimmertür gab sie mir die Hand: »Gute Nacht, Herr Holland.«

»Gute Nacht, Frau Wend.«

Ich verneigte mich. Der Page ging schon in ihr Zimmer hinein. Ich sagte: »Und, bitte, verzeihen Sie, daß ich Sie geschlagen habe.«

Darauf antwortete sie überhaupt nicht mehr. Wortlos schloß sie die Tür hinter sich. Ich stand allein auf dem leeren Flur.

Mein Zimmer hatte gelbgetönte Wände, glatte Schleiflackmöbel und ein Radio. Eigentlich war es nur ein Lautsprecher, der Musik übertrug, die eine Zentrale irgendwo im Haus auswählte, Rundfunk- und Schallplattenmusik. Ich stellte den Apparat ein und hörte die Arie der Marschallin aus dem ersten Akt des *Rosenkavaliers.* Ich drehte alle Lichter an und ging ins Badezimmer. Hier öffnete ich die Hähne der Wanne und ließ ein Bad einlaufen.

Ich zog mich aus, schnallte die Prothese ab, setzte mich in das heiße Wasser, legte den Kopf zurück und sah zur Decke empor. Der Lautsprecher übertrug nun Musik aus Wagneropern. Ich rasierte mich und zog mich wieder an, befestigte das künstliche Bein und sah aus dem Fenster. Die Straße war leer. Ich legte Sibylles Ohrring vor mich auf den Tisch und sah ihn an, das kleine Stück Metall, das nicht zu reden vermochte und das doch eine Geschcihte hätte erzählen können. Ich steckte den Ring wieder ein und las in meinen alten Zeitungen. Ich las die Leitartikel und die Theaterkritiken und die Berichte vom Rinderauftrieb. Dann las ich das Programm aller Filmtheater Münchens, obwohl ich mich in Salzburg befand, und danach las ich eine Fortsetzung des Romans *So mußte es kommen* von Louis Bromfield.

Schließlich hielt ich es in meinem Zimmer nicht mehr aus. Ich war so nervös, daß ich drei Streichhölzer brauchte, um eine Zigarette anzuzünden. Ich ertrug das Alleinsein nicht länger. Ich hatte das Gefühl, daß mir die Decke auf den Kopf fiel. Ich ging zum Telefon und verlangte Zimmer 312. Ich hatte die Absicht, Petra Wend zu fragen, ob sie mit mir abendessen gehen wolle. Es war mir gleich, wer mit mir zu Abend aß, solange ich nur nicht allein essen mußte. Das Fräulein der Telefonzentrale meldete: »Frau Wend ist nicht auf ihrem Zimmer.«

»Ist sie fortgegangen?«

»Einen Augenblick, Herr Holland, ich frage den Portier.«

Dann meldete sich dieser: »Frau Wend ist im Spielsaal.«

»Wo?«

»Sie spielt Roulette, Herr Holland.«

»Aber das Casino war doch früher —«

»— an der Brücke, jawohl. Aber es ist übergesiedelt. Jetzt befindet sich der Spielsaal bei uns im Hotel.«

Ich löschte alle Lichter und verließ mein Zimmer.

»Wohin?« fragte der Page im Aufzug.
»In den Spielsaal.«
Der Lift glitt nach unten.
»Viel Glück«, sagte der Page, als ich ausstieg.
»Bitte?«
»Ich wünsche Ihnen viel Glück, mein Herr!«
»O ja«, sagte ich. »Danke. Das ist nett von Ihnen.«

## 7

*»Faites vos jeux, mesdames, messieurs!«*

Die tiefe Stimme des Croupiers klang gedämpft durch den großen Saal. Es wurde an zwei Tischen gespielt, und beide waren gut besucht. Viele Spieler standen. Die Einsätze des rechten Tisches waren höher. Seine kleine weiße Kugel fiel gerade in ein Loch des Kessels.

*»Vingt-sept, rouge, impair et passe!«* rief der Croupier. Es lag nichts auf der Nummer. Zwei Spieler hatten Chevaux gewonnen, ein paar andere einfache Chancen. Der Spielsaal von Salzburg wies nicht den pompösen Prunk des Casinos von Baden-Baden auf; es gab keine funkelnden Monstrelüster, keine goldbeladenen Karyatiden. Doch gab es ausgezeichnete Teppiche, Gobelins an den Wänden und große, schwere Klubgarnituren. Die Diener waren livriert, sie trugen Spitzenjabots und Escarpins, und die Croupiers waren tadellos gekleidet. Auch in Salzburg arbeitete man nach dem Grundsatz, daß der Spieler sein Geld am bedenkenlosesten in einer Atmosphäre von Luxus riskierte.

*»Vingt-sept, rouge, impair et passe!«*

Am Tisch eins wurden erstaunte Rufe laut. Zweimal nacheinander war hier dieselbe Nummer gekommen. Eine alte Dame konnte sich gar nicht beruhigen. »Entsetzlich, meine Herren, entsetzlich! Ich hatte schon das erstemal ein Pferdchen. Ich wollte auf die Nummern setzen und das Pferdchen doppeln, aber mir fehlte der Mut! Mein Gott, ist es denn zu fassen?« Ihre Stimme bebte, sie war den Tränen nahe. Einer der Croupiers nickte ihr zu. Ein anderer drehte schon wieder das Rad. *»Faites vos jeux, mesdames, messieurs!«*

Das Publikum war unterschiedlich. Ich sah Damen in Cocktailkleidern und Bauern in Lodenanzügen. Die Bauern spielten am höchsten. Sie schienen das meiste Geld zu haben. Breit und schwer hockten sie an den Tischen und schoben mit rissigen roten Händen die Jetons auf den Tisch. Es spielten viel mehr Frauen als Männer, und viele dieser Frauen waren älter als fünfzig. Manche waren in Begleitung von gutgekleideten Herren erschienen. Die jungen Gigolos standen hinter ihren Damen und sahen gelangweilt zu.

*»Trois, rouge, impair et manque!«*

In kurzen Abständen hoben sich die Stimmen der Croupiers über das Raunen der Spieler; sie waren die Signale des Glücks, die Wegmarken einer Leidenschaft, die so alt und unausrottbar war wie die Menschheit.

*»Rien ne va plus, monsieur, rien ne va plus!«*

Ich dachte an die Lautsprecherstimmen auf dem Flugplatz in Berlin, ich schloß die Augen und hörte sie wieder: »Achtung, bitte! Pan American World Airways geben den Abflug ihres Clippers sieben-vierundfünfzig nach Düsseldorf und London bekannt! Die Passagiere werden durch Flugsteig drei an Bord gebeten. Wir wünschen Ihnen einen angenehmen Flug!«

Die Stimmen riefen, die des Flughafens und die der Croupiers, und ich dachte an Sibylle und fühlte Angst. Seit ich den Ohrring gefunden hatte, war es mit meiner Ruhe vorbei. Jeden Augenblick, dachte ich, würde nun etwas mit mir geschehen, etwas Endgültiges, Unabwendbares, Schreckliches. Ich war nur scheinbar von Sicherheit umgeben; die Stille um mich war die Stille im Auge eines Wirbelsturmes. Der Tod Emilio Trentis hatte mich nicht erschüttert. Sibylles Ohrring aber hatte mir die Fassung geraubt.

*»Cinq, rouge, impair et passe!«*

Dann sah ich Petra. Sie saß am Tisch zwei, neben dem Chefcroupier, und war völlig mit ihrem Spiel beschäftigt. Ihr Anblick faszinierte mich. Denn die Frau, die hier in einem silbergrauen schulterfreien Cocktailkleid an dem grünbespannten Roulettisch saß, Spielmarken vor sich, eine Zigarette in der Hand, war nicht jene Petra Wend, die ich seit ein paar Stunden kannte, es war eine vollkommen andere Frau.

Ich trat hinter eine Säule, wo ich sie beobachten konnte, ohne daß sie es bemerkte, und starrte sie an. Sie legte ihre Jetons nicht selbst. Sie schob dem Croupier neben sich immer eine Reihe von Spielmarken zu und sprach leise mit ihm. Er nickte sodann und warf die Jetons auf das Feld. Ich sah, daß Petra nur mit Fünfzigschillingmarken spielte, und zwar jedesmal mit einem Einsatz von mindestens acht Stück. Jetzt spielte sie die Elf mit vier Nachbarn, die Fünfunddreißig, die letzten sechs und die letzten drei.

*»Faites vos jeux, mesdames, messieurs!«*

Abwesend streifte Petra die Aschenkrone von ihrer Zigarette. Die Asche fiel neben den Becher auf das grüne Tuch des Tisches, sie bemerkte es nicht. Ihre hellen Augen waren übergroß, unnatürlich starr, als hätte sie Atropin genommen. Ihr Gesicht, dieses farblose, hübsche Gesicht einer hübschen, farblosen Frau, bekam plötzlich Größe, Konturen, Format. Die Wangen waren hektisch gerötet, die Lippen bewegten sich, ich bemerkte, daß sie mit sich selbst sprach. Sie nickte sich selbst zu, schüttelte über ihre eigenen Gedankengänge den Kopf, argumentierte mit sich selbst, war mit sich selbst nicht einer Meinung.

Die Kugel rollte nun.

*»Rien ne va plus!«*

Obwohl nichts mehr ging, sprang Petra noch auf und legte in rasender Eile ein Stück auf die Fünfundzwanzig, eines auf die Neunundzwanzig und eines an den Rand der Transversale pleine vier, fünf, sechs. Dann setzte sie sich mit langsamen Automatenbewegungen einer Puppe und sah vor sich hin.

*»Onze, noir, impair et manque!«* rief der Croupier. Petra hatte gewonnen. Man schob ihr Spielmarken zu. Sie beachtete den Gewinn überhaupt nicht, sondern gab dem Croupier bereits neue Anweisungen. Eine Fünfzigschillingmarke warf sie über den Tisch.

*»Pour les employés!«* Der Croupier am Tischende hielt die Marke hoch, ehe er sie in den Tischschlitz warf. Alle vier Croupiers riefen im Chor: *»Merci, Madame, pour les employés!«*

Das Spiel ging weiter. Petra gewann. Sie spielte wie in Trance. Ich überlegte, woher sie das Geld hatte. Brachte ein Modesalon so viel ein? Sie verdoppelte ihre Einsätze und bepflasterte den ganzen Tisch. Ich sah wie ihre Brust unter dem dünnen Silberstoff sich hastig hob und senkte. Sie war maßlos erregt. Jetzt hatte sie sich erhoben und spielte stehend. Sie rauchte unablässig.

*»Seize, rouge, pair et manque!«*

Nichts auf der Farbe, nichts auf der Nummer. Der Croupier rechte den Tisch frei. Diesmal hatte Petra verloren — etwa tausend Schilling, überschlug ich schnell. Sie wartete nicht ab, bis das Feld frei war, sondern schob schon neue Marken auf die Zahlenvierecke. Es ging ihr nicht schnell genug. Nervös biß sie sich auf die Lippen, während das Spiel gemacht wurde. Warum rollte die Kugel nicht schon wieder? Warum ging es nicht weiter? Plötzlich preßte sie ihre Zigarette aus, schob dem Croupier einen kleinen Berg Marken hin und gab ihm Anweisungen. Er nickte. Mit dem Rest der Jetons und ihrer kleinen Abendtasche schritt Petra hinüber zu Tisch eins. Ich sah dabei, daß sie wundervoll gewachsen war, schlank, mit langen Beinen. In den Hosen hatte ich ihre Beine nicht sehen können, jetzt sah ich sie. Man machte ihr am ersten Tisch Platz. Sie setzte sich aber nicht, sondern warf dem Croupier am unteren Ende des Tisches Marken hin und gab ihm Spielanweisungen. Er sah auf, um sich ihr Gesicht einzuprägen, und nickte ihr lächelnd zu. Indessen rollte am Tisch zwei die Kugel. Petra ging zu ihm zurück.

*»Deux, noir, pair et manque!«*

Sie hatte gewonnen. Den Gewinn ließ sie an ihrem Platz liegen, der Croupier machte wieder dasselbe Spiel für sie und Petra ging zurück zu Tisch eins.

*»Trente-trois, noir, impair et passe!«*

Wieder hatte sie gewonnen. Sie spielte nun an zwei Tischen gleichzeitig. Sie wanderte hin und her, manchmal, wenn sie in Eile war und in Gefahr kam, ein Spiel zu versäumen, lief sie auch. Der Teppich machte das Geklapper ihrer hochhackigen Schuhe unhörbar. Sie verlor und gewann, sie gewann und verlor.

Von allen Spielern, erzählte mir einmal ein alter Croupier, sind jene am gefährdetsten, die in irgendeiner Art von Furcht leben: Furcht vor dem Leben, dem Alter, unsicheren Vermögensverhältnissen, Furcht vor Krankheit oder Tod. Männer um Fünfzig und Frauen um Vierzig sind gefährdet, weil sie häufig die Empfindung haben, am Ende ihrer Erlebnisfähigkeiten zu stehen. Allen diesen Menschen ist im Spielsaal plötzlich die Überlegung gemein: »Wozu vorsichtig sein? Was für einen Sinn hat es, das Geld zu achten? Für wen es bewahren? Es ist doch ohnehin schon alles gleich.« Von solchen Spielern leben die Banken. Nicht von den ängstlichen Touristen und Gelegenheitssetzern mit dem schlechten Gewissen vor der

Ehefrau, und nicht von den großen manischen Spielern, die Tausende riskieren, aber auch Tausende forttragen. Nicht von ihnen. Nur von den Menschen in Furcht. In keinem Jahrhundert haben die Spielsäle deshalb auch so floriert wie in unserem.

Ich überlegte, wovor Petra Wend Furcht empfand, unter welcher Art von Terror sie lebte, und ich sah ihr weiter zu, wie sie hin- und hereilte zwischen den beiden Tischen, atemlos, erregt, in einer besonderen, einsamen Art von Ekstase. Nach etwa einer Dreiviertelstunde sammelte sie ihre Jetons ein und ging an die Bar. Der Rausch schien vorbei zu sein. Sie hatte, alles in allem, ein paar tausend Schilling verloren, aber sie besaß noch viele Spielmarken. Ich ging zu ihr und setzte mich neben sie an die Theke.

»Guten Abend.«

»Oh!« Sie schrak auf. Dann wurden ihre Augen plötzlich schmal: »Sie sind schon lange hier?«

Ich nickte.

Der Mixer trat heran.

»Was wollen Sie trinken?«

»Ein Glas Sekt.«

»Mir einen Whisky«, sagt ich.

Der Mixer entfernte sich. Petras strahlend weißes Haar leuchtete. Sie fragte leise: »Haben Sie mir beim Spiel zugesehen?«

»Ja«, sagt ich.

Sie kreuzte die schönen Beine, klopfte den Tabak einer Zigarette fest und sagt, noch leiser: »Ich habe Ihnen auch zugesehen, Herr Holland.«

Etwas Derartiges hatte ich eigentlich erwartet, und es kam nun fast wie eine Erlösung. Der Mixer stellte die Gläser vor uns hin und entfernte sich wieder. Aus dem Spielsaal klangen die Rufe der Croupiers zu uns, und manchmal hörte ich auch die Kugel rollen.

»Wo haben Sie mir zugesehen?«

»In dem Haus in der Akazienallee, Herr Holland.« Ihre Stimme klang sanft, sie schnurrte wie eine Katze, warm und weich. »Als Sie . . . den Gegenstand aus der Falte des Sessels holten.«

Ich konnte ihr Parfüm riechen. Sie saß da, mit gekreuzten Beinen, zurückgelehnt, aggressiv. Die Tasche mit den Spielmarken lag vor ihr. »Ich sah, wie Sie ihn in die Tasche steckten.«

Ich sagte nichts.

»Sie *haben* ihn doch in die Tasche gesteckt, oder?«

»Wenn Sie es sahen, warum teilten Sie Ihre Beobachtung nicht dem Kommissar mit?«

Jetzt steckte sie die Zigarette in den Mund. Ich gab ihr Feuer. Sie blies eine Rauchwolke aus, dann erwiderte sie ernst: »Ich dachte, es wäre ein Gegenstand, dessen Existenz Sie verheimlichen wollten. Ein Gegenstand, der dieser Frau gehört, von der Sie erzählten.«

»Sibylle Loredo?«

»Ja, der Frau, die Sie lieben.«

»Deshalb schwiegen Sie?«

»Deshalb.«

*»Trente-quatre, rouge, pair et passe!«* rief die Stimme eines Croupiers aus dem Saal.

Ich sah ein, daß es keinen Zweck hatte, etwas zu verheimlichen. »Es war ein Ohrring. Er gehörte Sibylle. Ich weiß nicht, wie er in das Haus in der Akazienallee kam. Ich . . . ich weiß auch nicht, was ich jetzt tun werde. Ich bin Ihnen sehr dankbar, daß Sie mich nicht bloßstellten.«

Sie trank einen Schluck.

»Haben Sie vielleicht ein Bild von Frau Loredo?«

»Ja.«

*»Zero!»* Und Bewegung im Saal.

»Natürlich.« Ich holte meine Brieftasche hervor und entnahm ihr eine Fotografie, die ich immer bei mir trug.

Sie zeigte Sibylle am Strand des Wannsees. Sie lag in einem schwarzen Badeanzug im Sand und lachte. Ich hatte das Bild immer sehr gern gehabt.

»Hier, bitte«, sagte ich und reichte es Petra Wend.

»Das —« begann sie, ließ ihr Glas fallen. Es zerbrach klirrend, und der Sekt bildete einen dunklen Fleck auf dem roten Teppich.

»Was ist?« Der Mixer stürzte herbei.

»Helfen Sie mir«, sagte ich. »Die gnädige Frau ist ohnmächtig geworden!«

## 8

Außer uns saßen noch zwei Männer in der Bar; sie waren mir aufgefallen, als ich eintrat. Die beiden hatten wahrscheinlich alles verspielt. Sie lauschten den Stimmen der Croupiers aus dem Saal, genauer gesagt, sie lauschten einer dieser Stimmen. Jene rief, als ich zur Theke ging, gerade:»*Trente-six, rouge, pair et passe!*« Daraufhin sagt der eine der Männer: »Ich hatte zwanzig auf dem letzten Dutzend und eine Transversale pleine mit zehn.«

Der andere sagt: »Verdammt, und ich Idiot habe wieder die *zwölf,* zwei links, zwei rechts, gesetzt!«

Die beiden spielten noch immer mit. Da sie kein Geld mehr hatten, konnten sie nur noch in Gedanken spielen, und das taten sie. Sie setzten in Gedanken Jetons, die sie nicht mehr besaßen.

»*Vingt-neuf, noir, impair et passe!*« rief der Croupier von Tisch eins.

»Ich habe nichts«, sagte der erste Mann.

»Ich habe ein Pferdchen mit zehn Schilling«, sagte sein Kollege in diesem seltsamen Spiel und rieb sich die Hände. Jetzt, da sich der Mixer und ich um die ohnmächtige Petra Wend bemühten, kamen die beiden Gedankenspieler herbei. Der eine fragte verstört, ob er behilflich sein könne. Sein Freund hob indessen Petras Abendtasche auf, die zu Boden gefallen war. Zwei Zwanzigschillingjetons waren aus ihr geglitten. Der Gedankenspieler benutzte die allgemeine Aufregung, um sie zu stehlen. Mit ausdrucklosem Gesicht ließ er die runden Kunstharzstücke in die Tasche gleiten. Er war davon überzeugt, daß es niemand bemerkte. Es bemerkte auch niemand außer mir, und ich hatte andere Sorgen.

»Ich werde der Dame etwas Kognak geben«, sagt der Mixer. Der Dieb äußerte, bei Ohnmächtigen wäre Fernet Branca das beste, und eilte in den Spielsaal zurück.

Nach dem ersten Schluck Hennessy, den wir ihr einflößten, öffnete Petra die Augen. Sie lag noch auf dem Teppich, ich hielt ihren Kopf. Als sie zu sich kam, schlugen ihre Zähne gegen den Glasrand, es klang häßlich. Sie sagte: »Es tut mir leid.« Sie erhob sich schwankend und glättete ihren Rock. Dabei wäre sie fast noch einmal gestürzt.

»Was war?« Ich hielt sie fest. »Was haben Sie?«

»Die Aufregung des Spiels«, sagte der Mixer höflich. »Vielleicht sollte die Dame etwas an die frische Luft gehen . . .

Petras Gesicht war weiß. Sie sah auf die Theke. Ich sah auch auf die Theke. Dort, wo wir beide hinsahen lag das Bild Sibylles. »Bitte, bringen Sie mich auf mein Zimmer«, sagte Petra. »Ich muß mit Ihnen reden.«

Ich bezahlte die Drinks und ging mit ihr durch den Spielsaal ins Hotel hinüber. An Tisch eins sah ich den Dieb. Er hatte gerade eines der gestohlenen Stücke auf die *Neunzehn* gelegt. Die Kugel rollte.

*»Dix-neuf, rouge, impair et manque!«* rief der Croupier.

Der Dieb hatte siebenhundert Schilling gewonnen.

Petras Zimmer sah genauso aus wie das meine. Es gab auch hier einen Lautsprecher, der Musik übertrug. Ich hörte das *Konzert in F* von George Gershwin. Petra Wend schaltete den Apparat ab, setzte sich auf ihr Bett und sagte: »Ich weiß jetzt, wer Emilio Trenti getötet hat . . .«

»Wer?«

Sie fuhr unbewegt fort: ». . . und wer auch mich töten wird, wenn er kann.«

»Wer?« fragte ich zum zweitenmal.

»Die Frau, deren Bild Sie mir zeigten.«

»Sibylle?«

Sie nickte.

Das Unfaßbarste wird faßbar, wird erträglicher und vorstellbarer, sobald es den Bereich des Gedanklichen verläßt und ausgesprochen ist, in Worte gefaßt, zu Papier gebracht. Ein Alptraum, den man am Morgen erzählt, ist niemals mehr schrecklich, häufig nur noch komisch. Wir saßen einander gegenüber in diesem sachlichen, hellen Hotelzimmer, Petra auf dem Bett, ich auf einem unbequemen Sessel, und sie hatte mir gerade mitgeteilt, daß sie Sibylle für eine Mörderin hielt. Ich überlegte, daß dies — nach allem — eine schreckliche Vorstellung war, aber keine unmögliche.

Ich fragte: »Kennen Sie Sibylle denn?«

»Ja«, sagte sie, und ihre Zähne schlugen wieder aufeinander.

»Vielleicht verwechseln Sie sie mit einer anderen Frau. Das Foto ist nicht sehr gut. Es gibt Menschen, die einander sehr ähnlich sehen.«

»Herr Holland, hatte Ihre Freundin ein Muttermal von Schillinggröße unter der linken Achselhöhle?«

»Ja.«

»Hörte sie schlecht auf dem rechten Ohr?«

»Ja.«

»Und zwar wegen einer Trommelfellverletzung?«

Ich nickte und dachte, daß das alles natürlich vollkommen irrsinnig war und sich jeden Augenblick in harmloser Weise klären würde.

»Diese Verletzung«, fragte indessen Petra mit ihrer unnatürlichen ruhigen, unnatürlichen klaren Stimme, »war die Folge eines Schlages, den Ihre Freundin als Kind erhielt?«

»Ja«, sagte ich langsam und mit schwerer Zunge, als wäre ich betrunken, »Sibylle war zwölf Jahre alt, als ein alter Mann — «

»— als ein alter Mann sie auf der Straße schlug.«

»Weil sie mit seinem Hund gespielt hatte.«

»Weil sie mit seinem Hund gespielt hatte.«

Den Satz sprachen wir gleichzeitig.

Sie sagte seufzend: »Sie tun mir leid!«

»Bitte?«

»Sie tun mir leid, Herr Holland. Sie haben mein Mitgefühl. Ich bin sicher, daß es ein furchtbarer Schlag für Sie sein wird, die Wahrheit zu hören.«

»Die Wahrheit über Viktoria.«

»Wer ist Viktoria?«

»Die Frau auf der Fotografie.«

»Sie heißt Sibylle Loredo!« flüsterte ich.

Sie schüttelte den Kopf, ernst und unerbittlich wie ein Engel am Jüngsten Tag.

»Nein, Herr Holland. Die Frau auf dem Foto heißt nicht Sibylle Loredo. Sie heißt in Wahrheit Viktoria Brunswick.«

## 9

Ich habe nun eine kleine Schwierigkeit in der Berichterstattung zu bewältigen: ich muß eine Geschichte erzählen, ein Stück gelebter Vergangenheit, deren Zeuge ich nicht gewesen bin. Ich muß über zwei Frauen berichten, über Petra Wend und über die Frau, die ich unter dem Namen Sibylle Loredo kannte und die in Wahrheit Viktoria Brunswick hieß.

Als Petra Wend mir in ihrem Hotelzimmer in Salzburg die Geschichte von ihrer und Viktoria Brunswicks Vergangenheit erzählte, da hatte ich noch keine Möglichkeit nachzuprüfen, ob diese Geschichte auch der Wahrheit entsprach.

Inzwischen sind Wochen vergangen. Ich habe die Möglichkeit gehabt. Ich habe festgestellt, daß Petra Wend die Wahrheit sagte in jener seltsamen Nacht, ich habe einen Zeugen gefunden. Der Zeuge war niemand anderer als Sibylle Loredo.

Im übrigen wird mir klar, daß die dauernde Verwendung der Namen Sibylle und Viktoria den Leser verwirren muß. Ich werde die Frau, die beide Namen trug, deshalb weiterhin Sibylle nennen. Es versteht sich, daß diese Person mit Viktoria Brunswick identisch ist. Und weil ich heute, da ich diese Zeilen schreibe, leider keine Möglichkeit mehr habe, die Glaubwürdigkeit von Petra Wends Erzählung zu bezweifeln, werde ich sie so niederschreiben wie ein reales Geschehen: in der dritten Person.

Die Geschichte, die ich nun zu berichten habe, beginnt an einem Abend im April des Jahres 1944 im Grünen Salon der italienischen Botschaft in Berlin. Wir befinden uns im Krieg. Die Hauptstadt des sogenannten Großdeutschen Reichs ist bereits weitgehend ein Opfer amerikanischer und britischer Luftangriffe geworden. Die Schlacht um Stalingrad ist verloren. Die Schlacht um Afrika ist verloren. Die Landung in der Normandie steht bevor. Unterernährt, angstgeschüttelt und hoffnungslos verbringen die Menschen ihr Leben, das einen neuen Stil gefunden hat durch die Interpunktionen von Sirenengeheul, Phosphorregen und Bombenteppichen, von BBC, Kartenperioden und Parteispitzeln.

An diesem Abend im April — der Reichssender Berlin hatte gerade einen »schweren Kampfverband über der Deutschen Bucht im Anflug auf die Mark Brandenburg« gemeldet — wurden im Grünen Salon der italienischen Botschaft Cocktails serviert. Es waren sogenannte »Manhattan Highballs«, und der Kulturattaché entschuldigte sich bei den Damen dafür, daß man — aus begreiflichen Gründen — nicht in der Lage war, dem Mischgetränk echten englischen Gin beizumengen. Der Kulturattaché war ein junger, schöner Mann mit schwarzem Haar und Glutaugen. Er war besonders nett zu den Frauen und vollkommen homosexuell. Viele Damen in Berlin und anderswo hatten sich Mühe gegeben, den Kulturattaché von seinen päderastischen Überzeugungen abzubringen und für die Vorzüge eines normalen Geschlechtsverkehrs zu gewinnen — allein vergeblich. Der Kulturattaché war sehr glücklich in Berlin. Er liebte schlanke Knaben mit blauen Augen und blondem Haar, und sooft seine Zeit es erlaubte, machte er die Überlandfahrten des Bannes 504 der Hitlerjugend mit.

»Wir werden«, sagte er leicht singenden Tonfalles zu einer Dame in einem schwarzen Abendkleid, »unsere kleine Party vermutlich in Kürze im Keller fortsetzen müssen. Es ist ein Skandal.«

Die Dame trug kurzgeschnittenes, erregend weißes Haar. Ihre Haut war sehr rein, und sie besaß wasserklare blaue Augen. Sie war vierundzwanzig Jahre alt und hieß Petra Wend. Sie war zum erstenmal in der italienischen Botschaft. Der Botschafter, dem sie in einem Nachtlokal auffiel, war alt und häßlich, aber normal und liebte schöne Frauen. Er war charmant. Es hieß, er verstünde es, die Frauen glücklich zu machen. Jene, die ihn intimer kannten, gaben für seine Gesellschaft die jedes anderen Mannes auf.

»Es ist nicht mehr sehr schön bei uns in Berlin«, sagte

Petra Wend. Heißhungrig biß sie in ein appetitliches Sandwich, das mit Lachs belegt war. Es gab nicht mehr viel Lachs in Berlin.

»Wenn erst der Endsieg errungen ist, wird Ihre Stadt neu und moderner wiederaufgebaut werden«, antwortete der Kulturattaché und hatte seine Freude daran, daß es ihm gelungen war, den Satz ohne jede ironische Stimmfärbung hervorzubringen. Er sprach gut Deutsch. »Sie arbeiten beim Film?«

»Ja, in Babelsberg. Ich bin Assistentin einer Kostümbildnerin.«

»Das«, antwortete der Päderast, »ist kein Leben für eine Frau Ihrer Schönheit, mein Fräulein.«

Er zeigte seine schönen Zähne und dachte, daß Petra ihm wirklich gefiel. Sie sah gepflegt aus. Gewiß war sie sehr sauber. Der Kulturattaché überlegte betrübt, daß er eigentlich überhaupt nichts gegen Frauen hatte. Was ihn allein hinderte, ihnen näherzutreten, war ihr Geruch. Frauen waren manchmal reizend — aber wer konnte ihren Geruch ertragen?

Der Kulturattaché fragte: »Würde es Ihnen Freude machen, eine Zeitlang in Rom zu leben?«

»Signor Rossi«, antwortete Petra lächelnd, »in ein paar Minuten werden die Engländer da sein. Wollen Sie sich über mich lustig machen?«

Sie riecht wie alle riechen, dachte der Kulturattaché traurig und sagt: »Ich spreche im Ernst. Könnten Sie sich von Ihren Arbeitsverpflichtungen für — nun, sagen wir ein paar Monate frei machen?«

»Ich verstehe Sie nicht.«

»Gnädiges Fräulein«, sagte der Kulturattaché, »Sie sind jung, Sie sind schön, Sie kommen aus einer sehr guten Familie. Es gehört zu den Gepflogenheiten unseres Herrn Botschafters, schöne junge Mädchen aus guter Familie nach Rom einzuladen. Sie sind seine Gäste. Sie leben in kleinen Palazzi und können tun und lassen, was sie wollen.«

»Sie meinen — ohne jede Verpflichtung?«

»Ohne jede Verpflichtung, mein Fräulein. Wir hoffen, daß jede Einladung dieser Art die freundschaftlichen Bande zwischen unseren beiden Ländern festigt.«

»Es klingt wie ein Märchen,« sagte Petra.

»Es klingt so, ist aber keines. Fräulein Wend, ich habe die Ehre und die Freude, Sie im Namen Seiner Exzellenz unseres Herrn Botschafters nach Rom einzuladen. Wenn Sie wollen, können Sie schon morgen reisen. Sie werden sogleich ein kleines Haus auf der Via Appia beziehen.«

»Aber das ist doch unmöglich. Solche Dinge geschehen nicht!«

»Sie geschehen, gnädiges Fräulein«, erwiderte der Kulturattaché lächelnd, während er resigniert bedachte, daß es nicht nur der Geruch, sondern auch der Mangel an Intelligenz war, der ihn abstieß. Von Männern erwartete der Kulturattaché keine Intelligenz, da störte sie ihn. Bei Frauen fehlte sie ihm. Er dachte mit Sehnsucht an einen idealistischen Unterscharführer namens Klaus Zscheile und erkundigte sich: »Nun, wollen Sie die Einladung annehmen?«

»Ich muß mich erst fassen«, sagte Petra.

»Natürlich, gnädiges Fräulein.«

»Ich habe doch kein Geld . . .«

»Sie sind unser Gast. Man wird Ihnen ein Bankkonto eröffnen.«

»Aber das kann ich doch nicht annehmen!«

»Gnädiges Fräulein, Sie können! Unser Herr Botschafter verehrt schöne Frauen. Sie sind bei ihm der Ersatz für den lieben Gott«, antwortete der Kulturattaché und bedachte bei sich, daß es eigentlich ekelhaft war, immer wieder dieselben Phrasen zu sagen. Er entschloß sich, mit seinem Vorgesetzten zu sprechen. Warum mußte *er* immer diese jungen Mädchen einladen? Wenn das Außenministerium deutsche Nachrichtenbringerinnen in Rom wünschte, dann konnte es sich, zum Teufel, wirklich einmal etwas Neues einfallen lassen! Man schämte sich geradezu, die romantische Geschichte von dem unbezahlten Aufenthalt über die Lippen zu bringen. Petra Wend sagte überwältigt: »Ich . . . ich glaube, das ist die wunderbarste Einladung meines Lebens.«

Gott segne dich, dachte der Kulturattaché und fragte lächelnd: »Sie werden also reisen?«

»Ja«, antwortete Petra.

Draußen begannen die Sirenen zu heulen. Der schwere Kampfverband von der Deutschen Bucht hatte den Bereich des Luftgaues Berlin erreicht.

## 10

In dieser Nacht verloren in der Reichshauptstadt nur 526 Menschen das Leben. Es war eine verhältnismäßig ruhige Nacht, es wurden bloß Spreng- und Brandbomben geworfen. Zwei Tage später erhielt Petra Wend, die ihre Abreise vorbereitete, eine Postkarte, auf der sie aufgefordert wurde, ins Zimmer 314 im zweiten Stock zu Herrn Jan vom Auswärtigen Amt in der Wilhelmstraße zu kommen. Es sei, schrieb Herr Jahn, dringend. Herr Jahn hieß mit dem Vornamen Helmut, es stand an seiner Bürotür. Er war groß, dunkel und schwermütig.

»Fräulein Wend, Sie haben um eine Ausreiseerlaubnis nach Italien angesucht.«

»Ja, aber bei der Polizei, nicht beim Auswärtigen Amt!« erwiderte Petra verwirrt.

»Die Polizei hat das Auswärtige Amt benachrichtigt«, erwiderte Herr Jahn und besah seine schmalen, nikotingelben Finger.

»Ich bin vom italienischen Gesandten eingeladen worden —«

»Das wissen wir, Fräulein Wend, das wissen wir alles. Ich nehme an, Sie freuen sich über die Einladung.«

»Oh, gewiß, Herr Jahn, natürlich. Denken Sie doch, in Italien ist es schon ganz warm! Und es gibt keine Bomben und nicht immer diese grauenvolle Angst! Ich bin sehr glücklich, Herr Jahn!«

»Das kann ich mir denken, Fräulein Wend.«

»Nicht wahr?«

»Ja, Fräulein Wend. Sie werden nur nicht nach Rom reisen.«

»Wie, bitte?«

»Wir werden Ihnen keine Ausreiseerlaubnis geben.«

»Ich verstehe nicht —«

»Wir werden Sie nicht reisen lassen, Fräulein Wend. Es sei denn, Sie sind uns ein wenig behilflich.«

»Wie könnte ich das?«

»Fräulein Wend«, sagte Jahn und zog melancholisch an seiner zu langen Oberlippe, »Sie werden in Rom mit vielen Menschen zusammenkommen, vor allem mit vielen Männern. Diese Männer werden an wichtigen Stellen des italienischen Verwaltungsapparates sitzen, es werden sich Wirtschaftsleute und Politiker unter ihnen befinden. Ich könnte mir vorstellen, daß diese Männer viel Interessantes zu erzählen haben.«

Petra schwieg.

Ein einarmiger Mann kam herein, hob die Rechte stramm und teilte Jahn mit, daß in Kürze mit Voralarm zu rechnen sei.

»Danke«, sagte Jahn. Zu Petra sagte er: »Wir machen uns nichts vor, Fräulein Wend. Wir wissen, daß eine Invasion Italiens bevorsteht; aber wir wissen nicht, wo. Wir wissen, daß unsere tapferen italienischen Freunde die Absicht haben, abzuspringen. Aber wir wissen nicht, wann. Wir würden es gerne wissen. Wenn Sie uns in dieser Richtung helfen wollen, dann könnte ich sofort erreichen, daß Sie eine Ausreiseerlaubnis erhalten, und auch finanziell würden wir uns erkenntlich zeigen.«

»Und wenn ich Ihnen nicht helfe?«

Jahn erwiderte traurig: »Es gibt so viele Fabriken, Fräulein Wend. Sie sind Kostümberaterin? Das ist kein kriegswichtiger Beruf. Ich höre, daß man bei Siemens und Halske noch Arbeiterinnen fürs Fließband braucht. Sie wissen, wo das Werk liegt?«

»Im Norden der Stadt.«

»Ja. Es fallen viele Bomben im Norden der Stadt, Fräulein Wend. Und die Arbeit bei Siemens und Halske beginnt um sechs Uhr morgens.«

Petra antwortete nicht.

»Es sei denn«, sagte Helmut Jahn, und zum erstenmal lächelte er dabei, »Sie werden zur Nachtschicht eingeteilt. Dann fangen Sie um einundzwanzig Uhr an und dürfen um sechs Uhr früh nach Hause gehen.

## 11

Von diesem Gespräch im Zimmer 314 im zweiten Stock des Auswärtigen Amtes in der Wilhelmstraße erfuhr ich erst zwölf Jahre nachdem es stattgefunden hatte, in einer Winternacht, im Hotel *Pitter* in Salzburg. Als sie an dieser Stelle ihrer Erzählung angelangt war, ließ Petra Wend — selbst zwölf Jhre älter geworden — den Kopf sinken und schwieg. Ich dachte, daß es mittlerweile kein Auswärtiges Amt in der Wilhelmstraße und auch keine Wilhelmstraße und vermutlich auch keinen Herrn Jahn mehr gab, und fragte: »Soll ich etwas zu trinken bestellen?«

Sie nickte stumm.

»Wieder Sekt?«

»Ja, bitte.«

Ich ging zum Telefon und bestellte Sekt und Whisky. Dann setzte ich mich wieder und sah sie an. Sie sagte heiser: »Es ist mir egal, was Sie von mir denken!«

Ich schwieg.

»Ich war noch so jung«, rief sie, »ich wollte nicht zu Siemens und Halske! Ich hatte Angst vor den Bomben! Meine Leute waren alle tot. Auf wen sollte ich Rücksicht nehmen?«

»Sie nahmen also das Angebot von Herrn Jahn an?«

»Ja, und es ist mir egal, was Sie von mir denken!«

»Ich denke gar nichts«, sagt ich. »Bitte, erzählen Sie weiter. Erzählen Sie von Sibylle. Bitte, Frau Wend!«

Sie zog die Beine an den Leib und fröstelte. »Ich fuhr also nach Rom. Eingeladen von den Italienern — und im Auftrag des Auswärtigen Amtes mit der Aufgabe, in Rom die Ohren offenzuhalten. Ich wurde sehr gut bezahlt dafür.«

Ich schwieg.

»Ich wurde sehr gut dafür bezahlt«, wiederholte sie laut.

»Das freut mich«, sagte ich. Mir war ganz gleich, was Petra Wend getan hatte. Es ging mich nichts an. Ich wollte von Sibylle hören. Sie allein interessierte mich. Ich dachte: Ob Petra Wend lügt? Ich dachte: Aber sie kennt Sibylle wirklich! Sie kennt den kleinen Leberfleck unter der linken Achselhöhle. Ich dachte: Ich muß ihr weiter zuhören. Vielleicht sagt sie die Wahrheit . . .

»Der Botschafter hatte ein Schlafwagenabteil für mich reservieren lassen«, erzählte Petra Wend. »Der Anhalter Bahnhof war überfüllt von Frauen und Kindern. Sie wollten alle aus der Stadt hinaus. Sie stürmten die Züge. Viele Kinder wurden niedergetrampelt oder verloren die Eltern. Es war auch wieder Voralarm gegeben worden. Für mich schafften zwei Polizisten Platz. Sie stießen die

Frauen und die Kinder zurück und brachten mich bis zu meinem Schlafwagenabteil. Ich fuhr allein, es war ein Abteil erster Klasse. Der Zug war ansonsten so voll, daß die Menschen sogar dichtgedrängt in den Toiletten standen. Aus- und einsteigen konnte man nur durch die Fenster.«

»Weiter«, sagte ich ungeduldig, »Sie kamen also nach Rom.«

»Ja, Herr Holland.«

»Lebten in dem Haus in der Via Appia.«

»Ja, Herr Holland.«

»Weiter.«

»Der italienische Kulturattaché aus Berlin kam. Er machte mich mit vielen Menschen bekannt. Ich kam in die Salons der römischen Gesellschaft.«

»Weiter.«

»Ich gab selbst Gesellschaften. Ich hatte Angestellte, Geld, ein schönes Haus. Das Auswärtige Amt bezahlte alles.«

»Weiter.«

»Ein Mann verliebte sich in mich.«

»Das interessiert mich nicht.«

»Es wird Sie gleich interessieren«, erwiderte sie bebend.

»Der Mann, der sich in mich verliebte, hieß Tonio Trenti. Er war der Sohn des Mannes, der heute in der Akazienallee erschossen worden ist.

## 12

Es klopfte.

»Herein«. rief ich.

Ein lächelnder junger Kellner erschien und brachte die Getränke. Er äußerte, er hoffe, der Sekt wäre kalt genug. Sollte dies nicht der Fall sein, empfahl der Kellner, die

Flasche noch ein wenig im Kühler zu halten. Dann verschwand er. Ich goß Sodawasser in meinen Whisky, und Petra nippte an ihrem Sektglas.

»Ist er kalt genug?« fragte ich.

»Danke ja.«

»Wollen Sie einen Strohhalm?«

»Danke, nein,«

»Wer war dieser Tonio Trenti?«

»Legationsrat im Außenministerium.«

»Legationsrat? Da kann er aber nicht mehr so jung gewesen sein.«

»Er war sehr befähigt, Herr Holland. Man prophezeite ihm eine sensationelle Karriere. Er war achtundzwanzig Jahre alt, sehr schlank und groß und dunkel, und er hatte graue Augen. Wenn er lächelte —«

Petra brach ab, warf sich mit dem Gesicht auf das Kissen ihres Bettes und begann zu weinen. Sie lag in einer unnatürlichen, verdrehten Stellung da und schluchzte. Ihr Rock hatte sich verschoben, ich sah das Unterkleid. Ich saß da und trank Whisky und wartete darauf, daß sie aufhörte zu weinen. Ich wartete eine ganze Weile.

Zuletzt richtete sie sich auf, wischte sich mit dem Handrücken die Tränen fort und sagte: »Verzeihen Sie, bitte.«

»Sie haben den jungen Mann sehr geliebt?«

»Sehr, Herr Holland?«

Ich sagte: »Es tut mir leid, daß ich vorhin so grob war.«

Das überhörte sie.

»Wir liebten uns vom ersten Augenblick an«, sagte sie verloren. »Der Kulturattaché machte uns bekannt — und wir . . . und ich . . . und ich wurde noch am gleichen Abend Tonis Geliebte. Ich traf ihn in meinem Haus. Er blieb bei mir bis zum Morgen.«

Ich dachte, daß das alles ein wenig unwirklich war:

dieser Abend, dieses Zimmer, diese Frau, die ich vor wenigen Stunden noch nicht gekannt hatte und die mir nun ein Kapitel aus ihrem Leben erzählte. Und ich dachte, daß ich mir alles anhören würde, jedes Kapitel, jede Intimität, wenn sie mich nur zu Sibylle führte . . .

Indessen sagte die Frau auf dem Bett: »Durch Tonio Trenti wurde mir klar, daß die Einladung des Botschafters doch nicht so selbstlos gewesen war, wie es zunächst den Anschein hatte.«

»Er forderte Sie auf, für das italienische Außenministerium zu arbeiten?

»Wie kommen Sie darauf?«

»Es war nicht sehr schwer zu erraten. Außerdem ist es die übliche Methode.«

»Die übliche Methode, ja?« Sie sah mich mißtrauisch an. Dann zuckte sie die Schultern. »Nun gut. Tonio meinte, ich käme doch häufig mit Mitgliedern der deutschen Botschaft zusammen. Er wollte Nachrichten haben, Pläne. Er vertraute sich mir an. Er erzählte mir, daß eine Gruppe italienischer Diplomaten, der auch er angehörte, bereits mit den Amerikanern in Verbindung standen, um einen Sonderfrieden zu erwirken.«

»Das wäre eine schöne Nachricht für Herrn Jahn gewesen«, sagte ich.

»Sie haben — «

»Nicht ich, Herr Holland.«

»Wer verriet Ihren Geliebten?«

Sie sagte: »Eine andere Frau.«

Ich trank einen Schluck. Ich mußte das Glas mit beiden Händen halten, denn meine Finger zitterten. Dennoch verschüttete ich etwas Flüssigkeit. Jetzt war es soweit, dachte ich. Nun kam es. Es kam.

»Die Frau, die Tonio Trenti verriet, war Viktoria Brunswick«, sagte Petra Wend.

War Sibylle. Sibylle. Meine Sibylle.

## 13

Der Außenminister Joachim von Ribbentrop war ein Mann von geringem Vorstellungsvermögen. Insbesondere war ihm jeder Einblick in die weibliche Gefühlswelt verschlossen. Nur so ist zu verstehen, was der Außenminister selber »seinen Lieblingsplan« nannte. Ribbentrops fixe Idee war die Nützlichkeit schöner Frauen in der Politik. Sie fanden, argumentierte er, Eintritt in jede Gesellschaft, sie konnten Gewalt über den Mann bekommen, es gab kein Geheimnis, das man ihnen nicht verriet.

Bis hierher kann man Ribbentrops Überlegung ohne Widerspruch folgen. Lächerlich jedoch muß es anmuten, wenn der Außenminister weiter folgerte, diese jungen schönen Frauen würde nun als pflichtbewußte Deutsche alles, was sie in den Umarmungen ihnen verfallener Männer erfuhren, sogleich dem Auswärtigen Amt melden. Die Vorstellung, daß jede Frau, die liebt, nur dem Mann ihrer Leidenschaft und sonst niemandem mehr gehört, überstieg bei weitem das Vorstellungsvermögen des ehemaligen Geschäftsreisenden für die bekannte Sektfirma.

Es ist aktenkundig, daß etwa dreihundert junger Damen aus gutem Haus und von blendender Erscheinung im Auftrag des Auswärtigen Amtes in den Jahren 1939 bis 1945 ins Ausland, soweit es Deutschen zugänglich war, geschickt wurden. In Rom gab es in jenem Frühjahr zwei Damen dieser Art, in deren Salons sich die römische Gesellschaft traf. Der eine dieser Salons gehörte Sibylle. Petra Wend war schon eine Woche lang die Geliebte Tonio Trentis, als sie von Sibylle eingeladen wurde.

Sibylle Loredo — oder Viktoria Brunswick, wie sie sich damals nannte — wohnte in einem Haus auf der halben Höhe der Piazza di Espagna, und zwar auf der linken Seite der berühmten Treppe. Im Garten des Hauses gab es Pinien, Putten und einen in Stein gehauenen römischen

Gott, der keinen Kopf mehr besaß. Es gab auch eine Volière mit vielen bunten Vögeln. Sibylle empfing ihren Gast auf der Dachterrasse. Sie trug ein grünes Seidenkleid mit Goldbemalung. Das schwarze Haar hatte sie hochgekämmt, und ihr großer Mund war lächelnd geöffnet, als sie Petra entgegenkam.

»Ich freue mich, daß wir einander endlich kennenlernen, meine Liebe«, sagte Sibylle. Sie reichte Petra die Hand, eine heiße, trockene Hand mit langen, rotlackierten Nägeln. »Wir werden«, fuhr sie fort, »uns gewiß viel zu erzählen haben, denn wir besitzen gemeinsame Freunde.

Ein Diener servierte Tee auf der großen Terrasse über dem Haus. Die Damen saßen in Korbsesseln unter einem Sonnensegel. Von der Spanischen Treppe klangen durch die stille Luft die Rufe und das Gelächter spielender Kinder herüber. Sibylle goß selbst den Tee ein. Sie erkundigte sich lächelnd: »Nehmen Sie Zucker?«

»Ja, bitte.«

»Ein Stück?«

»Zwei, bitte.«

Sibylle ließ zwei Zuckerstücke in die Tasse Petras fallen, kreuzte die Beine und sagte freundlich: »So also sieht die kleine Hure aus, mit der man mich betrügt!«

Petra setzte die Tasse, die sie in der Hand hielt, zart auf den fragilen Tisch und erwiderte: »Ich nehme an, das soll ein Scherz sein, den ich nicht verstehe.«

»Durchaus nicht«, erwiderte Sibylle. »Ich spreche im Ernst. Er betrügt mich mit Ihnen. Und ich habe nicht die Absicht, mir das bieten zu lassen. Es ist nicht schwer, Tonio zu verführen, ich selber habe ihn auch verführt. Er ist weich und sentimental. Deshalb wollte ich mit Ihnen sprechen.«

»Einen Augenblick«, sagte Petra schwach. Sie war sehr bleich geworden. »Reden Sie von Tonio Trenti?«

»Lassen Sie dieses Theater«, sagte Sibylle leise. Ihre Stimme war eiskalt und schneidend und ihre Katzenaugen schlossen sich halb: »Unterstehen Sie sich, mir zu erzählen, Sie hätten nicht gewußt, daß Tonio mein Geliebter war, als Sie ihn ins Bett nahmen!«

»Ich habe es nicht gewußt.«

Sibylle fragte höhnisch:»Nicht gewußt, was ganz Rom weiß?«

»Ich schwöre, ich habe es nicht gewußt.«

Sibylles großer Mund verzog sich. »Gut«, sagte sie, »dann wissen Sie es jetzt. Tonio Trenti ist mein Geliebter. Seit einem Jahr. Genügt Ihnen das? Werden Sie ihn jetzt zufrieden lassen?«

Petra rief: »Zufrieden lassen! Aber ich liebe ihn doch! Und er liebt mich, er hat es mir immer wieder gesagt!«

»Deshalb schläft er mit mir«, sagte Sibylle. Sie sprachen über ihren gemeinsamen Geliebten wie über ein Kind, ein unartiges, leidenschaftliches Kind.

»Ich . . . ich muß mit ihm sprechen!« rief Petra aufspringend. »Er soll reden, nicht Sie!«

Sibylle trat ihr in den Weg. »Setzen Sie sich!«

»Lassen Sie mich gehen!«

Sibylle hob eine Hand und stieß Petra gegen die Schulter. Sie hatte harte Knochen. Petra fiel in ihren Korbsessel zurück und keuchte: »Was erlauben Sie sich?«

»Halten Sie den Mund. Ich bin noch nicht mit Ihnen fertig«, antwortete Sibylle. Sie sagte nachdenklich: »Es ist gut, daß ich keine Hunde habe.«

»Was?«

»Wenn ich Hunde hätte, hätte ich auch eine Hundepeitsche. Ich würde Ihnen gerne das Gesicht zerschlagen. Ihr hübsches, leeres Gesicht, Sie Luder.«

»Sie gemeine, dreckige —« Petra biß sich auf die Lippen und schwieg. Sibylle zündete sich eine Zigarette an und sagte: »Es ist mir ganz gleich, ob Tonio Ihnen erzählt hat, daß er Sie liebt, oder ob Sie ihn lieben. Sie interessieren mich ohnehin nicht, und Tonio weiß nicht, wen er liebt. Er hat keinen Verstand. Man muß für ihn denken. Ich werde ihm schon klarmachen, daß *ich* es bin, die er liebt . . .«

»Ich sehe, Sie sind verrückt«, sagte Petra ehrlich und beruhigt über die plötzliche Erkenntnis. »Sie haben den Verstand verloren, sonst könnten Sie nicht so reden!«

Darauf antwortete Sibylle nicht, sondern fuhr fort: ». . . deshalb verbiete ich Ihnen auch, mit Tonio zu reden. Sie werden ihn einfach hinauswerfen.«

»Was werde ich?«

»Sie werden ihm sagen, daß Sie genug von ihm haben, daß er Ihnen über ist, daß er Sie anwidert.«

»Sie sind wahnsinnig!«

»Daß er gehen soll. Verschwinden. Für immer.«

»Wahnsinnig! Sie sind wahnsinnig!«

»Das werden Sie ihm sagen. Wann sehen Sie ihn?«

»Heute abend.«

»Dann werden Sie es ihm heute abend sagen.«

»Ich denke nicht daran.«

»Nein?« Sibylle lächelte. Ihr Gesicht bekam dadurch plötzlich erschreckende Ähnlichkeit mit einem Totenkopf. Sie sagte: »Hören Sie, kleine Hure! Sie und ich, wir haben einige Ähnlichkeit miteinander. Ich arbeite im Auftrag des Auswärtigen Amtes. Sie auch.«

»Aber —«

»Halten Sie den Mund. Sie sollen an Herrn Helmut Jahn berichten, wie? Ich auch. Ich habe nur noch nichts berichtet, nichts von Bedeutung. Sie auch nicht, ich weiß es. Man ist nicht sehr zufrieden mit uns beiden.«

»Ich —«

»Schweigen Sie. Wenn wir nicht bald Nachrichten liefern, wird man uns zurückrufen. Hat man Ihnen auch Siemens und Halske in Aussicht gestellt? Nun, sehen Sie.«

»Ich weiß nicht, wovon Sie reden!«

»O ja, Sie wissen es. Jetzt bekommen Sie Angst, nicht wahr? Jetzt beginnen Sie um ihn zu zittern! Das habe ich erwartet. Wenn Sie sich jetzt nur sehen könnten, Sie sind ja ganz grün im Gesicht geworden vor Angst! Ich wette, Sie könnten jetzt keine drei Schritte weit laufen, ohne hinzufallen. Tonio ist geschwätzig, nicht wahr? Besonders im Bett kann er nicht den Mund halten. Was glauben Sie, was würde geschehen, wenn Herr Jahn, unser gemeinsamer Freund, von Tonios Bemühungen um einen Sonderfrieden erfährt?«

Petra starrte sie mit aufgerissenen Augen an.

»Und nicht nur Tonios Bemühungen, sondern auch die seiner Freunde wären interessant für Herrn Jahn. Denken Sie doch, was für illustre Namen: Cesare Frank, Professor Solti, Elia Carniel.«

»Das würden Sie tun?« keuchte Petra. »Sie würden den Mann verraten, den Sie lieben? Ja, wissen Sie denn, was mit ihm geschehen würde?«

»Sie würden ihn töten«, sagte Sibylle. »Ihn und auch seine Freunde, und vielleicht auch Freunde der Freunde. Sie töten viele Menschen, es fällt ihnen nicht schwer.«

Sibylle sah Petra starr an. Ihre schwarzen Katzenaugen brannten in einem makabren Feuer.

»Ja«, sagte sie, »ich würde es tun!« Ein Geräusch ließ sie aufblicken. Der Diener, der den Tee serviert hatte, stand hinter ihr. »Was ist los, Angelo, warum störst du?«

»Verzeihung, Signora«, erwiderte der Diener, »ich wollte nur melden, daß Signor Tonio Trenti soeben gekommen ist.«

## 14

»Das«, sagte Sibylle, »trifft sich ja ausgezeichnet. Ich lasse Herrn Trenti bitten, zu uns aufs Dach zu kommen.« Es dauerte ein paar Sekunden, dann erschien dieser. Er trug einen blauen zweireihigen Anzug mit zarten weißen Streifen, eine blaues Hemd und eine weiße Krawatte. Der Diener hatte ihn sichtlich über die Anwesenheit Petras informiert, denn er zeigte keine Überraschung. »Es ist gut«, sagte er sogleich, nachdem er beiden Damen die Hand geküßt hatte, »daß wir hier zusammentreffen. Ich muß mich entschuldigen, bei dir, Viktoria, und bei dir, Petra. Ich habe mich sehr schlecht benommen.«

Die beiden Frauen sahen ihn schweigend an, und in der Tat wirkte dieser hübsche Junge mit den breiten Schultern und den schmalen Hüften weit femininer als sie, die er beide betrogen hatte.

Er fuhr fort: »Petra, du weißt jetzt, daß ich lange mit Viktoria gelebt habe. Ich habe sie geliebt. Aber ich liebe sie nicht mehr. Ich liebe dich, Petra. Es tut mir leid, daß ich diese pathetischen Sätze vor euch beiden aussprechen muß, doch so ist wenigstens Klarheit geschaffen.«

Er sagte zu Sibylle: »Verzeih mir, bitte. Ich hätte es dir heute nachmittag auch gesagt, wenn ich dich allein angetroffen hätte.«

»Mein Kleiner«, sagte Sibylle, »du weißt ja überhaupt nicht, was du sprichst!«

»Ich weiß es genau, Viktoria. Ich werde nicht mehr zu dir kommen. Ich möchte Petra heiraten.«

Darauf folgte eine längere Stille. Dann sagte Petra, die bisher geschwiegen hatte: »Sie will dich an die Deutschen verraten, Tonio. Dich und deine Freunde. Sie will den Deutschen alles erzählen, was sie weiß, wenn du nicht bei ihr bleibst!«

»Das wird sie nie tun«, sagte Tonio Trenti, aber der

Schweiß trat ihm in kleinen Perlen auf die weiche, hübsche Stirn.

»Die Situation«, sagte Sibylle, »ist ein bißchen grotesk. Zwei Hennen und ein schöner Hahn. Doch sei beruhigt, mein Hähnchen, ich werde den Deutschen wirklich erzählen, was ich weiß. Alles werde ich ihnen erzählen, alles!« Ihre Stimme wurde fast zärtlich. »Ich muß dir damit drohen, damit du begreifst, welchen Irrtum du begehst. Es ist wirklich schrecklich mit dir, Tonio, Schatz! Manchmal denke ich, du bist ein dummer kleiner Junge, der nie erwachsen wird.«

»Und warum«, fragte er erbittert, »drohst du mir dann? Warum verfolgst du mich? Warum läßt du mich nicht in Frieden, wenn ich so klein und dumm und schwächlich bin?«

»Weil du so gut im Bett bist«, erwiderte Sibylle.

Tonio Trenti nahm die Hand Petras. »Komm«, sagte er. Petra stand auf. Sie gingen beide über die Dachterrasse zum Ausgang.

»Bleib«, sagte Sibylle leise. Sie saß reglos und sah ins Leere und sagte: »Bleib, Tonio, bleib da. Geh nicht fort. Bitte, bitte, bitte.« Aber er hörte sie nicht mehr. Hand in Hand mit Petra Wend trat er soeben auf die Spanische Treppe hinaus, die im letzten Nachmittagssonnenschein lag.

Viktoria Brunswick, die ich zwölf Jahre später als Sibylle Loredo lieben sollte, saß vor ihrem fragilen Teetisch und blickte ins Leere und sah aus, als wäre sie vor einer Stunde gestorben.

Der deutsche Sicherheitsdienst verhaftete den Legationsrat Tonio Trenti noch am gleichen Abend, gegen zwanzig Uhr. Trenti befand sich in der Garage seines Hauses, er war eben im Begriff, die Stadt zu verlassen. Er schoß auf einen der beiden Beamten, verfehlte ihn jedoch und wurde von dem anderen niedergeschlagen.

Man brachte ihn sofort ins Hotel *Miverna,* dem Sitz der Gestapo-Leitstelle Rom. Ebenfalls um zwanzig Uhr wurden Trentis Freunde verhaftet.

Sibylle war am nächsten Morgen verschwunden. Der Diener Angelo teilte mit: »Die Signora ist für einige Zeit verreist. Ich bin nicht in der Lage zu sagen, wann sie wieder in Rom sein wird.«

In der Tat kehrte Sibylle überhaupt nicht mehr nach Rom zurück. Sie blieb verschwunden. Einen Monat nach ihrer Abreise übernahm das deutsche Konsulat die Villa an der Spanischen Treppe, und ein gewisser Freiherr von Weidebreck zog in sie ein. Er war ein alter Herr, den ein schweres Herzasthma plagte.

Tonio Trenti und seine Freunde wurden nach Berlin gebracht. Petra Wend hörte nichts mehr von ihnen. Alle Versuche, mit ihrem Geliebten in Verbindung zu treten, scheiterten.

In dieser Zeit begegnete sie bei ihren verzweifelten Bemühungen, etwas zur Rettung Tonio Trentis zu unternehmen, auch seinem Vater, Emilio Trenti. Dieser fuhr nach Berlin und drang bis zu Ribbentrop vor. Es war vergeblich. Tonio Trenti und seine Freunde wurden am 28. Mai 1944, in der Zeit zwischen sieben und acht Uhr dreißig morgens, im Hof des Zuchthauses Moabit durch den Strang hingerichtet. Der Vater Tonios erlitt einen schweren Nervenzusammenbruch. Fiebernd und phantasierend wurde er in einem Krankenwagen nach Rom zurückgebracht. Petra Wend pflegte ihn.

Am 5. Juni 1944 erreichte den Vater ein Brief aus Berlin, in dem ihm mitgeteilt wurde, er könne, falls er es wünschte, die Urne mit der Asche seines Sohnes erhalten. Für Versand und sonstige Spesen wären in diesem Falle fünftausend Lire per Nachnahme zu entrichten.

Im Auftrag des Vaters schrieb daraufhin Petra nach Berlin und bat um Übersendung der Urne. Diese kam jedoch nicht. Am 6. Juli 1944 schrieb Petra einen zweiten Brief nach Berlin, in dem sie die Urne anmahnte. Gleichfalls am 6. Juli — Petra hatte den Brief eben zu Post gebracht — traf die Urne dann ein.

Emilio Trenti und Petra Wend hielten die Angelegenheit für abgeschlossen. Aber sie irrten sich. Denn auf Petras Mahnschreiben hin schickte man ihr am 14. Juli eine weitere Urne voll irgendwelcher Asche. Es schien, daß den Deutschen bei dem enormen Versand von Urnen gelegentlich kleine Irrtümer unterliefen. Im übrigen war auch die zweite Urne mit einer Nachnahme von fünftausend Lire belastet. Soweit herrschte immer noch Ordnung im Deutschen Reich.

## 15

»Wir haben ein zweites Mal fünftausend Lire bezahlt und beide Urnen weggeworfen«, sagte Petra Wend. Sie saß noch immer auf ihrem Bett, aber jetzt weinte sie nicht mehr. Ihre Augen waren gerötet. Sie sagte: »Es ist furchtbar für Sie, Herr Holland, ich kann es mir vorstellen.«

Im Augenblick war ich überhaupt noch nicht in der Lage, in mein Bewußtsein aufzunehmen, was sie mir erzählt hatte. Als ich in dem Wald bei Köln auf die Tellermine trat, spürte ich zunächst gar keinen Schmerz. Der Schmerz und die Erkenntnis, daß mir ein Bein fehlte, kamen erst Stunden später. Zunächst war ich völlig empfindungslos gewesen.

Ich trank meinen Whisky aus und fragte: »Sie haben nie wieder etwas von Sibylle gehört?«

»Nie wieder.«

»Sie blieben in Rom?«

»Nein, Herr Holland. Meine italienischen Freunde warnten mich. Sie teilten mir mit, daß meine Zurückberufung nach Berlin bevorstand. Sie befürchteten, daß man auch mich bestrafen würde.«

»Und was taten Sie?«

»Der Kulturattaché aus Berlin hatte Freunde in Wien, ein Ehepaar. Der Mann war Chemiker. Er hatte ein Haus vor der Stadt, in den Weinbergen. Er und seine Frau versteckten mich dort bis zum Kriegsende. Eine Zeitlang sah es so aus, als würden die Österreicher mich ausweisen, weil ich beschäftigungslos war, aber dann fand ich Arbeit beim Film und blieb in Wien.«

»Haben Sie nie eine Anzeige gegen Sibylle erstattet?«

»Doch. Bereits im April neunzehnfünfundvierzig.«

»Und?«

»Ich wurde durch Jahre hindurch immer wieder vorgeladen, um zusätzliche Informationen zu geben. Im Auftrag der Münchner Staatsanwaltschaft verhörte mich auch ein Wiener Untersuchungsrichter.«

»Wieso der Münchner Staatsanwaltschaft?«

»Ihre Freundin stammte aus München, Herr Holland.«

Ich dachte sachlich: Natürlich, deshalb ist sie nach Berlin gegangen, als sie falsche Papiere auf den Namen Loredo bekam. Ich wäre auch nicht in München geblieben. Keinesfalls. Das wäre viel zu riskant gewesen.

»Was erreichten die Gerichte?«

»Sie fanden eine Eintragung in der Sterbematrikel des Bezirksamtes München-West. Danach war eine Viktoria Brunswick am elften August neunzehnvierundvierzig auf der Straße einem Herzschlag erlegen.«

»Sie glauben, daß diese Eintragung gefälscht war?«

»Ich bin davon überzeugt.« Jetzt trat wieder der Ausdruck von furchtbarer Angst in ihre Augen. So hatte sie in der Akazienallee ausgesehen. »Viktoria bekam falsche Papiere und ging nach Berlin und lebte dort in Frieden, zehn Jahre lang, bis Tonios Vater sie sah!«

Ich nickte. Es klang vernünftig, was sie da sagte.

Furchtbar, aber nicht unvernünftig. Es konnte wirklich so gewesen sein. »Dann täuschte sie eine Entführung vor, folgte ihm nach Salzburg und erschoß ihn. Und nun, und nun —« Petra brach ab und starrte mich an. »Was geschieht nun?« flüsterte sie. »Sie ist in der Stadt, sie ist in der Nähe, ich fühle es! Ich fürchte mich so, Herr Holland! Sagen Sie mir, was ich tun soll! Zur Polizei gehen und alles erzählen? Oder schweigen? Sagen Sie es mir doch!«

Ich stand auf: »Ich weiß es noch nicht, Frau Wend —«

»Lassen Sie mich nicht allein!« Sie erhob sich schnell und legte die Arme um mich, aber es war reine Angst, keine Zärtlichkeit.

Ich nahm ihre Arme von meiner Schulter. »Gute Nacht, Frau Wend. Sperren Sie Ihr Zimmer ab und nehmen Sie ein Schlafmittel.« Sie ließ sich wieder aufs Bett fallen. »Morgen werden wir weiter sehen«, sagte ich bei der Tür. Ich drehte mich noch einmal um. Sie saß da und murmelte vor sich hin und bewegte sinnlos die Hände.

Ich holte meinen Mantel und fuhr mit dem Lift in die Halle hinunter. Sie war zu dieser Zeit — nach zweiundzwanzig Uhr — ganz leer. Nur der Nachtportier war zu sehen. Er stand hinter der Rezeption und sortierte Post. »Gehen Sie noch einmal fort, Herr Holland?«

»Ja.«

»Fahren Sie vorsichtig, es ist sehr nebelig geworden.«

»Ich gehe zu Fuß«, sagte ich.

Es war wirklich sehr nebelig, man sah keine zehn Schritte weit. Der Nebel war dick und bernsteinfarben und roch nach Rauch. Ich ging durch die dunkle Unterführung bis zum Bahnhof und dann in der Richtung zum Fluß. Ich dachte an Sibylle. Es war natürlich vollkommen unmöglich, daß die Frau, die ich liebte, und die Frau, die Petra Wend schilderte, ein und dieselbe Person waren. Das gab es nicht. Dazu besaß ich selber zuviel Menschenkenntnis. Ich wußte, wen ich liebte. Ich kannte Sibylle.

Ein furchtbares Mißverständnis, das mußte es sein. Eine Verwechslung aufgrund einer Ähnlichkeit. Sonst nichts. Es konnte nicht anders sein.

»Bitte, wissen Sie vielleicht, wo das Hotel *Zum Goldenen Hirschen* liegt?« Er war klein und verloren. Er stand an einer schlecht beleuchteten Kreuzung und schwankte. Ich roch den Schnaps. Er war sehr betrunken und sprach mit einem Schweizer Akzent.

»Kommen Sie mit mir«, sagte ich.

»Wohnen Sie denn auch im *Goldenen Hirschen?*«

»Nein, aber ich bringe Sie hin.«

»Das kann ich nicht verlangen!«

»Kommen Sie schon. Ich mache einen Spaziergang.«

Er ging mühsam. Von Zeit zu Zeit stolperte er. Der Nebel war schlecht für ihn. Er hustete schwer.

»Verdammte Stadt«, sagte er erbittert. »Keine Polizisten, keine Taxis. Verdammte Stadt!«

Vielleicht war das Ganze auch ein Alptraum gewesen. Ich träumte alles nur. Oder Petra Wend war verrückt.

Sibylle. Sibylle. Sibylle!

»Im Sommer soll es hier ja sehr schön sein«, sagte der Kleine. »Mozart und so. Ich liebe Mozart. Sie auch?«

»Was?«

»Lieben Sie auch Mozart?«

»Nein!« Es tat mir schon leid, daß ich ihn mitgenommen hatte.

Er sagte: »Übrigens,Wälterli, mein Name.«

»Holland.«

»Sehr angenehm, Herr Holland. Sie brauchen nicht zufällig eine Kirche?«

»Eine was?«

»Eine Kirche. Um zu beten. Ich habe eine Kirche zuviel, ich würde sie billig abgeben. Zum Selbstkostenpreis.«

»Was ist das für ein Unsinn?«

Wir kamen jetzt am Theater vorbei. Bisher war uns noch kein Mensch begegnet. Alle Fenster waren dunkel, und unsere Schritte hallten laut.

»Das ist kein Unsinn«, erwiderte er traurig. »Ich baue Kirchen. Mein Leben lang habe ich Kirchen gebaut. Wälterli-Kirchen — der Name ist Ihnen kein Begriff?«

»Nein.«

»Hm.« Er überlegte. Dann teilte er mit: »Ich bin ein wenig betrunken.«

»Wirklich?« Mein Bein tat mir wieder weh.

»Ja. Hatte am Bahnhof zu tun und blieb in einer Bar hängen. Casanova. Nettes Lokal. Hübsche Mädchen. Mit Ziehharmonikas.«

Er sagte in dem Bemühen aller Betrunkenen, besonders deutlich zu akzentuieren: »Die Mädchen hatten Ziehharmonikas umgehängt und spielten Heimatlieder. Es war sehr gemütlich.« Übergangslos fügte er hinzu: »Es ist schrecklich mit meiner Kirche.«

Ich dachte: Und wenn Petra Emilio Trenti ermordet hat? Wenn sie mich wirklich belügt?

Indessen sagte der Kirchenbauer: »*Pre-fabricated.* Wissen Sie, was das ist: *pre-fabricated?*«

»Was ist das?«

»So bauen wir heute. Amerikanisches System. Früher wäre mir so etwas auch nicht passiert, Herr Holland«, sagte er und hängte sich zaghaft bei mir ein. »Stellen Sie sich das vor: Die Schweizer Regierung gibt mir einen Großauftrag, sechsundvierzig Kirchen für zurückgebliebene Bergdörfer. Keine großen Kirchen, nur solche für achtzig Besucher, aber immerhin, ein Riesengeschäft, Sie können es sich vorstellen!«

»Sie haben sechsundvierzig Kirchen gebaut?«

»Ja. Alle *pre-fabricated.* Die Türen, die Wände, die Bänke, das Kreuz vom Turm, der Altar — wurde alles in meiner Fabrik erzeugt! Die Kanzel. Der Heiland. Der

Beichtstuhl. Alles bis zum letzten Nagel. Aber in Einzelteilen, verstehen Sie? Numeriert. Und mit einer Gebrauchsanleitung zum Zusammensetzen. Jedes Kind kann meine Kirchen zusammensetzen! Zuletzt wurde jede Kirche einzeln verpackt und mit der Bahn verschickt. Und was soll ich Ihnen sagen, Herr Holland, wie wir die Kirchen verschickt haben, da stellen wir fest, daß wir aus Versehen nicht sechsundvierzig, sondern siebenundvierzig Stück erzeugten! Wie finden Sie denn so etwas?«

»Das muß sehr unangenehm gewesen sein«, sagte ich.

»Unangenehm!« Er sah nach oben, in den Nebel hinein. »Ich bin fast ohnmächtig geworden. Sie müssen sich das vorstellen: eine ganze komplette Kirche bleibt mir übrig! Liegt mir herum, verstellt mein Lager. Und keiner will sie haben. Glauben Sie, ich bringe die Kirche an?«

»Ich fühle mit Ihnen, Herr Wälterli«, sagte ich. Wir gingen nun am Café Bazar vorbei. Hier hatte ich oft im Freien gesessen. Jetzt war das Café geschlossen. Der kleine Garten sah schmutzig aus. Die Brücke über die Salzach tauchte aus dem Dunst.

»Es gibt nichts, was schwerer anzubringen ist als so eine Kirche. Man kann sie nicht einmal wegschmeißen, dazu ist sie zu groß. Es gibt zu viele Teile. *Pre-fabricated.* So etwas hat man notwendig. Mein Vater hätte mir die Hosen stramm gezogen, wenn ich ihm mit diesem modernen Unfug gekommen wäre. Aber ich, nein, ich muß ja alles ausprobieren. Nun habe ich den Salat.« Er sah sich um. »Ich glaube, jetzt kenne ich mich wieder aus!«

»Gehen Sie durch das Tor und dann nach rechts. Sie können sich nicht mehr verlaufen.«

Wir waren auf der Brücke stehengeblieben. Unter uns rauschte das schwarze Wasser. Ab und zu trieb eine Eisscholle vorbei. Herr Wälterli gab mir die Hand und bedankte sich für meine Lotsendienste. Dann schwankte er in den Nebel hinein. Ich hörte, wie er mit sich selber sprach. »*Pre-fabricated*«, sagte er ärgerlich. »Das habe ich notwendig gehabt . . .« Seine Stimme verlor sich.

Es wurde ganz still, so still, als wäre ich allein auf der Welt. Ich stützte die Ellbogen auf das nasse Brückengeländer und sah in die Tiefe. In meinem Kopf drehte sich alles. Dieser Kirchenbauer war zuviel für mich gewesen. Ich kam mir vor, als wäre ich selbst betrunken. Es war mir unmöglich, auch nur noch einen einzigen klaren Gedanken zu fassen. Das Wasser gurgelte und stöhnte an den Brückenpfeilern. Aus der Stille klangen Schritte auf, wurden lauter, kamen näher. Ich rührte mich nicht. Die Schritte hielten an, dicht neben mir. Es waren die Schritte einer Frau. Ich drehte mich langsam um. Sie stand vor mir, ich konnte sie mit der Hand berühren, wenn ich wollte. Es war kein Traum, keine Phantasie, kein Wahnsinn. Sie stand da und lebte und atmete, und ihre Katzenaugen glänzten, und ihr Gesicht war weiß wie Schnee, und ihr roter Mund stand offen.

»Guten Abend«, sagte Sibylle Loredo.

Sie trug ihren Persianermantel, schwarze Pelzstiefelchen und ein dunkles Tuch über dem Haar. Sie trat zu mir und preßte ihre Lippen auf die meinen. Ihr Mund war eiskalt, die Zunge stieß an meine Zähne. Ich schob Sibylle fort und sagte: »Was hast du getan?«

»Weißt du es denn noch nicht?« fragte sie, und ihre Stimme war dunkel und heiser wie früher. »Hat Petra Wend es dir denn nicht erzählt?«

»Sie hat mir vieles erzählt«, sagte ich und bemühte mich angestrengt darum, genug Luft zum Atmen zu bekommen. Es war plötzlich sehr schwierig, genug Luft zu bekommen. »Du hast Emilio Trenti erschossen.«

»Ja«, sagte sie. In der Tiefe stieß eine Scholle gegen den stählernen Brückenpfeiler. Es klang hart und eisig, aber der Nebel erstickte das Geräusch sofort wieder, es gab keinen Hall. »Ich verlor einen Ohrclip in der Wohnung.

Du warst doch vor der Polizei im Haus. Hast du ihn vielleicht gefunden?«

»Ja, Sibylle«, sagte ich folgsam. »Er war in einen Sessel geglitten.«

»Hast du ihn bei dir?«

»Ja.«

»Gib ihn her.«

Ich holte das Schmuckstück aus meiner Jackentasche und gab es ihr. Sie steckte es ein und sagte: »Danke.« Dann nahm sie mich an der Hand. Die ihre war kalt wie Eis, ohne Leben. »Komm jetzt.«

»Wohin?«

»Fort von hier. Man darf uns nicht sehen.« Sie zog mich in den Nebel hinein, und ich folgte ihr wie in einen schweren, wüsten Traum, aus dem es kein Erwachen mehr gab.

## 16

Am anderen Brückenende führte eine betonierte Treppe zum Wasser hinab. Die Stufen waren glatt, und ich hielt mich an dem eisigen Geländer fest, während ich Sibylle folgte. Sie ging schnell. Auf halber Höhe der Treppe erblickte ich zwei schwarze, in die Kaimauer gehauene Öffnungen, die aussahen wie Bunkereingänge. Sie führten zu Toiletten. An der Steinwand zwischen ihnen stand in großen hingeschmierten Buchstaben AMI GO HOME! Wir erreichten das Ende der Stiege und traten auf den schmalen Uferstreifen. Er lag etwa zehn Meter unter dem Niveau der Straße, die den Fluß entlang lief, und war sehr uneben. Konservendosen und Abfallhaufen ragten aus dem Schnee.

»Komm weiter«, sagte Sibylle. Sie zog mich unter die Brücke. Neben einem schwarzen Pfeiler blieb sie stehen. Ihr Atem ging unruhig, ihre Augen waren weit geöffnet, und ihr Gesicht war sehr heiß. Monoton stießen Eisschollen gegen das Ufer, gegen die Pfeiler, gegeneinander. Das Wasser rauschte hier sehr laut, und der Nebel hüllte uns ein. Ich sah nur noch Sibylle, sonst nichts. Ich wollte nahe an sie herantreten und glitt auf einem Blechdeckel aus. Sie hielt mich fest. Ihr Atem streifte dabei meine Wange.

Sie flüsterte: »Küß mich!«

Ich schüttelte den Kopf.

»Ich liebe dich«, sagte sie.

»Du hast zwei Menschen getötet.«

»Du bist alles, was ich habe. Ich habe nur dich auf der Welt. Verzeih mir.«

»Du mußt verrückt sein«, sagte ich. »Wie kann ich dir etwas verzeihen? Du hast getötet, Sibylle. Du bist eine Mörderin.«

»Ich liebe dich«, wiederholte sie mit der Hartnäckigkeit eines Kindes.

Ich setzte mich auf den riesigen Betonklotz am Fuß des Pfeilers, und sie setzte sich stumm neben mich. Wir sahen einander nicht an. Wir sahen auf den Schnee und den Schmutz unter der Brücke, und die Schollen klirrten und scharrten, und das Wasser rauschte.

»Trenti erkannte dich in der Konditorei Wagenseil, nicht wahr?« fragte ich zuletzt mühsam.

Sie nickte. Sie sah klein und schmal aus wie ein Kind, die Frau neben mir. Diese Frau, die ich liebte. Diese Frau, die schuld am Tod von zwei Menschen war . . .

»Hast du eine Zigarette?«

»Du mußt jetzt nicht rauchen«, sagte ich.

»Doch, ich muß! Bitte. Mein Herz . . .«

Sie hatte ein schwaches Herz. Sie war eine Mörderin mit einem schwachen Herzen. Ich gab ihr eine Zigarette. Im Licht der Streichholzflamme sah ich ihr Gesicht. Ein irrsinniges Verlangen, sie zu küssen, überkam mich. Ich warf das Streichholz schnell fort. Es fiel in den schmutzigen Schnee und verlosch. Sibylle rauchte hastig. Sie sagte stockend: »Ich mußte fort, bevor er mich fand. Ich täuschte eine Entführung vor. Noch am gleichen Tag flog ich nach München.«

»Wieso stand dein Name dann nicht in den Buchungslisten?«

»Ich gab einen falschen Namen an. Innerhalb Deutschlands verlangen sie keine Dokumente.« Die Zigarette glühte auf. Sibylle blies den Rauch durch die Nase. »Am nächsten Tag las ich in der Zeitung, daß die Polizei an eine Entführung glaubte. Ich mußte Deutschland so schnell wie möglich verlassen.«

»Warum?«

»Sie suchten mich jetzt. Ein Fahndungsblatt braucht nur eine gewisse Zeit zu seiner Verbreitung.«

Das leuchtete mir ein.

»Ich hatte Glück.« (Glück, sagte sie!) »Ich wies an der Grenze meinen Paß vor und bekam ihn anstandslos zurück. Dann war ich in Salzburg. Von hier aus rief ich den alten Trenti in Berlin an. Als er meine Stimme hörte, konnte er zuerst überhaupt nicht antworten. Da begriff ich: er hatte Angst, furchtbare Angst! Solche Angst, daß er noch nicht zur Polizei gegangen war!«

»Wovor hatte er Angst?«

»Vor mir, Paul, vor mir!« Sie lachte. Es klang gespenstisch. »Er hatte Angst, ich würde ihn töten!«

»Wie du seinen Sohn getötet hast.«

»Das war im Krieg«, sagte sie. »Und außerdem habe ich ihn nicht getötet.«

»Du hast ihn bei den Deutschen angezeigt.«

»Ich wußte nicht, daß sie ihn töten würden.«

»Doch«, sagte ich. »Das wußtest du.«

»Nein.«

»Lüg nicht.«

Sie sagte heiser: »Ich will nicht lügen. Ich habe es gewußt.«

Das Eis auf dem schwarzen Wasser kratzte und pochte und schlug ans Ufer. Ein Auto fuhr über die Brücke.

Sibylle sagte: »Ich liebe dich!«

## 17

Im Krieg warf ich einmal eine Handgranate in den Graben gegenüber. Es waren fünf Männer in ihm. Später, als wir den Graben erreichten, sah ich, daß sie alle tot waren. Es waren auch noch ein paar andere Handgranaten in den Graben geflogen. Vielleicht hatten die anderen Handgranaten die fünf Russen getötet. Aber vielleicht auch die meine. Es war nicht mehr festzustellen. Für die Eroberung des Grabens erhielt ich später eine Auszeichnung, ein Stück Metall an einem Band und eine Urkunde. Ich erhielt sie für die Ermordung von fünf Männern. Dabei hatte ich die fünf Männer gar nicht gekannt.

Ich dachte: Sibylle hat keinen Orden für die Ermordung von Tonio Trenti erhalten. Obwohl ihr Mord doch eigentlich viel sinnvoller gewesen ist als der meine. Sie hat Tonio Trenti gekannt. Er ist ihr Geliebter gewesen, und er hat sie betrogen. Sie hat mehr Grund zum Mord gehabt als ich.

Ich dachte: Vielleicht machte es aber die Quantität. Wenn Sibylle nicht nur einen, sondern fünf Männer ermordet hätte, hätte man ihr auch einen Orden gegeben. Man darf keinen Grund haben, wenn man tötet. Dann kann einem nichts geschehen. Nur ein Motiv ist gefährlich. Ich habe kein Motiv gehabt. Mir ist auch nichts geschehen.

Ich dachte: Bei Vater Trenti ist es dasselbe. Auch bei ihm hat Sibylle ein Motiv gehabt, als sie ihn tötete. Das war verhängnisvoll. Aber welcher anständige Mensch mordet schon ohne Motiv?

Ich dachte: Ich liebe Sibylle. Warum muß ich sie jetzt verlieren? Ich glaubte schon, sie verloren zu haben, und jetzt sitzt sie wieder neben mir, und lebt und atmet. Aber man sucht sie. Man wird sie finden und zur Rechenschaft ziehen. Warum geschieht das alles? Wir waren so glücklich. Wir wären weiter glücklich gewesen. Immer weiter so glücklich. Warum suchte man nun sie und nicht mich? Warum gab man nicht Sibylle ein Eisernes Kreuz und sperrte mich ein? Ich hatte fünf Menschen getötet. Sibylle nur zwei.

»Ich liebe dich«, sagte Sibylle.

Ich dachte: Ich muß zu einem Ende kommen. Ich muß Sibylle anzeigen. Alles andere ist Unsinn.

»Erzähle weiter!«

Sie sagte: »Emilio Trenti hielt nichts von der Polizei. Außerdem glaubte er nicht, daß die Polizei mich finden würde.«

»Weiter!« Ich begann zu frieren.

»Ich sagte, er solle sofort nach Salzburg kommen. Ich wäre nicht schuld am Tod seines Sohnes. In Salzburg würde ich ihm sagen, wer schuld daran war.«

»Und das glaubte er?«

»Er war ein alter Mann, Paul. Und er hatte Angst.«

»Trotzdem!«

»Wenn man Angst hat, kann man nicht klar denken. Er sagte, er würde sofort kommen und mich in Salzburg treffen. Ich sollte in das Haus in der Akazienallee kommen. Um sechzehn Uhr.«

»Um sechzehn Uhr hatte er auch mich bestellt.«

»So etwas dachte ich mir«, sagte Sibylle. »Ich dachte, daß es vielleicht nur eine Falle war. Ich kam deshalb schon um fünfzehn Uhr. Er führte mich in die Bibliothek des Hauses. Ich entschuldigte mich dafür, daß ich eine

Stunde zu früh gekommen war, und erschoß ihn, als er den Telefonhörer aufhob.«

»Wen wollte er anrufen?«

»Die Polizei. Es war ihm auf einmal zu unheimlich mit mir. Er war gleich tot. Eine halbe Stunde später kam Petra. Und dann kamst du.«

»Du hast uns gesehen?«

»Natürlich«, sagte sie. »Ich stand im Garten, hinter dem Glashaus. Ich sah euch beide. Ich sah, wie du Petra schlugst. Dann ging ich fort.«

»Wohin?«

»In mein Hotel.«

»Du wohnst hier in einem Hotel?«

»Ich muß doch irgendwo wohnen. Ich wohne im Hotel *Excelsior*.«

»Unter welchem Namen?«

»Unter dem Namen Sibylle Loredo.« Sie sagte leise: »Das ist kein schlechter Name, solange man glaubt, daß Sibylle Loredo nach Ostberlin verschleppt wurde. Solange man nicht weiß, daß Sibylle Loredo ein falscher Name ist.«

»Aber wie lange wird es dauern, bis man es weiß?«

»Ja«, sagte sie, »wie lange wohl?«

»Ich habe Petra Wend ein Bild von dir gezeigt. Sie hat dich erkannt.«

»Und sie ist zur Polizei gelaufen?«

»Noch nicht.«

»Warum nicht?«

»Sie hat auch Angst.«

»Hat sie dich um Rat gefragt?«

»Ja.«

»Und?«

»Ich habe gesagt, ich müßte mir alles überlegen. Wie hast du mich gefunden, Sibylle?«

»Ich rief alle Hotels in Salzburg an und fragte nach

dir. Im Hotel *Pitter* war dein Name bekannt. Da ging ich zum Hotel *Pitter* und wartete. Als du auf die Straße kamst, ging ich dir nach — dir und deinem seltsamen Begleiter.«

»Ein Kirchenbauer«, murmelte ich.

Sie sagte: »Was immer mit mir geschieht — es hängt von dir ab. Ich bin in diesem kleinen Land gefangen. Ich kann nicht mehr über die Grenze. Wenn du mich anzeigst, wird man mich verhaften.«

»Vielleicht zeigt Petra Wend dich an«, sagte ich.

»Sie weiß nicht, wo ich wohne.«

»Das ließe sich schnell feststellen.«

»Gewiß«, sagte sie.

Ich dachte: Das darfst du nicht tun, Sibylle. Warum läufst du nicht fort? Warum fliehst du nicht? Warum bist du mir nachgegangen?

»Warum bist du mir nachgegangen?« fragte ich laut. »Warum hast du mich hierher geführt? Warum hast du mich nicht für immer in Frieden gelassen?«

Sie erwiderte leise: »Weil ich Hilfe brauche. Und weil ich dich liebe.«

»Nicht weil du mich liebst«, sagte ich, »sondern nur, weil du Hilfe brauchst.«

»Weil ich dich liebe«, antwortete sie. »Wenn ich dich nicht liebte, wäre ich nicht hier. Dann wäre ich weit, weit fort von hier, so weit fort, daß sie mich nicht mehr fassen könnten. Ich bin nur hiergeblieben, weil ich hoffte, dich wiederzufinden.«

Sie war nur hier unter diesem Brückenbogen, in dieser Kälte, in diesem Schmutz, weil sie mich liebte. Sonst wäre sie in Sicherheit gewesen. Ich war der Grund ihrer Unsicherheit. Ich dachte: Wenn man sie findet und verurteilt, werde zuletzt ich schuld daran sein. Ich und ihre Liebe zu mir. Die fünf Russen in dem schmalen Graben bei Charkow hatten mich seelisch weit weniger belastet.

Sie hatten mich auch nicht geliebt. Ich war ihnen so gleichgültig gewesen wie sie mir. Es schien mir in meiner Verwirrtheit plötzlich, als ob Liebe etwas Furchtbares, Mörderisches und Teuflisches war, etwas wie Aussatz, Atomstaub und Fäulnis. Einer belastet den anderen mit seiner Liebe, ohne Ende, ohne Erbarmen.

Ich liebe dich . . . ich liebe dich . . . ich liebe dich.

Das war das Alibi, die Rechtfertigung für alles.

»Ich liebe dich«, sagte Sibylle Loredo.

## 18

Sie hatte es nun einmal zu oft gesagt.

Ich ging von ihr fort zu der Treppe, die zur Brücke emporführte. Sie blieb sitzen und fragte leise: »Wirst du mich anzeigen?«

Ich gab keine Antwort.

»Du kannst es«, sagte sie. »Ich fliehe nicht mehr. Ich verstecke mich nicht mehr. Ich bleibe in meinem Hotel. Du kannst die Polizei rufen und ihr sagen, wo ich bin. Ich werde auf die Polizei warten.« Sie saß auf dem grauen Betonklotz und sprach immer weiter und rührte sich nicht. Ich dachte: Sie ist stärker, und sie weiß, daß sie stärker ist. Sie setzt mich ins Unrecht mit ihrer Liebe. Wenn sie mich jetzt zurückriefe, und ich käme nicht zurück, dann wäre ich stärker, dann hätte sie verloren. Aber sie ruft mich nicht zurück. Sie bleibt sitzen und sieht mir nach und sagt, daß sie nicht mehr fliehen wird. Sie ist stärker. Sie weiß, daß sie stärker ist.

»Zeig mich an«, sagte sie, und ihre Stimme klang im Nebel noch heiserer, noch tiefer. »Vergiß die Adresse nicht. Hotel *Excelsior,* Färbergasse zwölf, Zimmer dreihundertsieben, im dritten Stock.«

Ich hinkte die Stufen zur Brücke hinauf.

»Geh zur Polizeidirektion, Paul. Dort wird Tag und Nacht gearbeitet. Es gibt einen Journalbeamten, dem kannst du alles erzählen.«

Nun kam ich an dem Pissoir für Herren vorbei und las das Wort »AMI —«

Aus der Tiefe sagte sie: »Ich bleibe noch fünfzehn Minuten hier sitzen. Sie können mich abholen. Du kannst mitkommen, Paul, wenn sie mich abholen.«

»— GO HOME«, las ich, während ich an der Damentoilette vorbeihinkte.

»Wenn in einer Viertelstunde niemand kommt«, sagte sie, »werde ich in mein Hotel zurückgehen. Dann kann man mich dort verhaften.«

Die Eisschollen stießen gegen die Brückenpfeiler. Sie schlugen und schabten und kratzten, eisig, metallisch, ohne Hall. Es kamen immer neue Schollen. Der Fluß war voll von ihnen.

## 19

Der dicke, glatzköpfige Nikita Chruschtschow, hatte ich auf meiner Fahrt nach Salzburg in der Zeitung gelesen, war während seiner sehr langen Rede vor dem Kongreß der Kommunistischen Partei in Tränen ausgebrochen und zuletzt in Ohnmacht gefallen. Dreißig Mitglieder des Kongresses, die ihm lauschten, fielen gleichfalls in Ohnmacht und mußten aus dem Saal getragen werden. Es war zuviel für sie gewesen, daß der neue Parteiboß den toten Schustersohn Wissarionowitsch Dschugaschwili, genannt Stalin, in seiner Rede einen Verräter, einen Despoten, ein Ungeheuer und einen Mörder hieß. Auf einem Empfang zu Ehren ausländischer Würdenträger, erklärte Chruschtschow weinend, habe Stalin ihm zugerufen: »Tanze!« Und er, Chruschtschow, habe, um sein Leben bangend, getanzt. Ein Gott hatte versagt.

Es war nicht mehr länger opportun, an Josef Stalin zu glauben, den Vater aller Werktätigen, den Helden des Krieges gegen die Hitler-Faschisten, den ersten und größten Sohn der Sowjetunion. Schulkinder schrieben im Augenblick »spontane« Briefe an Stalins Tochter, in denen sie anfragten, ob diese ihren Herrn Papa nicht zweckmäßigerweise aus dem Lenin-Mausoleum entfernen und privat beisetzen wolle.

Einzelheiten der phantastischen Rede Chruschtschows waren schon an die Weltöffentlichkeit gelangt, als ich in München eintraf. Der Chauffeur, der mich vom Flughafen ins Hotel *Vier Jahreszeiten* brachte, unterhielt sich mit mir darüber. »Es kann sich«, sagte ich mit dem beständigen Minderwertigkeitsgefühl des Europäers, »nur um ein Propagandamanöver handeln, um einen Versuch, alle jene Kreise wiederzugewinnen, die mit den Kommunisten sympathisierten und von den Bolschewisten enttäuscht wurden. Wahrscheinlich ist das Ganze ein genialer Seelenfang aller heimatlosen Linken, aller gefallenen roten Engel.«

Mein Chauffeur war anderer Meinung: »Das kann sein, Herr! Aber wen bekommen die Russen schon damit, wer freut sich schon darüber? Die Intellektuellen! Und mit Intellektuellen läßt sich nichts anfangen. Sie sind feig und charakterlos, und bei der ersten Gelegenheit fallen sie um. Mit Intellektuellen kann man keine Weltrevolution machen!« Es war ein sehr skeptischer Chauffeur. Er fuhr fort: »Sehen Sie, ich hatte einen Freund, der war überzeugter Kommunist. Er kämpfte in Spanien und ließ sich von den Nazis einsperren und hatte sein Leben lang Schwierigkeiten mit den Behörden. Das war kein Intellektueller, das war ein anständiger, mutiger Mensch! Vor einer Woche erzählte er mir, daß er an Stalin so glaubte wie andere Leute an den lieben Gott. Jahrzehntelang hatten sie ihn gelehrt, an Stalin zu glauben.«

»Und jetzt?« fragte ich.

»Jetzt«, sagte mein Chauffeur, »glaubt er an nichts mehr. Gestern hat er sich aufgehängt. Er hat mir noch einen Brief geschrieben, knapp vorher. In dem Brief stand, er müsse sich aufhängen, weil er das nicht aushielt. Man *kann* nicht jahrzehntelang an einen Menschen glauben wie an einen Gott, und auf einmal hören, daß man an einen Mörder, an ein Ungeheuer, an einen Verbrecher geglaubt hat. Er konnte das nicht, schrieb mein Freund. Und darum hängte er sich auf. Sehen Sie«, sagte der Taxichauffeur, »das sind die Leute, die sich über die Rede von diesem Herrn Chruschtschow nicht freuen; das sind die Leute, die der Kommunismus nun verliert. Die Intellektuellen können alle paar Wochen an etwas anderes glauben. Einfache Leute haben es schwerer.« Er schaltete in den zweiten Gang zurück und fuhr langsamer, um ein paar betrunkene Karnevalsteilnehmer über die Straße zu lassen und schloß: »Sie werden sehen, was passiert: in ein paar Jahren wird man in Rußland die Kommunistische Partei verbieten!«

Ich ging durch die leeren Straßen zu meinem Hotel in Salzburg und dachte an Sibylle.

Sibylle hatte zwei Menschen ermordet.

Ich liebte Sibylle.

Sie saß da unten am Wasser und wartete darauf, daß die Polizei kam. Es war unmöglich, sich vorzustellen, daß der Freund des Taxichauffeurs mehr an Stalin geglaubt hatte als ich an Sibylle. Vielleicht hatte er länger an ihn geglaubt, das war möglich. Länger, aber nicht mehr. Man konnte überhaupt nicht mehr oder weniger glauben. Man konnte glauben, das war alles.

Was sollte ich tun!

Sollte auch ich mich erhängen? Oder sollte ich doch zur Polizei gehen? Zum Erhängen fehlte mir der Mut. Und die Polizei —

Ich mußte zur Polizei gehen. Es war meine Pflicht. Zwei Menschen waren ums Leben gekommen, ich kannte den Mörder, er hatte seine Tat selbst zugegeben. Es war meine Pflicht, ihn anzuzeigen. Der Vergleich mit den fünf Russen war falsch, ich hatte ihn nur aus Feigheit gefunden.

Ich ging weiter. Ich war auch zu feige, um Sibylle anzuzeigen. Ich dachte: Ob sie das weiß? Ob sie überhaupt Angst vor mir hat? Oder ob sie meiner vollkommen sicher ist?

»Ich liebe dich«, hatte sie gesagt. Das war der Trick bei der Sache. Damit hatte sie schon gewonnen. Darum hatte sie es immer wieder gesagt. Ich dachte: Aber vielleicht liebt sie mich wirklich?

Ich erreichte mein Hotel. Die Eingangstür war versperrt, ich mußte läuten. Der verschlafene Nachtportier öffnete. »Sie haben aber einen langen Spaziergang gemacht, Herr Holland!« Er sah mich erschrocken an: »Ist Ihnen nicht gut?«

»Nein«, sagte ich. »Haben Sie ein Schlafmittel?«

Er gab mir zwei Pillen. In meinem Zimmer schluckte ich beide. Aber sie wirkten nicht, ich schlief in dieser Nacht nicht eine einzige Minute. Ich lag in meinem Bett und sah in die Dunkelheit und dachte an Sibylle und an den Mann, der sich aufgehängt hatte. Einmal — gegen vier Uhr — läutete das Telefon. Aber als ich abhob, meldete sich niemand, es war nur das Rauschen der offenen Verbindung zu hören. Ich schlug ein paarmal auf die Gabel, dann hörte ich den Nachtportier: »Herr Holland?«

»Bei mir hat das Telefon geläutet.«

»Ja, Sie wurden verlangt!«

»Von wem?«

»Ich weiß nicht, von wem, Herr Holland. Die Dame nannte nicht ihren Namen.«

»Danke«, sagte ich.

Die Dame nannte nicht ihren Namen. Wahrscheinlich hatte die Dame nur herausfinden wollen, ob ich zu Hause war. Als sie das herausgefunden hatte, hatte die Dame die Verbindung unterbrochen. Ich dachte erschrocken: Ich liebe Sibylle ja gar nicht mehr. Ich hasse sie. Es schien, daß der Haß und die Liebe sehr nahe beieinander lebten. Ich dachte: Aber man kann doch nur etwas lieben oder hassen, woran man glaubt. Sogar der Haß setzt den Glauben voraus. Ich dachte entsetzt, daß ich nicht aufgehört hatte, an Sibylle zu glauben.

Ich stand auf und setzte mich ans Fenster. Die Straße war leer, noch brannten die Laternen. Über den Dächern wurde der Himmel langsam grau. Ein Milchwagen ratterte vorbei.

Dann wurde es hell, und ich rasierte mich und verlangte mein Frühstück. Nachdem ich den heißen Kaffee getrunken hatte, fühlte ich mich besser. Ich bestellte ein Taxi. Um halb neun Uhr trat ich auf die sonnige Straße hinaus. Der Chauffeur hielt den Schlag des Wagens auf.

»Zur Polizeidirektion«, sagte ich.

Das Taxi ratterte los. Die Sonne schien auf den schmutzigen Schnee, und ich sah viele Menschen, die zur Arbeit eilten. Es war ein schöner Wintertag mit strahlend blauem Himmel und leichtem Ostwind. Ich fuhr zur Polizeidirektion, um Sibylle Loredo anzuzeigen.

## 20

Der Fehler war gewesen, daß sie immer wieder von ihrer Liebe zu mir gesprochen hatte. Sie liebte mich in Wahrheit gar nicht. Sie hatte mich nie geliebt. Ich liebte sie. Das wußte sie. Und sie glaubte, mit mir tun zu können, was sie wollte.

»Ich liebe dich.«

Und dann tat ich alles.

So einfach war das.

Aber sie irrte sich. Es war nicht so einfach. Man konnte nicht eine Mörderin lieben. Oder jedenfalls konnte man nicht mit einer Mörderin leben. Ich nicht. Vielleicht konnten es andere Menschen, ich konnte es nicht.

Ich dachte, während ich durch das verschneite Salzburg fuhr: Sie hat ihre Chance gehabt. Sie hat eine ganze Nacht Vorsprung. Wenn sie meiner so sicher ist, daß sie in ihrem Hotel bleibt, dann geschieht ihr recht. Vielleicht aber ist sie nachts geflohen, vielleicht vertraut sie doch nicht so ganz auf meine Hörigkeit. Dann hat sie ihre Chance noch immer.

Ich dachte erbittert: Aber sie ist ohne jeden Zweifel im Hotel *Excelsior* geblieben. Dazu habe ich ihr viel zu oft gesagt, daß ich sie liebe.

»Herr!«

»Was ist —?«

Ich schrak auf. Der Wagen stand. Der Chauffeur sah mich mißtrauisch an: »Wir sind da. Ich darf nicht stehenbleiben. Hier ist Parkverbot.« Ich bezahlte ihn. »Soll ich warten?«

»Nein«, sagte ich. »Ich weiß noch nicht, wie lange es dauert.«

Das Gebäude der Polizeidirektion war ein alter Bau mit mächtigen Mauern und einer gewölbten Toreinfahrt. In ihr stand ein Polizist, der eine Hand zur Kappe hob, als ich zu ihm trat.

»Zu Kommissar Enders, bitte.«

»Zweiter Stock, Zimmer hundertvierunddreißig.«

»Danke«, sagte ich.

»Die erste Stiege links!« rief er mir nach, während ich schon in den Hof trat. Es war ein viereckiger Hof mit einem Kastanienbaum, der kahl und schwarz im Schnee stand. An den Mauern lehnten Fahrräder, es überraschte mich, wie viele Fahrräder ich sah. Ich ging über eine enge, ausgetretene Wendeltreppe in den zweiten Stock hinauf. Im Haus roch es nach Lysol. Ich erreichte einen langen, hohen Gang mit vielen Türen. Den Türen gegenüber gab es große Fenster. Auf ihren Brettern saßen wartende Menschen und redeten leise miteinander. Vor Tür 134 wartete niemand.

Ich klopfte. »*Entrez!*« rief die weiche Stimme des Kommissars Enders.

Ich trat ein.

»Verzeihung — ich dachte, Sie wären allein!«

»Kommen Sie nur weiter, Herr Holland«, sagte der gepflegte, sorgfältig gekleidete Polizeibeamte, von mir zu seinem Besuch blickend, der ihm am Schreibtisch gegenübersaß. »Frau Wend hat keine Geheimnisse vor Ihnen!«

## 21

Ich hatte sie ganz vergessen gehabt, die Frau mit dem weißen Haar und den wasserblauen Augen. Da saß sie und sah mir entgegen, übernächtigt, bleich, ungeschminkt. Ich grüßte. Sie senkte den Kopf. Sie trug ein blaues Kostüm und eine weiße Bluse. Der Kommissar trug einen Trachtenanzug in Grau und Grün. Er gab mir die Hand. Dann setzten wir uns beide.

»Wir haben Sie schon gesucht, Herr Holland«, sagte Enders.

»Ja? Wann?« In meinem Kopf drehte sich ein großes Rad. Ich sah zu Petra. Sie sah zur Seite. Ich sah den Kommissar an. Er sah auf seinen Schreibtisch. Sie wichen beide meinen Blicken aus.

»Gestern nacht, gegen elf Uhr, Herr Holland.« Er spielte mit einem Brieföffner und räusperte sich. »Sie waren nicht zu Hause.«

Sibylle, dachte ich. Sei verflucht, Sibylle.

»Ich . . . ich ging noch etwas spazieren.«

»Es war sehr neblig gestern nacht, nicht wahr?«

»Ja, warum?«

»Ich erinnere mich nur gerade daran, Herr Holland.«

Ich dachte: Sie mißtrauen mir, alle beide. Ich dachte: Ich muß sagen, was ich weiß. Ich muß Sibylle anzeigen.

Aber ich schwieg.

»Unser *interrogatoire* hat einige Ergebnisse gebracht«, sagte der Kommissar. »Ich wollte Sie informieren. Wir hatten *succès,* der Wiener Erkennungsdienst arbeitet *excellent.*«

»Was haben Sie herausgefunden?«

»Wir haben in Erfahrung gebracht, Herr Holland — *pardon,* es wird nicht angenehm für Sie sein —, daß Ihre verschwundene Freundin unter dem Namen Viktoria Brunswick gesucht wird.«

Ich schwieg.

»Deshalb bat ich heute morgen Frau Wend zu mir. Sie kennt nämlich Frau Brunswick. Sie hat neunzehnfünfundvierzig eine Anzeige gegen sie erstattet, und zwar —«

»Sie brauchen nicht weiterzureden, Herr Kommissar«, sagte Petra mit bebender Stimme. »Ich habe Herrn Holland schon die ganze Geschichte erzählt.«

*»J'ai compris«,* sagte Enders. Zu mir gewandt, sagte er: »Mir erzählte Frau Wend die ganze Geschichte vor einer halben Stunde.«

Jetzt sah er mich aufmerksam an.

»Machten Sie Ihren Spaziergang im Nebel, bevor oder nachdem Frau Wend Ihnen alles erzählte?«

»Nachdem.« Ich hob den Kopf. »Warum? Glauben Sie, ich stecke mit Frau Loredo unter einer Decke? Glauben Sie, ich traf nachts mit ihr zusammen und verhalf ihr zur Flucht?«

»Wenn Sie mit ihr zusammengetroffen wären, hätten

Sie ihr zur Flucht verholfen?« Er stach mit dem Brieföffner in die Luft und lächelte.

»Was ist das für eine Frage?«

»*Pardon,* Herr Holland. Sie lieben Frau Loredo, nicht wahr?«

»Ja.«

»Es wäre nur selbstverständlich, wenn Sie ihr helfen wollten.«

»Halten Sie sie für eine Mörderin?«

»O gewiß«, sagte er freundlich, »*naturellement,* Herr Holland.«

Ich dachte in plötzlicher Panik: Ich muß Sibylle warnen. Ich muß sie in Sicherheit bringen. Nun gehen die Polizisten von Hotel zu Hotel, nun sucht man Sibylle. Wenn man sie findet, wird man sie verhaften.

Mir wurde auf einmal unerträglich heiß. Ich schloß die Augen und stöhnte.

»Es ist ein großes *malheur* für Sie, Herr Holland«, sagte Enders. »Sie haben meine Sympathie. Gestatten Sie eine Frage?«

»Was für eine Frage, Herr Kommissar?«

»Warum sind Sie zu mir gekommen?«

Es gelang mir, mit normaler Stimme zu erwidern: »Ich wollte mich erkundigen, ob Ihre Untersuchung Fortschritte gemacht hat und ob ich die Stadt verlassen darf?«

Er sah mich merkwürdig an und antwortete: »Wir haben Ihre Quarantäne aufgehoben. Frau Loredo entkommt uns nicht mehr. Sie können abreisen, wann Sie wollen.«

»Danke.«

»Wohin werden Sie fahren, Herr Holland?«

»Das weiß ich noch nicht.«

»Bitte teilen Sie es mir mit, sobald Sie es wissen.«

»Gewiß, Herr Kommissar.«

Sibylle. Sibylle. Sibylle.

Ich bemerkte, daß Petra mich ansah, starr und ernst. Ich sagte: »Was ist los? Warum starren Sie mich an?« (Die Polizisten. Es ging jetzt um Minuten. Ich mußte fort. Aber ich durfte mich nicht verdächtig machen. Ich mußte ganz ruhig wirken. Ruhig und gefaßt.)

Petra erwiderte: »Weil Sie mir leid tun, Herr Holland.«

Ich dachte: Ich tue mir auch leid. Ich war das, was die Amerikaner einen *self-pity-man* nannten. Alle Intellektuellen taten sich leid. Mein Gott hatte versagt, und ich drückte mich vor den Konsequenzen. Der Taxichauffeur in München hatte ganz recht gehabt . . .

»Ich danke für Ihr Mitleid«, sagte ich zu Petra. Es war neun Uhr und fünfundvierzig Minuten. Ich hinkte aus dem Zimmer. Die Treppe hinab hüpfte ich auf einem Bein, um schneller vorwärts zu kommen. Der Polizist beim Torbogen salutierte wieder. Ich ging, so schnell ich konnte, zum Residenzplatz. Beim Eck des Cafés Tomaselli drehte ich mich schnell um, weil ich sehen wollte, ob mir jemand nachkam. Die Straße war so leer wie das Café.

Ein verschlafener Ober schlurfte herbei: »Guten Morgen, der Herr. Sie wünschen?«

»Kaffee«, sagte ich. »Wo ist hier das Telefon?«

Er wies mit der Hand: »Da hinten.«

Ich eilte in die kleine gepolsterte Zelle, schlug das alte, zerblätterte Telefonbuch auf, warf eine Münze in den Apparat und wählte.

»Hotel *Excelsior,* guten Morgen!«

»Bitte, Frau Loredo.«

»Einen Augenblick.«

Dann hörte ich ihre Stimme: »Hallo?«

»Hier ist Paul. Du mußt sofort das Hotel verlassen.«

»Ja, Paul.«

»Sie suchen dich.«

»Ja, Paul.«

»Wir müssen uns sehen.«

»Wo?«

Das hatte ich mir schon überlegt: »Fahr in das Aktualitäten-Kino bei der Brücke. Laß deinen Koffer dort in der Garderobe. Ich sitze in der zwanzigsten Reihe. In einer Viertelstunde. Hast du verstanden?«

»Ja, Paul.«

Ich legte den Hörer nieder und ging an mein Tischchen zurück. Der Kaffee stand schon da. Aber ich verschüttete die halbe Tasse, als ich ihn trinken wollte. Meine Hand zitterte wie in einem Anfall von Schüttelfrost.

## 22

Dann meldete ich beim Buffet ein dringendes Gespräch nach Frankfurt an. Es mußte jetzt alles sehr schnell gehen, ich hatte keine Zeit mehr. Nach drei Minuten meldete sich meine Redaktion. Ich verlangte Kalmar; er war ein Freund. Ich fragte ihn: »Was wissen wir über Kaffeeschmuggel von Salzburg nach Deutschland?«

»Du meinst, was wir nicht veröffentlicht haben?«

»Ja. Über wen haben wir das meiste Material? Wem können wir am meisten schaden?«

Er dachte nach, dann sagte er: »Alice Totenkopf, die sitzt am ärgsten drin.«

»Arbeitet sie noch?«

»Und wie! Was ist los mit dir? Warum brauchst du sie?«

»Ich habe keine Zeit. Gib mir die Adresse.«

»Warte, ich frage im Archiv nach.«

Ich wartete. Nach einer Weile meldete Kalmar sich wieder: »Sie wohnt Burggasse vierundzwanzig. Telefon —«

»Brauche ich nicht. Ich gehe gleich hin, sonst reißt sie mir aus.«

»Was ist geschehen, Paul?«

»Leb wohl«, sagte ich und legte auf. Dann mußte ich noch zwei Minuten warten, bis das Fräulein vom Amt die Gebühren bekanntgab, dann verließ ich das alte Café mit dem seltsamen Balkon über dem Eingang. Ich nahm ein Taxi und fuhr zum Aktualitäten-Kino. Ein paarmal sah ich durch das Rückfenster, aber es folgte mir niemand.

»Warten Sie«, sagte ich zu dem Chauffeur.

Das Kino war zu dieser Tageszeit fast leer. In den ersten Reihen saßen Kinder, welche Schule schwänzten. Ich setzte mich in die zwanzigste Reihe. Sibylle war noch nicht da. Ich sah das Ende der Wochenschau und danach einen amerikanischen Trickfilm mit dem Titel *The Missing Mouse.* Seine Geschichte war ebenso einfach wie überwältigend. Eine arme graue Maus wurde von einem gewalttätigen Riesenkater in furchtbarer Weise drangsaliert. Er jagte sie durchs Haus, drehte sie durch den Fleischwolf, quetschte sie über eine Zitronenpresse und schleuderte sie so unglücklich durch die Luft, daß sie in eine Schüssel mit weißer Farbe viel. Nun war die graue Maus weiß.

Der Kater, der sie für tot hielt, setzte sich zufrieden an einen Radioapparat und lauschte gemütvoller Unterhaltungsmusik. Diese wurde plötzlich von einem Ansager unterbrochen, der bebend vor Angst meldete, aus einem Laboratorium sei eine weiße Maus entwichen. Dieselbe habe genug Sprengstoff geschluckt, um, wenn sie heftig angestoßen würde, eine ganze Stadt in die Luft zu sprengen. Vor der weißen Maus wurde gewarnt.

Nun war die große Stunde der Mißhandelten gekommen. Weißgefärbt trat sie tänzelnd vor den entsetzten Kater, der sie natürlich für die Entwichene hielt. Nun verkehrte die dramaturgische Situation sich um hundertachtzig Grad. Der Kater war um die Maus besorgt wie eine Mutter um ihr Baby. Die Maus vollbrachte eine Tollheit nach der anderen. Sie stürzte sich aus dem Fenster. Unter Verlust seines Schwanzes gelang es dem Kater vor ihr im

Garten zu sein und sie aufzufangen. Die Maus lockerte die Strebe des geöffneten Konzertflügels, um sich den Deckel auf den Kopf fallen zu lassen. Der Kater steckte den eigenen dazwischen, um das zu verhindern. Die Kinder in den ersten Reihen jubelten.

»Paul —«

Sibylle stand am Ende der Reihe.

Ich hob eine Hand. Sie kam und setzte sich. Die Kinder lachten so laut, daß wir ruhig sprechen konnten. Die Maus war in ihrem Übermut in eine Badewanne gefallen, die weiße Farbe verschwand, sie war wieder grau. Mit Ingrimm erkannte der Kater seinen Irrtum. Aber noch immer tanzte die Maus, die sich selbst nicht sehen konnte, vor ihrem Feind auf und nieder. Sie hielt sich für weiß und dadurch geschützt.

»Was ist geschehen?«

Ich erzählte, was geschehen war.

»Wie komme ich aus der Stadt?«

Die Katze gab der entlarvten Maus einen Tritt, daß sie durch vier Hauswände ins Freie flog. In die offene Haustür hingegen trat im gleichen Augenblick die echte weiße Maus. Die Kinder schrien vor Begeisterung in schrillen, hohen Tönen.

»Ich bringe dich über die Grenze.«

Der Kater entdeckte den neuen Besucher. Er hielt ihn für den alten Feind, sprang auf ihn los, schlug mit der Pfote — und flog mitsamt der ganzen Stadt in die Luft. Auf der Leinwand brach Chaos aus.

»Komm«, sagte ich. Wir verließen das Kino, holten den Koffer bei der Garderobe ab und eilten ins Freie.

»Sie gehen schon wieder?« wunderte sich das Fräulein an der Kasse. Ich hatte gehofft, sie würde uns nicht sehen. Ich sagte schnell: »Wir müssen einen Zug erreichen.« Sie sah uns neugierig nach.

»Burgstraße vierundzwanzig!«

Das Taxi fuhr an. Sibylle saß neben mir im Fond. Sie sah unirdisch schön aus an diesem Morgen, so schön wie noch nie. Sie sagte plötzlich: »Danke, Paul.«

Ich gab keine Antwort. Die Sonne blendete, und ich wünschte die Dunkelheit herbei.

Das Haus Burgstraße 24 war alt. Es besaß schwere, feuchte Gewölbe. Auf den krummen Stiegen brannten schwache Glühbirnen, die an Drähten aus den schwammigen Mauern hingen. Es roch nach Kohl und Fett. Die Wasserleitungen befanden sich auf den Gängen, ebenso die Toiletten. Neben den Wohnungstüren lagen die Küchenfenster. In einer Küche stritt ein Mann erbittert mit seiner Frau. Sie rief: »Lüg nicht! Ich habe doch gesehen, wie du das Luder geküßt hast!«

Der Mann antwortete: »Halts Maul, und gib mir endlich mein Geld!«

Alice Totenkopf wohnte im zweiten Stock. Ihr Name stand an der Tür. Darunter stand auf einem weißen Emailschild: *Fuhrwerksunternehmung*. Ich klopfte. Eine schrille Frauenstimme schrie sofort: »Wer ist da?«

Ich machte Sibylle ein Zeichen zu schweigen und antwortete nicht.

Schwer schlurfende Schritte näherten sich. »Können Sie nicht reden? Wer sind Sie?« Die Tür wurde geöffnet. Ich stieß sie ganz auf, schob Sibylle vor mich her und trat in die finstere, schmutzige Küche. Es ging alles sehr schnell.

»Was fällt Ihnen ein?«

Alice Totenkopf war die dickste Frau, die ich in meinem Leben gesehen habe. Sie sah aus wie eine gewaltige Kugel aus Fett. Sie besaß keinen Hals, sondern nur eine ganze Anzahl von ineinandergehenden Kinnwülsten. Ihre Riesenbrüste lagen auf einem hohen Magen, den sie vor sich herschob, gewaltig und rund. Die Finger der Hand, die sie mir entgegenstreckte, sahen aus wie kleine, pralle Würstchen. Sie war etwa sechzig Jahre alt und pfiff beim Reden mühevoll durch die Kehle. Sie hatte Asthma.

»Machen Sie, daß Sie rauskommen«, krächzte sie, »oder ich rufe die Polizei!«

Ich ging mit Sibylles Koffer schon in das Wohnzimmer hinein. Es war mit häßlichen Möbeln der Jahrhundertwende eingerichtet. Ich sah viel Plüsch und gedrechseltes Holz, eine enorme Anrichte und ein Ledersofa, auf dem ein Mops saß, der nun zu winseln begann. Die Totenkopf holte mich ein, riß mich am Arm und schrie: »Zum letztenmal, wer sind Sie?«

»Namen sind uninteressant, Frau Totenkopf. Sie müssen uns helfen.«

»Ruhig, Fifi! Wie soll ich Ihnen helfen?« Der Blick ihrer listigen Augen ging unstet von Sibylle zu mir und zurück zu Sibylle. Sie hatte Angst, das fühlte ich. Wenn sie Angst hatte, war alles gut.

»Wir müssen über die Grenze, Frau Totenkopf. Aber wir haben keine Papiere.«

»Na, und?« Nun, da sie bemerkte, daß wir etwas Ungesetzliches vorhatten, wurde sie ruhiger. Sie ließ sich auf das Sofa fallen. Mechanisch kroch Fifi auf ihren Schoß. Sie saß mit weit geöffneten Beinen da und pfiff: »Warum kommen Sie zu mir?«

»Frau Totenkopf«, sagte ich und trat neben sie, worauf der Mops wieder zu jaulen begann, »ich weiß, daß Ihre Autos Kaffee schmuggeln.«

»Das ist eine Unverschämtheit! Was fällt Ihnen ein?«

»Sie schmuggeln den Kaffee als Transitgut. Im Reichenhaller Zipfel laden Sie ihn um.«

»Lüge! Lüge! Eine gemeine Lüge!«

»Sie sind vorbestraft. Die Polizei weiß allerdings noch nichts von diesem neuen Transittrick.« Ich sagte eindringlich: »Wenn Sie uns nicht helfen, gehe ich zur Polizei und verrate alles.«

Daraufhin schrie die Totenkopf leidenschaftlich: »Sie wollen mich nur bluffen, Sie dreckiger Schnüffler!«

Ich schwieg.

»Ich sage nichts, ich sage überhaupt nichts mehr. Lassen Sie mich mit meinem Anwalt telefonieren!« Sie versuchte sich zu erheben, aber ich stieß sie zurück. Mir fiel noch ein Name ein, den Kalmar genannt hatte. Ich sagte: »Ihr Partner in Traunstein heißt Julius Obermaier.« Sie schwieg jetzt.

»Ich bezahle auch«, sagte ich. »Ich bezahle für uns beide dreitausend Schilling.«

Ich hörte, wie sich Sibylle hinter mir setzte, aber ich wandte mich nicht um. Ich hielt der Totenkopf das Geld hin.

»Werden Sie gesucht?« fragte sie, ohne die Scheine anzurühren.

»Ja.«

»Und wenn man Sie entdeckt?«

»Wenn man uns entdeckt, entdeckt man auch den Kaffee, Frau Totenkopf. Dann ist es ohnehin aus.«

Das leuchtete ihr ein.

»Deshalb bezahle ich auch schon jetzt.«

Sie hatte sich gefaßt. »Fünftausend«, sagte sie. Wir einigten uns auf viertausend Schilling. Danach schleppte sich die Totenkopf zu einem Wandtelefon und wählte.

»Hier ist Alice«, pfiff sie in die Muschel. »Gib mir den Otto — Rede nicht so dumm«, schrie sie plötzlich wild. »Was heißt, noch im Bett? Dann weck ihn auf!«

Ich trat zu Sibylle. Sie saß auf ihrem Koffer, mitten im Zimmer. Sie flüsterte: »Warum muß ich nach Deutschland zurück?«

»Sie suchen dich jetzt in Österreich«, sagte ich leise, während die Totenkopf Otto, den man mittlerweile geweckt hatte, erklärte, daß er noch etwas Fracht laden müsse. »Normalerweise kommst du mit deinem Paß über keine Grenze mehr. Wir müssen neue Papiere besorgen. Das dauert ein paar Tage. Bis dahin darf man dich nicht sehen.«

»Aber —«

»Ich kenne ein Hotel in den Bergen. Dorthin bringe ich dich.«

Die Totenkopf schrie in die Muschel: »Es sind zwei Freunde von mir, ich kann es ihnen nicht abschlagen! Nein, es muß heute noch sein! — Warte, ich frage.« Sie drehte sich zu mir um: »In einer Stunde«, sagte sie.

»Jetzt, am Tag?«

»Wir fahren nur am Tag.«

»Aber in der Nacht geht das Umladen doch viel besser.«

»In der Nacht sind auch mehr Streifen unterwegs. Also was ist, wollen Sie, oder wollen Sie nicht?«

»Sechstausend, wenn Sie nachts fahren!«

»Nein«, sagte sie endgültig. »Am Tag oder überhaupt nicht.«

»Also gut.«

»Meine Freunde sagen, es ist gut. Schick Frankie her, er soll sie abholen. — Wann? — Ja, in einer Viertelstunde.« Sie hängte ein und kam zu uns gewankt. »In fünfzehn Minuten werden Sie abgeholt.«

»Danke.«

»Was . . . was geschieht dann?« fragte Sibylle unsicher.

Die Totenkopf sah sie neugierig an. »Ihr seid mir ein komisches Paar, ihr zwei! Was habt ihr denn ausgefressen?«

»Was glauben Sie denn, was wir ausgefressen haben?«

Sie überlegte ernsthaft. Dabei bekam sie ein weiteres Kinn. »Mit falschen Jetons gespielt?«

»Erraten«, sagte ich.

Sie schüttelte den fetten Schädel: »Kindisch, so etwas! Das muß ja schiefgehen. Selber hergestellt, wie?« Ich nickte. »Aus Kunstharz, was?« Ich nickte wieder. »Verrückt. Habt ihr denn nicht gewußt, daß sie die Jetons von tausend Schilling an numerieren?«

»Wir haben unsere auch numeriert«, sagte ich.

»Idiotisch«, sagte sie. »Ich hätte Sie für intelligenter gehalten!«

Ich zuckte die Achseln. Sibylle fragte schwach: »Was geschieht, wenn wir abgeholt werden?«

Ich sagte: »Ich werde es dir erklären. Bei Salzburg ragt ein Stück deutsches Gebiet weit nach Österreich hinein. Das ist der sogenannte Reichenhaller Zipfel. Es gibt eine Autostraße, die führt auf österreichischem Gebiet um den ganzen Zipfel herum, von Salzburg nach Lofer. Sie ist etwa hundertfünfzig Kilometer lang.«

»Hundertfünfundzwanzig«, pfiff die Totenkopf.

»Hundertfünfundzwanzig«, sagte ich. »Dann gibt es noch eine zweite Straße, die führt quer durch den Zipfel über deutsches Gebiet. Sie ist natürlich viel kürzer. Wie kurz?« fragte ich die Totenkopf.

»Vierzig Kilometer«, sagte sie und setzte sich neben die Anrichte. Auf dieser stand eine monströse Uhr, die einen sinnenden Walther von der Vogelweide trug. Die Uhr wog mindestens zwanzig Kilogramm.

»Diese zweite Straße«, erklärte ich Sibylle, »dient dem Transitverkehr. Lastautos werden in Salzburg von den Zollbeamten plombiert. Ein Beamter telefoniert mit der Station in Lofer am anderen Ende der Straße und nennt die genaue Zeit, wann der Lastwagen in Salzburg abfährt. Man hat ermittelt, wie lange man von Salzburg nach Lofer braucht. Trifft der Lastwagen innerhalb dieser Zeit dort ein, läßt man ihn anstandslos wieder auf österreichisches Gebiet zurück, denn dann kann er unmöglich angehalten und seine Ladung ausgetauscht haben.«

»Aber wie wird dann geschmuggelt?« fragte Sibylle.

»Wollen Sie es erzählen?« fragte ich die Totenkopf.

»Erzählen Sie!« Sie schenkte mir einen bewundernden Blick. »Ich möchte gerne wissen, woher Sie mich so genau kennen.«

»Ich kenne viele Leute«, sagte ich.

Die West-Presse-Agentur hatte meinen Freund Kalmar vor einem halben Jahr einmal in den Reichenhaller Zipfel geschickt. Es ging damals um den Schmuggel von Uranerzen. Bei dieser Gelegenheit hatte Kalmar sich auch für andere Dinge interessiert. Heute war ich ihm sehr dankbar für seine verjährte Neugier.

Ich sagte: »Frau Totenkopf schmuggelt Kaffee. Kaffee ist in Deutschland teurer als in Österreich, also lohnt sich der Schmuggel.«

»Auch nicht mehr so wie früher«, klagte sie.

»Aber doch noch. Frau Totenkopf schickt einen Lastwagen mit Kaffeesäcken los. Als Ladung deklariert sie an der Grenze wahrheitsgetreu Kaffee. Der Wagen wird plombiert. Der Chauffeur fährt über die Transitstraße. Er hat keine Zeit stehenzubleiben und den Kaffee auszuladen. Also taucht neben ihm in einem stillen Waldstück ein zweiter Lastwagen auf. Dieser ist leer. Der Beifahrer des Kaffeelasters reißt die Plombe des Zolls auf und wirft die Kaffeesäcke von seinem Wagen auf den anderen, der mit ihm Seite an Seite fährt. Kommt ein Auto in der Gegenrichtung, dann unterbricht man diese Operation.«

»Sie sind vom Zoll«, sagte die Totenkopf in plötzlicher Panik.

»Nein«, sagt ich. Ich fuhr fort: »Ist der Lastwagen leer, erscheint ein zweites Auto, beladen mit Zementsäcken. Ebenfalls im Fahren werden nun die Zementsäcke umgeladen. Ein paar Kaffeesäcke bleiben zurück. Falls der Zollbeamte in Lofer eine Stichprobe macht, und damit es im Wagen noch nach Kaffee riecht. Das ist alles. Frau Totenkopfs Laster trifft zeitgerecht in Lofer auf österreichischem Boden ein. Nur der Kaffee ist in Deutschland geblieben. Stimmt's, Frau Totenkopf?«

Sie sagte erschüttert: »Und jemand wie Sie läßt sich mit falschen Jetons erwischen!«

## 23

Ich weiß nicht, ob Sie jemals wirklich Kaffee gerochen haben. Nicht Kaffee in den Kannen oder Tassen, sondern Kaffee in Säcken, viele hundert Kilogramm davon. Es ist ein grauenhafter Geruch, schlimmer als irgendein anderer. Der Chauffeur Otto (mit dem Zunamen hieß er Frühbeiß) hatte Sibylle und mir nasse Tücher gegeben, bevor er uns hinter den Säcken auf der Ladefläche des Lasters einschloß. Er riß auch noch ein Stück der Segelleinwand auf, und wir bekamen so ein wenig Fahrtwind, aber trotzdem erstickte uns der bittere, ätzende Bohnengeruch beinahe.

Wir fuhren über die Autobahn zur Grenze. Sibylle sagte kein Wort. Sie saß zusammengekauert neben mir und hielt das nasse Tuch vors Gesicht. Ab und zu bewegte sie sich. Der Chauffeur Frühbeiß hatte uns eingeschärft, möglichst wenig zu atmen. Er war ein kleiner, blasser Kerl, der aussah wie ein Frettchen. Sein Beifahrer hieß Lohschmidt. Lohschmidt war ein rotgesichtiger Riese. Er mußte kräftig sein, denn er transportierte die Säcke . . .

Am schlimmsten war die Zeit, in welcher der Lastwagen vor der Grenzstation parkte. Frühbeiß hatte versprochen, sich so sehr wie möglich zu beeilen, aber es dauerte trotzdem sehr lange. Sibylle begann unruhig zu werden. Sie stöhnte.

»Sei ruhig!« flüsterte ich. Der Geruch war unerträglich, mir stand der Schweiß auf der Stirn. Draußen gingen Zollbeamte um den Laster herum und sprachen mit

Frühbeiß. Sibylles Körper bäumte sich auf. »O Gott!« stöhnte sie. Ich legte ihr eine Hand auf den Mund.

»Machen Sie hinten auf«, sagte eine Stimme.

»Sofort, Herr Inspektor!« Eine Erschütterung ging durch den Wagen, als Frühbeiß die Luke öffnete. Wir saßen hinter den Säcken, uns traf kein Lichtschein. Sibylles Körper zuckte, dann lag er ganz still und sehr schwer auf mir. Sibylle war ohnmächtig geworden.

»Fahren Sie los«, sagte die fremde Stimme. »Es ist jetzt zwölf Uhr vierunddreißig.«

Eine Minute später fuhren wir. Ich preßte meinen Mund an die aufgeschnittene Stelle der Segelleinwand und versuchte zu atmen. Der Fahrtwind traf meine Lippen wie ein Messer. Nachdem ich richtig geatmet hatte, drückte ich mich an die Rückwand der Führerkabine und zog Sibylles Kopf hoch. Ich schob ihr Gesicht gegen den Schlitz in dem schweren Tuch, damit auch sie Luft bekam, während ich wieder meinen nassen Fetzen vor die Nase hielt. Nach einer Weile kam Sibylle zu sich. Ihr Atem ging rasselnd und rasend schnell, ihr Körper bebte, sie atmete um ihr Leben.

Plötzlich hielt der Laster.

Ich hörte, wie der Schlag aufflog, dann hörte ich Schritte, dann eine Stimme. Es war der Beifahrer Lohschmidt: »Wir fangen jetzt mit dem Entladen an! Halten Sie es noch aus?«

»Ja!«, schrie ich.

Der Wagen fuhr wieder los. »Es dauert nicht mehr lange«, flüsterte ich. »Nur noch ein paar Minuten, Sibylle, nur noch ein paar Minuten!«

Sie stöhnte.

»Atme«, sagte ich. »Halte den Mund an den Schlitz und atme! Kannst du atmen? Bekommst du Luft?«

Sie stöhnte wieder. Jetzt hörte ich den Motor eines zweiten Wagens. Er fuhr an unserer Seite.

Eine fremde Stimme schrie: »Los!«

Unsichtbar und durch Kaffeesäcke von uns getrennt, begann Lohschmidt, die Ladung auf den anderen Laster zu werfen. Er arbeitete wie eine Maschine, präzise und mit unerhörter Schnelligkeit. Schon nach ganz kurzer Zeit wurde es lichter. Luft strömte in unseren Verschlag. Sibylle öffnete ihren großen Mund weit und atmete wie eine Ertrinkende. Der Gestank ließ nach. Dann sahen wir Lohschmidt. Er stand aufrecht im fahrenden Wagen und wuchtete einen Sack nach dem anderen auf den zweiten Laster. Da stand er, im Sonnenlicht dieses Wintertages, ein schwitzender, keuchender Gigant aus einer germanischen Heldensage. Wir krochen an ihm vorbei nach hinten. Drei Säcke lagen noch da. Lohschmidt pfiff. Otto Frühbeiß trat auf die Bremse. Der Laster fuhr langsamer.

»Schnell!«, schrie Lohschmidt. »Machen Sie schnell!«

Der Wagen hielt. Lohschmidt schleuderte Sibylles Koffer in den Straßengraben, meine kleine Tasche warf er nach. »Springen Sie!« schrie Lohschmidt Sibylle an. Sie sprang und knickte auf ihren hohen Absätzen um. Sie fiel in den Graben und blieb liegen. Ich drehte mich seitwärts, bis meine Beine über dem Laderaum hingen, und ließ mich fallen. Ich traf mit dem gesunden Bein auf und hatte das Holz des Wagens gerade losgelassen, als Frühbeiß wieder Gas gab. Ich hüpfte zu Sibylle. Sie lag auf dem Rücken und sah mich mit aufgerissenen Augen an. Ihr Mund stand offen, das schwarze Haar lag im weißen Schnee.

Sie streckte mir die Arme entgegen und ich wollte ihr beim Aufstehen helfen, aber ich glitt aus und stürzte auf sie. Wir lagen in dem verschneiten Graben, ihr Gesicht auf dem meinen. Sie küßte mich. Diesmal war ihr Mund heiß und feucht. Ihre Zähne schlugen in meine Lippen. Blut rann über meine Zunge. An uns vorbei tobte ein anderer Lastwagen in Richtung Lofer. Es war der Wagen mit den Zementsäcken, die nun umgeladen werden mußten. Alice Totenkopf hatte ein System von bewundernswerter Perfektion entwickelt.

## 24

Das Taxi kam zehn Minuten später. Den Chauffeur hatte die Totenkopf von Salzburg aus verständigt. Sie hatte ihn für dreizehn Uhr zum Kilometerstein siebzehn der Transitstraße bestellt. Es war dreizehn Uhr fünf, als er aus dem Mercedes kletterte und vor Sibylle die Kappe zog. »Entschuldigen Sie die Verspätung, gnädige Frau!«

Er hielt den Schlag auf, und Sibylle setzte sich in den Fond.

Als ich folgen wollte, streckte er eine Hand aus. »Zweihundert Mark!«

»In Ordnung, ich weiß; Sie bekommen Ihr Geld.«

»Ich muß es gleich haben«, sagte er, nicht unfreundlich. »Es sind zu viele Polizisten in der Gegend. Wenn wir angehalten werden, kommen Sie vielleicht nicht mehr dazu.«

Aber wir wurden nicht angehalten. Wir fuhren über die Autobahn in Richtung München. Der Wagen besaß keine Trennwand zum Fahrer, und so sprach ich nicht mit Sibylle. Sie saß neben mir und sah in den Schnee hinaus und vermied es, mich anzusehen. Hinter Traunstein verschwand die Sonne. Am Chiemsee begann es zu schneien, dicht und schwer. Ein stoßweiser, pfeifender Ostwind wehte. Der Himmel über München war schwarz.

»Kommt Sturm«, sagte der Chauffeur. Sein Wagen schleuderte beständig, er hatte Mühe, ihn auf dem rechten Teil der Bahn zu halten.

Plötzlich fuhr Sibylle auf: »Was ist das?«

»Wo?«

Sie wies nach vorne, auf eine breiige, blutige Masse. Es war ein überfahrenes Tier, Teile seines Körpers bedeckten die Fahrbahn. Auf einem besonders großen Teil saß ein riesiger schwarzer Vogel, der mit dem Schnabel in dem Aas herumhackte.

»Nur eine Katze, gnädige Frau«, sagte der Chauffeur. Der Vogel hörte den sich nähernden Wagen und flog auf. Ein Stück Fell nahm er mit sich in die Luft. Der Mercedes raste über die blutige Stelle weiter nach Norden. Ich sah zurück. Der schwarze Vogel stieß wieder auf das Aas herab.

Bei Rosenheim verließen wir die Autobahn und fuhren in das Land hinein. Das Schneetreiben wurde immer schlimmer. Die Scheibe des Autos fror zu, die Gummiflächen der Wischer vereisten. Von Zeit zu Zeit hielt unser Chauffeur, stieg aus und kratzte fluchend das Glas frei. Der Wind wurde stärker, das Licht verfiel mehr und mehr. Wir fuhren durch Dörfer mit niederen Häusern und kleinen Kirchen. Die bayrischen Berge waren nicht zu sehen, sie lagen schon in den Wolken.

»Woher kennst du das Hotel?« fragte Sibylle.

»Ich war ein paarmal da. Ich habe angerufen. Wir werden erwartet«, antwortete ich. Der Chauffeur hörte jedes Wort.

Das *Hotel am Himmel* lag auf dem Plateau eines Berges, der den Namen »Am Himmel« trug. Es lag etwa tausendachthundert Meter hoch und war nur mit einer Seilbahn zu erreichen. Es gab keinen anderen Weg hinauf, der Berg war zu steil. Die Bahn führte über mehrere tiefe Schluchten. Das *Hotel am Himmel* besaß dreißig modern eingerichtete Zimmer, eine Bar, eine ausgezeichnete Küche, eine Sauna und eine Liegehalle. Ein Herr aus dem Rheinland hatte den linken Flügel des Hotels als Privathaus bauen lassen, für sich und seine Freunde. Aber er kam nicht mehr dazu, in dem Haus über den Wolken zu wohnen, denn als es fertig war, starb er. Aufregungen im Zusammenhang mit der Entflechtung des Krupp-Konzerns hatten einen jahrzehntealten Myokardschaden akut werden lassen.

Die Erben des reichen Mannes bauten nun einen zweiten Flügel und richteten das Gebäude als Hotel ein in der Hoffnung, so aus dem Haus am Berg Gewinn ziehen zu können. Diese Hoffnung hatte sich nicht erfüllt, das Hotel — stets unterbelegt — arbeitete mit Verlust. Filmfirmen und Verleger pflegten ihre Autoren *Am Himmel* unterzubringen, wenn sie unter Zeitnot litten.

Ich selbst war von meiner Redaktion dreimal auf den *Himmel* geschickt worden, um zu schreiben. Einmal hatte ich ein Mädchen mitgenommen, aber nach einer Woche hielt das Mädchen es nicht mehr aus und reiste ab. Es war einsam *Am Himmel,* genauso einsam, wie ich es wünschte, wenn ich Sibylle nun versteckte. Es war der ideale Ort dazu.

Wir erreichten die Talstation der Kabinenbahn um halb vier Uhr. Ein alter zahnloser Mann, der fast taub war, trug unser Gepäck vom Taxi in das Holzgebäude der Station. Der Chauffeur fuhr indessen grußlos fort. Sibylles Strümpfe wurden naß, sie kippte auf ihren leichten Schuhen mit den hohen Stöckeln um. »Rufen Sie oben an«, sagte ich zu dem alten Mann, während ich Sibylle in die schwankende Kabine half.

»Entschuldigen Sie, ich höre ein bißchen schlecht. Was sagen Sie?«

»Sie sollen oben anrufen!« schrie ich. »Wir sind Hausgäste. Herr und Frau Holland.«

»Ja«, sagte er verloren und wischte sich einen Tropfen von der Nase, »ja, Sie haben ganz recht Herr, es ist ein furchtbares Wetter!« Er schloß die Kabinentür, deren Glasfenster herabgelassen war.

»Ich heiße Holland! Verstehen Sie nicht den Namen?«

»Holland, ja Holland . . .«

»Rufen Sie oben an!«

»Nicht schaukeln, bitte, während der Fahrt. Und nicht hinauslehnen!« Ich gab es auf und drückte ihm eine Mark in die Hand.

»Ja, der Schnee«, sagte er darauf, »der Schnee ist auch nicht der richtige. Aber das Schlimmste ist der Sturm. Ich fühle, wie er kommt, Sie werden sehen . . .« Er trat an einen Wandlautsprecher, drückte auf einen Knopf und krächzte: »Abfahren, Seppl!«

Die Kabine ruckt an. Wir glitten zum *Himmel* empor. Rasch blieb die Talstation zurück. Schon nach zwei Minuten erreichten wir die untere Wolkengrenze. Grauer Dunst schloß uns ein. Die Bahn fuhr ächzend und knirschend. Bei den Masten schaukelte sie. Es war kalt in der Kabine. Zum erstenmal, seit ich sie wiedergetroffen hatte, war ich mit Sibylle allein. Sie saß mir gegenüber, in eine Ecke der eisigen Gondel gepreßt, und zitterte vor Kälte.

Ich sagte: »Ich werde dich als meine Frau vorstellen. Der Pächter heißt Ohlsen. Es ist ein reizender Mensch. Ich fahre gleich wieder nach Salzburg zurück.«

»Das habe ich mir gedacht«, sagte sie. Die Kabine begann jetzt stärker zu schaukeln, jähe Windstöße brachen sich an ihr. Wir waren mitten in den Wolken. Ich sagte: »Ich war heute früh bei der Polizei. Ich wollte dich anzeigen.«

»Aber du hast es dann doch nicht getan«, sagte sie ohne Triumph.

»Nein, ich konnte es auf einmal nicht mehr. Ich werde dir helfen, Sibylle. Du bekommst neue Papiere. Aber wir werden uns trennen. Ich kann einfach nicht mehr mit dir leben.« Sie schwieg und nickte. »Es geht nicht«, sagte ich. »Du hast getötet, du hast aus gemeinen und niederen Motiven zwei Menschen ermordet, du hast keine Entschuldigung dafür.«

»Du sagt, daß du mich liebst. Wie kannst du von mir weggehen, wenn du mich liebst?«

»Ich liebe dich nicht mehr«, sagte ich. Die Kabine blieb vor einem Mast stehen. Ich sagte schnell: »Hab keine Angst, das machen sie wegen des Sturms. Es geht gleich weiter.« Tatsächlich passierte die Gondel vorsichtig und sehr langsam den Pfeiler und fuhr danach wieder schneller. Ein schwarzer Schatten glitt in die Tiefe. Das war die zweite Gondel. Wir hatten den halben Weg hinter uns. Es wurde immer dunkler. »Ich liebe dich natürlich«, sagte ich. »Deshalb helfe ich dir, deshalb bin ich hier. Aber ich kann nicht mehr mit dir zusammen sein, ich fürchte mich vor dir, ich sehe, daß ich dich überhaupt nicht kenne. Ich liebe dein Gesicht und deine Stimme und deine Hände. Aber deine Hände haben getötet, und deine Stimme hat mich belogen, und dein Gesicht hat mich getäuscht. Ich bin völlig verwirrt, aber das eine weiß ich: Ich will nichts mehr mit dir zu tun haben.«

»Wie gerecht du bist«, sagte sie bitter, »wie anständig, wie großartig. Was für herrliche Worte du aussprichst. Wie edel alles klingt.«

Ich fragte: »Was würdest du an meiner Stelle tun? Was kann ich denn tun?«

Sie begann auf einmal zu weinen. »Ich habe es nicht so gemeint. Ich bin völlig mit meinen Nerven fertig. Du hast ganz recht. Aber, bitte, bitte, bleib bei mir! Geh nicht weg von mir! Ich werde dir alles erklären!«

»Es gibt nichts mehr zu erklären.«

»Doch . . . du weißt nicht alles . . .« Sie redete jetzt sehr schnell. »Petra hat dir nicht alles erzählt . . . sie kann dir gar nicht alles erzählt haben . . . Ich . . . ich werde dir sagen, wie alles war. . .«

Die kleine Kabine schwankte und schlingerte beängstigend, und die Seilrollen ächzten, und es war nun ganz dunkel geworden.

»Wir sind gleich da«, sagte ich. »Wisch dein Gesicht ab, Sibylle.«

Sie fuhr sich mit einer bebenden Hand über die Augen und sagte: »Ich tu alles. Ich gehe zur Polizei und zeige mich selber an, wenn du nur bei mir bleibst.«

»Du bist auch früher nicht zur Polizei gegangen.«

»Weil ich gehofft habe, daß man mich nie findet. Zehn Jahre lang ist es doch gutgegangen, nicht wahr?« Das sagte sie mit der Stimme eines unglücklichen Kindes. »Ich habe immer zu Gott gebetet.«

»*Darum* hast du gebetet.«

»Ja«, antwortete sie. »Es heißt doch, er vergibt alle Sünden.«

»Ich will jetzt nicht mehr von deinem Gott reden«, sagte ich.

Die Gondel glitt in das Gebäude der Bergstation. Hier brannte elektrisches Licht. Der Seppl, ein riesiger Bayer in Kniehosen, öffnete die Kabine und grüßte. Der Pächter stand neben ihm. »Guten Tag, Herr Ohlsen«, sagte ich. »Ich möchte Sie meiner Frau vorstellen!«

Ohlsen küßte Sibylle die Hand. Er war hübsch und errötete, wenn er verlegen wurde. Er hatte eine ganz junge Frau. Er sagte: »Ich freue mich sehr, daß Sie uns wieder besuchen, Herr Holland! Leider ist das Wetter so schlecht.«

Wir gingen den kurzen Weg zum Hotel durch den Schnee und die Wolken. Hier oben war es schon Nacht. Ein Gang zwischen Schneebergen war freigeschaufelt worden.

»Sind wir die einzigen Gäste?«

»Fast, Herr Holland. Zwei Damen sind noch da.« Er fügte bitter hinzu: »Sie können Ihr Zimmer aussuchen, wir haben eine große Auswahl.«

»Leider muß ich auch heute noch wieder fort«

»Oh«, sagte er resigniert.

»Meine Frau soll sich hier ein paar Tage erholen. Ich komme zurück, um sie abzuholen.«

Plötzlich blieb Sibylle im Schnee stehen und begann hemmungslos zu weinen.

»Um Gottes willen . . .« Ohlsen sah mich entsetzt an.

»Verzeihen Sie«, sagte ich. »Meine Frau braucht Ruhe.«

Er fragte betreten: »Ein Todesfall?«

»Ja«, sagte ich, »jemand, der ihr sehr nahestand, ist plötzlich gestorben.

## 25

Äußerlich war das Haus ganz in bayrischem Stil gebaut: mit viel Holz, schmalen Balkonen und einem breit überhängenden Dach. Das Interieur war einigermaßen luxuriös. Es gab alte Stiche, gute Teppiche und antike Möbel. In der Halle standen ein paar geschnitzte Heilige.

Ohlsen führte uns gleich in den ersten Stock hinauf. Er gab uns das Zimmer, in dem ich vor langer Zeit mit dem Mädchen, das fortlief, gewohnt hatte. Es besaß einen Vorraum und ein Bad. An den weißen Wänden hingen zwei Engelköpfe. Die schweren Betten standen einem Fenster gegenüber, das eine ganze Wand durchzog.

Traurig sagte Ohlsen, indessen er die Vorhänge zuzog: »Wenn das Wetter schön ist, sehen Sie von hier aus die Bayrischen Alpen und bis nach Österreich hinüber.«

Sibylle hatte sich gefaßt. Sie antwortete. »Das Wetter macht mir nichts, Herr Ohlsen.« Ein seltsames Stöhnen wurde laut.

»Was ist das?«

»Die Zentralheizung«, sagte ich.

»Das ist der Wind, Herr Holland«, sagte der junge, hübsche Pächter. »Wir bekommen Sturm.« Er fügte verloren hinzu: »Wissen Sie, daß meine Frau ein Kind erwartet?«

»Das freut mich für Sie.«

»Wir haben uns auch gefreut, Herr Holland. Aber jetzt sieht es so aus, als ob die Besitzer das Hotel schließen wollten. Was machen wir dann? Ich habe schon eigenes Geld zugesetzt.«

Wieder drang das seltsame Wehklagen zu uns, dünn, qualvoll, verloren. Ein Holzbalken knirschte. Der Vorhang bewegte sich. Ich dachte: Ich muß fort.

Zu Ohlsen sagte ich tröstend: »Machen Sie sich keine Sorgen, die Leute sind doch so reich!« Das waren sie wirklich. Ich hatte eine Geschichte erfahren, die ihren Reichtum illustrierte. Sie besaßen im Rheinland mehrere Rennpferde. Probeweise hatten sie einmal im Sommer etwas Heu vom Südhang des »Himmels« ins Rheinland geschickt. Es hatte sich herausgestellt, daß den rheinischen Pferden das bayrische Heu besser schmeckte als das heimische. Seither wurde das auf dem Südhang gemähte Gras ständig per Luftfracht nach Düsseldorf geflogen.

Pächter Ohlsen sagte: »Reiche Leute sind besonders vorsichtig mit Geld, Herr Holland!« Er verneigte sich vor Sibylle und zog sich zurück. Zu mir sagte er: »Ich werde mir erlauben, den Anmeldeschein heraufzuschicken.«

Ich antwortete schnell: »Nicht nötig, ich gehe mit Ihnen hinunter!« Ich vermied es, Sibylle anzusehen, als ich das Zimmer verließ. Ich fühlte, wie sie mir nachsah und wie sie mich zwingen wollte, mich umzudrehen, aber ich drehte mich nicht um, und es erfüllte mich ein lächerlicher Stolz darüber, als ich mit Ohlsen den Gang entlang zur Treppe ging. Unsere Schritte und das Sausen des aufkommenden Sturmes waren das einzige Geräusch in einer unwirklichen Stille.

Bei der Rezeption füllte ich die Anmeldung aus. Ich stand im Mantel da, und meine Reisetasche lag neben mir, sie war nicht nach oben gebracht worden. Ich füllte den Meldezettel mit lauter falschen Daten aus. »Wollen Sie meinen Paß sehen?«

»Bitte, Herr Holland«, sagte der Portier.

»Ich bin erst seit einem Monat verheiratet, meine Frau ist in meinem Paß noch nicht eingetragen.«

»Natürlich nicht, Herr Holland. Gestatten Sie?« Er notierte meine Paßnummer und gab mir das Dokument danach zurück.

»Danke sehr, das wäre alles.«

Ich sagte: »Ich will jetzt gleich wieder hinunterfahren, bevor der Sturm ärger wird.«

»Ja, Herr Holland. Soll ich Ihre Frau Gemahlin —«

»Ich habe mich schon verabschiedet«, log ich und gab ihm die Hand. Ich wollte Sibylle nicht wiedersehen, ich hatte vor, sie anzurufen, wenn ich in Salzburg war.

»Gute Nacht, Herr Holland. Hoffentlich besuchen Sie uns bald wieder.«

Ich trat vors Haus. Der Sturm schlug mir entgegen. Ich ging durch den Schnee zu den Lichtern der Seilbahn hinüber. Die große Schiebetür der Station war geschlossen. Ich konnte sie nur mühsam öffnen. Die Halle lag verlassen.

»Hallo!« rief ich.

Über mir öffnete sich die Tür einer kleinen Kammer. Der mächtige Seppl steckte den Kopf heraus. Er schien da oben zu wohnen, in dem Raum über dem Triebwerk der Bahn: »Ja, Herr Holland, was ist denn?«

Der Sturm dröhnte und Wolkenfetzen flogen zum Seppl empor.

»Ich möchte hinunterfahren!«

Der Seppl sagte: »Jetzt können S' nicht mehr hinunter, Herr Holland! Wir haben Windstärke elf. Ich darf nur bis Stärke zehn fahren!«

»Ich muß aber hinunter!«

»Ausgeschlossen, Herr Holland!«

»Und wenn ich es zu Fuß versuche?«

»Aber, Herr Holland! Das geht doch nicht einmal im Sommer!«

»Wann fahren Sie wieder?«

»Sobald der Sturm nachläßt«, sagte der Seppl höflich und lachte breit.

## 26

In der Bar des Hotels war es dunkel.

Ich setzte mich in eine Ecke und lauschte dem Sturm. Er wurde immer stärker, ich hörte ihn orgeln und stöhnen. Irgendwo unter mir, wahrscheinlich in der Küche, lachte ein Mädchen. Ich saß in der Dunkelheit und rauchte und fühlte, wie mich eine wütende Erbitterung zu erfüllen begann. Ich war erbittert über Sibylle, ich haßte sie. Einmal stand ich auf. Ich wollte hinaufgehen, um sie zu verprügeln. Das war eine primitive Absicht, aber sie überwältigte mich. Ich hätte Sibylle gern geschlagen. Nur war damit nichts getan. Ich hätte sie schon totschlagen müssen. Und das traute ich mir nicht zu. Ich traute mir überhaupt nicht mehr viel zu. Ich setzte mich wieder.

Schritte näherten sich, die Tür wurde geöffnet, und der Kellner, den ich kannte, steckte den Kopf in den Raum: »Ist hier jemand?« Er drehte das Licht an: »Oh, Herr Holland! Wir suchen Sie schon im ganzen Haus. Die gnädige Frau hat nach Ihnen gefragt.«

»Sagen Sie ihr, daß ich in ein paar Minuten komme.«

»Sehr wohl, Herr Holland.«

»Und, Herr Hugo —«

»Ja?«

»Ich möchte etwas trinken. Bringen Sie mir Whisky, Johnny Walker.«

»Mit Soda?«

»Nein.« Er kam mit Eis und einem Glas und einer Flasche und goß den Drink ein. Ich sagte: »Machen Sie einen Bleistiftstrich am Etikett und lassen Sie die Flasche da.« Er nickte und ging. Ich warf zwei Eiswürfel in den Whisky und trank das Glas leer. Der Whisky schmeckte ölig und anders als sonst. Ich goß das Glas wieder voll und schwenkte die Eiswürfel eine Weile herum. Der zweite Drink schmeckte besser, und beim dritten war der Geschmack wieder der alte.

Ich wurde ziemlich schnell betrunken, denn ich hatte nichts gegessen. Es kam mir vor, als würde der Sturm mit jeder Minute lauter. Neben mir stand ein großer Radioapparat. Ich stellte ihn an und grinste, als ich Musik vernahm. Ich hörte das Ende des Klavierkonzertes Nummer zwei von Rachmaninoff. Da war es also wieder, zum letztenmal hatte ich es in Sibylles leerer Wohnung in Berlin gehört. Ich goß mein Glas neuerlich voll und lauschte der Musik, die ich liebte, bis sie verstummte und eine Sprecherstimme ertönte. Beim Gongschlag war es siebzehn Uhr. Radio München brachte Nachrichten. Zuerst die Wetteraussichten für morgen: Bedeckt und kühl. In den Alpengebieten war mit neuen Schneefällen zu rechnen sowie mit stürmischen Winden aus Nordost . . .

Mit stürmischen Winden aus Nordost.

Ich trank mein Glas leer und verließ die Bar. Als ich die Treppe in den ersten Stock hinaufging, glitt ich mit der Prothese aus und wäre beinahe gefallen. Ich war jetzt betrunken. Ich ging den langen Gang mit den knarrenden Dielen zu Sibylles Zimmer hinunter und hörte, wie der Sturm an den Fensterläden rüttelte. Sie klapperten hölzern, das ganze Haus war voller Unruhe, erfüllt von Flüstern, Knarren, Sausen, Rattern und Stöhnen. Es gab viele Geräusche.

Ich trat ein, ohne anzuklopfen. Sibylle lag auf dem

großen Bett und sah mir entgegen. Sie sagte heiser: »Die Bahn geht nicht mehr?«

»Nein.« Ich setzte mich neben sie.

»Deshalb bist du zurückgekommen?«

»Ja.«

Ich begann, die Knöpfe ihrer Kostümjacke zu öffnen. Sie lag still auf dem Rücken und sah mich an. Ihr Mund war geöffnet, und ihr Atem kam ruhig. Ich zog ihr die Jacke aus und danach den Rock. Ich zog sie weiter aus, Stück um Stück, die Schuhe, die Strümpfe, das Hemd. Sie wand sich von einer Seite zur anderen, um mir das Ausziehen zu erleichtern, und sah mich an und bewegte langsam, ganz langsam die Glieder. Ihre Augen waren nur noch Schlitze, und ihr Atem kam zischend durch die zusammengepreßten Zähne des offenen Mundes. Zuletzt lag sie nackt vor mir.

Ich zog mich selber aus und fühlte dabei, wie ich immer mehr betrunken wurde. Der Whisky wärmte meinen Körper, und in meinen Schläfen pochte heiß und schwer mein Blut.

»Komm«, sagte sie. Sie richtete sich auf und löste meine Prothese. Das Kunstbein fiel polternd zu Boden. Nun gab es nur noch einen Platz, wo ich sicher war: das Bett.

Gott schützt die Liebenden, dachte ich voll Haß, während sich ihre Arme um mich schlossen. Gott schützt die Liebenden. Ich fand plötzlich, daß die Intimität des Hasses sensationeller war als die Intimität der Liebe. Sibylles Augen waren nun ganz geschlossen, ich hatte meinen Kopf an ihrer Schulter vergraben. Wir sprachen beide Worte, die sich von selber bildeten. Worte der Leidenschaft und der Gier, immer wieder dieselben Worte. Dann hörte ich ein Geräusch, das aus dem Orgeln des Sturmes entstand, lauter wurde, immer lauter, bis es zuletzt übermächtig war: das Dröhnen eines großen viermotorigen Verkehrsflugzeuges, das gerade über die Bergkuppe flog, auf seinem Weg nach München. Die Fenster klirrten, als die Maschine über das Hotel hinwegraste, ganz niedrig, ganz nahe — so wie die Flugzeuge in Berlin über die Villa im Grunewald hinweggerast waren in allen jenen Nächten. Das Toben der vier Motoren erreichte seinen Höhepunkt.

»Jetzt«, stöhnte Sibylle.

## 27

Ich schlief schlecht in dieser Nacht.

Ich hatte einen endlosen Alptraum, aus dem ich immer wieder erwachte. Wenn ich neuerlich einschlief, erlebte ich die ganze Fortsetzung des Traumes. Es war alles sehr unerfreulich. Gegen drei Uhr früh bekam ich auch noch Durst. Meine Lippen waren ausgetrocknet, die Zunge fühlte sich geschwollen und heiß an. Im Badezimmer gab es Wasser. Doch wie kam ich ins Badezimmer? Ich hätte das elektrische Licht andrehen und meine Prothese anschnallen müssen, und ich wollte Sibylle nicht wecken, die ruhig und tief atmend neben mir schlief.

Zuletzt hielt ich es nicht mehr aus und beschloß, im Dunkeln und auf dem Boden ins Badezimmer zu kriechen. Ich hatte mir ungefähr gemerkt, wo die Möbel im Raum standen, und es ging ganz gut. Im Badezimmer machte ich Licht, drehte den kalten Hahn auf und hielt den Mund darunter. Ich schluckte eine Menge, obwohl das Wasser sehr trocken schmeckte. Ich hatte zuviel Whisky getrunken, es war dann immer dasselbe.

Ich drehte das Licht im Badezimmer wieder aus, setzte mich auf den Boden und begann zurückzukriechen. Dabei verlor ich die Orientierung. Sosehr ich mich auch bemühte — ich fand nicht mehr das Bett. Es war so finster im Raum, daß man nichts sah. Eine Zeitlang versuchte ich, die Richtung zu finden, indem ich Sibylles Atem lauschte, aber es half nichts. Ich war auch noch betrunken und völlig verschlafen. Ich rutschte hierhin und dorthin. Einmal stieß ich gegen eine Wand, ein anderes Mal gegen einen Sessel. Langsam wurde ich wütend. Ich tastete über den Teppich, auf dem ich saß, um festzustellen, wo er aufhörte. Der Teppich hörte nicht auf. Ich rutschte weiter. Der Teppich hörte nicht auf. Aber er mußte aufhören! Ich erinnerte mich, daß er zum Beispiel nicht bis unter das Bett reichte. Ich rutschte. Ich tastete. Der Teppich hörte nicht auf.

Meine Wut verwandelte sich in Verzweiflung. Ich war plötzlich den Tränen nahe. Ich fluchte lautlos. Wo war das Bett, das elende, gottverdammte? Warum fand ich es nicht? Ich machte eine schnelle Armbewegung. Schmerzend schlug meine Hand gegen einen Tisch. Mir war plötzlich so schwindlig, daß mir übel wurde. Ich gab auf. Ich war davon überzeugt, daß ich den Weg, den ich so gründlich verloren hatte, niemals mehr wiederfinden würde, zog die schwere Decke vom Tisch und breitete sie über mich. Dann nahm ich das gesunde Bein an den Leib und verschränkte die Arme unter dem Kopf. So blieb ich auf dem Teppich liegen. Es war warm im Zimmer und ich fror nicht. Das Schwindelgefühl ließ nach. Ich war ganz zufrieden, wie ich so dalag und über alles nachdachte, was Sibylle mir vor dem Einschlafen erzählt hatte . . .

Sibylles früheste Kindheitserinnerung war eine weinende Mutter und ein klavierspielender Vater in einer bis auf den Flügel, zwei Betten und einen Tisch völlig leeren Wohnung. Es war ein heißer Tag im August, Sibylle hatte in einem nahen Park gespielt, und als sie nach Hause kam, fand sie die Wohnung ausgeräumt. Bücher, Wäsche und Geschirr lagen auf der Erde. Der Vater saß auf einer Kiste. Er spielte einen Walzer von Chopin. Die Mutter stand in der Küche am Herd. Sie kochte und weinte. Unter ihren

Augen bildete die Wimperntusche schwarze Flecken. Sibylles Mutter war mit fünfunddreißig Jahren noch eine sehr schöne Frau.

»Was ist denn hier bei uns los, Mami!« fragte Sibylle. »Wieso sind alle unsere Möbel verschwunden?«

Die Mutter wischte die Tränen fort, zog die Fünfjährige an sich: »Wir haben sie verkauft, mein Schatz.«

»Aber warum?«

»Weil sie uns nicht mehr gefallen haben. Wir fanden sie scheußlich, du nicht?«

»Ich weiß nicht, mein Bettchen fand ich ganz nett . . .«

»Auch dein Bettchen war scheußlich, Liebling«, sagte die Mutter. »Deshalb haben wir es auch verkauft. Wir wollen uns ganz neu einrichten! Mit viel schöneren Möbeln!«

»Wann kommen denn die schönen Möbel?«

»Das wird ein paar Wochen dauern. Die Möbelhändler haben jetzt so viel zu tun! Aber im Herbst wirst du staunen! Du wirst unsere Wohnung nicht wiedererkennen!«

»Warum nicht?«

»Weil sie so schön sein wird, Liebling!«

»Und wo schlafe ich bis dahin?«

»Da habe ich eine große Überraschung für dich! Du liegst doch so gern auf der Erde, nicht wahr?«

»O ja!«

»Wir legen dir deine Matratze ins Kinderzimmer, und auf der darfst du schlafen!«

»Au fein, Mami!« Sibylle klatschte begeistert in die Hände. »Das ist aber lieb von dir, daß du mir das erlaubst!« Sibylle rannte in das leere Wohnzimmer und fiel ihrem klavierspielenden Vater um den Hals. Sie gab ihm viele kleine, nasse Küsse: »Danke, Vati, danke!«

»Wofür?«

»Das ihr mich endlich auf der Erde schlafen laßt! Ihr seid die besten und liebsten Eltern, die es gibt!«

Die schönen Möbel kamen nie.

Nach und nach kamen einzelne neue Stücke. Keines paßte zum andern, die Wohnung sah bunt und abenteuerlich aus, aber Sibylle war begeistert: »Mir ist alles recht, solange ich nur weiter auf der Erde schlafen darf!«

Sie durfte.

Sibylles Eltern waren nicht immer arm gewesen. Als sie heirateten, kam der Vater eben in den Genuß einer großen Erbschaft, und die ersten Jahre der Ehe waren sorglos. Die Eltern reisten nach England, Spanien, Frankreich und Italien. In Italien wurde Sibylle geboren. Dann nahmen die Eltern eine Wohnung in Berlin.

Der Vater hatte Musik studiert. In seiner Jugend komponierte er. Die Lehrer fanden ihn begabt und prophezeiten ihm eine interessante Zukunft. Er spielte wundervoll Klavier. Klavier spielte er sein Leben lang. Als die Erbschaft kam, hörte er auf zu komponieren. Er sagte, er bereite sich auf seine erste Symphonie vor. Er bereitete sich vier Jahre lang auf sie vor. Es spielte keine Rolle, wie lange er sich vorbereitete, denn es gab noch viel Geld. Der Vater kaufte der Mutter Schmuck und Kleider und liebte sie sehr. Er war ein zärtlicher Liebhaber, und es war eine gute Ehe. Dann ging das Geld zu Ende. Noch immer sah Mutter der Zukunft ruhig entgegen. Sie hoffte auf den Erfolg der Symphonie. Sie hatte nie zuvor in ihrem Leben mit einem Künstler zu tun gehabt und vertraute jedem Wort des Vaters. Er kannte Gershwin, Rachmaninoff und Addinsell, sagte er. Sie alle hielten enorm viel von ihm, sagte er. Wenn die Symphonie fertig war, würde sie um die Welt gehen, sagte er. Darauf nahmen sie einen Bankkredit. Dann starb Gershwin. Aber Rachmaninoff und Addinsell lebten noch. Und es gab auch Menotti. Der Vater sagte: »Morgen früh fange ich an!«

Aber am nächsten Tag stürzte er auf der Treppe und brach sich den Arm und mußte ihn sechs Wochen in Gips tragen, und danach dauerte es noch eine ganze Zeit lang, bis er wieder so wundervoll Klavier spielen konnte wie früher. Er sagte, die sechs Wochen wären keinesfalls verloren, er hätte in ihnen das Grundthema der Symphonie entwickelt. Aber seine Finger waren noch zu ungelenk, um es aufzuschreiben. Unglücklicherweise hatte er sich nämlich den rechten Arm gebrochen.

In dieser Zeit sprach ein Aufnahmeleiter der UFA die Mutter auf der Straße an. Er wollte zunächst etwas ganz anderes, als sie als Komparsin verpflichten, doch da er erfuhr, daß sie verheiratet war und Geldsorgen hatte, machte er ihr den Vorschlag, ihn doch einmal in seinem Büro in Babelsberg zu besuchen. Es war ein ungewöhnlicher Aufnahmeleiter, der ein Herz besaß und Othmar Plüschke hieß.

Othmar Plüschke wurde zum guten Engel der Familie. Er engagierte die Mutter für achtundzwanzig Mark pro Tag vier Wochen lang als Statistin in einem Film namens *Der Kongreß tanzt.* Andere Filme folgten. Der Vater konnte zwar wieder die rechte Hand bewegen, aber er vermochte noch immer nicht, das Grundthema seiner Symphonie zu Papier zu bringen.

»Jeder Künstler erlebt solche Krisen«, erklärte er. Es war eine ernsthafte Krise, sie währte ein halbes Jahr. Der Bankkredit war aufgebraucht. Der Vater spielte schöner denn je Klavier, und die kleine Sibylle hörte ihm zu. Sie saß zu seinen Füßen und lauschte verzaubert. Manchmal sah sie, wie der Vater eine flache Flasche aus der Jacke zog, an die Lippen setzte und trank. Was er trank, roch scharf und war braun. Es ließ den Vater nur noch schöner und inniger spielen.

Als die Bank wegen des Kredits mit ersten Mahnungen kam, ging die Mutter zu dem guten Plüschke und sagte: »Ich habe auch noch einen Mann und ein Kind. Können die nicht auch Komparserie machen!«

»Klar«, erwiderte Plüschke, »bring sie nur alle an, Marga!«

Die UFA drehte eben einen Film über Chopin. Vater, Mutter und Sibylle spielten als Komparsen. Der Vater hatte seine flache Flasche mitgebracht, führte sie gelegentlich zum Munde und war freundlich und höflich zu allen Menschen. Sibylle gefiel es in dem Filmatelier großartig.

In dem Chopin-Film gab es natürlich auch einen Konzertflügel. In einer Mittagspause setzte sich der Vater an ihn und spielte. Er dachte, es wäre niemand in der großen Halle, aber er irrte sich. Der Produzent hörte zu. Der Produzent war zuckerkrank, dick, Jude und Musikenthusiast. Er fragte den Vater: »Was können Sie noch?«

»Nichts außer Klavierspielen«, erwiderte der Vater.

»Sie können als Innenrequisiteur arbeiten, wenn Sie wollen«, sagte der Produzent, dem die Situation des Vaters bekannt war. Der Vater wollte. Die Mutter war glücklich. In den nächsten zwei Jahren wurde der Bankkredit abgezahlt, Sibylle bekam ab und zu ein Stück Schokolade und zu Weihnachten eine Puppe.

Dann erschienen eines Tages zwei Herren in Zivil, wiesen Blechmarken vor und nahmen den Vater mit. Sie sagten zu Sibylle: »Papa macht einen kleinen Ausflug!«

Von diesem kleinen Ausflug kehrte der Vater drei Monate später blaß und schmal, aber heiter nach Hause zurück. Was geschehen war, erfuhr Sibylle erst viel später: Innenrequisiteuren standen stets größere Bargeldbeträge zur Verfügung, die sie von Zeit zu Zeit abrechneten. Einmal, als der Vater abrechnen sollte, konnte er das nicht. Eine Menge Geld fehlte in seiner Kasse. Es stellte sich heraus, daß der Vater nicht nur gerne Klavier spielte, sondern auch gerne auf Pferde setzte. Manchmal gewannen die Pferde, manchmal gewannen sie nicht. Als die Kasse überprüft wurde, hatten sie seit langer Zeit nicht mehr gewonnen. Auch Plüschke konnte diesmal nicht helfen. »Wir bezahlen alles zurück«, versicherte die Mutter vor Gericht. »Wir haben gute Teppiche und schöne Möbel.«

Also ließen sie den Vater frei und warfen ihn nur als Innenrequisiteur hinaus, was er paradox fand, und holten die Möbel ab. Das war an einem heißen Tag im August, Sibylle spielte währenddessen im Park. Als sie heimkam, saß der Vater auf einer Kiste vor dem Flügel und roch nach Kognak und spielte Chopin. Er spielte so schön wie noch nie. Den Flügel hatten sie ihm gelassen, es war seine einzige inständige Bitte gewesen. Sonst sah er alles ein.

## 28

Der Flügel verschwand ein Jahr später zu einer Zeit, in welcher gerade weder das Telefon noch das elektrische Licht funktionierte. Auch das Gas strömte nicht — etwas in der Leitung war kaputt, erklärte die Mutter der kleinen Sibylle. Nachdem der Flügel verschwunden war, funktionierten Gas und Licht, und auch das Telefon schrillte wieder.

Da es zu Hause keinen Flügel mehr gab, begann der Vater in Bars zu spielen. Er bekam ein wenig Geld dafür. Aber er trank auch ein wenig, während er spielte. Abends schickte die Mutter Sibylle aus, um ihn heimzuholen. Wenn Sibylle sich beeilte, war noch etwas von dem Geld, das er bekam, vorhanden. Manchmal beeilte sie sich nicht genug. Dann schrie der Vater, wenn er heimkam, und die Mutter weinte, und der Vater schlug sie. Sibylle sah oft zu. Sie haßte den Vater. Sie liebte ihn nur noch, wenn er Klavier spielte.

Die Mutter arbeitete immer noch als Statistin, aber sie verdiente nicht genug. Sibylle ging nun schon lange zur

Schule. Die Jahre drehten sich im Kreise. Der Vater trank. Die Mutter war nicht mehr so schön. Der alte Plüschke sagte: »Marga, beim besten Willen, Edelkomparsin mit Abendkleidzulage und so geht nicht mehr! Aber keine Bange! Im Hintergrund kann ich dir noch immer unterbringen, kriegste allerdings nur fuffzehn Mark. Kann denn dein Oller aber auch *nie* etwas tun?«

»Gerade jetzt tut er etwas«, sagte die Mutter.

»Was?«

»Er schreibt seine Symphonie.«

In der Tat hatte der Vater zu komponieren begonnen. In den nächsten fünf Jahren vollendete er die ersten drei Sätze des Werkes. Dann überfiel ihn die allen Künstlern bekannte Verzweiflung am Wert der eigenen Arbeit, und an einem stürmischen Herbstabend entzündete er auf der Hasenheide ein kleines Feuer und verbrannte in ihm die unvollendete Partitur. Der Mutter und Sibylle teilte er mit: »Morgen fange ich von neuem an. Ich habe schon alles im Kopf.«

Sibylle war fünfzehn Jahre alt.

Die Mutter sagte: »Andere Kinder in deinem Alter verdienen schon Geld. Du mußt mir helfen, Bille. Ich schaffe es nicht mehr allein. Jetzt ist auch noch Plüschke gestorben — und die andern lassen mich nicht mehr so richtig ins Atelier.«

»Was soll ich denn tun, Mami?«

»Du warst doch schon einmal im Lunapark, nicht wahr? Da habe ich einen Mann gesprochen, der sucht Reklameläuferinnen.«

»Was ist denn das?«

»Nun«, sagte die Mutter, »im Lunapark gibt es die verschiedensten Attraktionen: die Shimmytreppe, die Rodelbahn, die Todesspringer und so weiter. Der Mann, den ich sprach, engagiert junge Mädchen, die nichts anderes zu tun haben als kostenlos alles, was man im Lunapark machen kann, mitzumachen und dabei laut zu schreien.«

»Warum denn das?«

»Weil es so schön ist«, sagte die Mutter. »Sie schreien und kreischen und sind ganz verrückt vor Vergnügen, verstehst du? Und die Leute vor dem Zelt sagen sich: Donnerwetter, muß das aber lustig sein! Und sie kaufen Eintrittskarten. Dazu braucht der Mann Reklameläuferinnen. Willst du es einmal versuchen, Bille?«

»Die Shimmytreppe ist auch umsonst?«

»Alles ist umsonst für dich, Liebling. Ich zwinge dich nicht. Ich wäre nur dankbar, wenn du mir helfen wolltest. Damit Vati seine Symphonie vollenden kann.«

»Die schreibt er doch nie«, sagte die Tochter. »Aber natürlich helfe ich dir, Mami!«

So wurde Sibylle Reklameläuferin. Nach einer Woche sagte ihr Chef bewundernd: »So etwas habe ich in meinem Leben noch nie gehabt!« Sibylle nahm ihre Arbeit ernst. Sie schrie und kreischte und tobte durch die Zelte, daß die Männer stehenblieben und ihr mit offenem Mund nachsahen. Sie war damals schon sehr schön, mädchenhaft schlank, mit riesigen Augen, dunklem Haar und langen Beinen. Sie arbeitete von fünf Uhr nachmittags bis Mitternacht. Dann holte die Mutter sie ab und brachte sie nach Hause. Morgens war Sibylle müde. In der Schule ließen ihre Leistungen nach. Eine Klasse mußte sie wiederholen. Aber die Familie konnte nun mit einem Monatsminimum von achtzig Mark rechnen. Am Ende der Saison verlangte Sibylle hundert Mark. Sie bekam sie anstandslos, und die Mutter träumte bereits davon, daß die nächste Saison hundertfünfzig Mark bringen würde, da geschah ein Unglück.

Als Sibylle nämlich eines Abends auf der Rodelbahn den Mund aufriß, um gellend vor Vergnügen loszubrüllen, kam nur mehr ein krächzendes Stöhnen aus ihrer

Kehle. Sosehr sie sich mühte: es blieb dabei. Sprechen konnte sie auch nicht mehr, nur noch mühsam flüstern.

»Stimmbänder angerissen«, konstatierte der Arzt, den man in Panik konsultierte. »Äußerste Schonung, sonst garantiere ich für nichts!«

Als Sibylle und die Mutter an diesem Abend in der Straßenbahn nach Hause fuhren, sagte die Mutter: »Mit dem Rummelplatz ist es also vorbei. Aber sei nicht traurig, Liebling, ich habe schon etwas Neues für dich. Morgen gehst du in die Scala. Dort suchen sie noch Beauties.«

»Was muß man als Beauty machen, Mami?«

»Überhaupt nichts, Liebling. Du ziehst dich ein bißchen aus und gehst eine Treppe hinauf und hinunter, oder du stehst überhaupt still und trägst nur ein schönes Kostüm.«

»Dafür gibt's Geld?«

»Und ob! Mehr als im Lunapark!« Die Mutter hustete und massierte ihren Hals. »Ich muß mich verkühlt haben. Seit Tagen tut es mir beim Schlucken weh.« Sie nahm Sibylle an der Hand. »Komm, wir steigen aus.«

»Das ist aber eine Haltestelle zu früh.«

»Wir wollen Vater abholen«, sagte die Mutter. Als sie die kleine Bar betraten, saß er am Flügel und spielte. Ein Glas Kognak stand neben ihm. Die Bar war zu dieser Zeit noch leer.

Der Vater spielte Chopin.

»Ach, hör doch, wie wunderbar«, sagte die Mutter und faltete die Hände.

## 29

Zweihundert Mädchen meldeten sich am nächsten Tag.

Dreizehn wurden engagiert. Unter ihnen befand sich Sibylle. Sie trug noch Stöckelschuhe und ein schwarzes Badetrikot, als der Regisseur der neuen Revue ihr die

Hand schüttelte: »In Ordnung, Fräulein. Dreihundert Mark im Monat. Mit freiem Oberkörper hundert Mark mehr, wenn Sie wollen.«

»Ich möchte dreihundertfünfzig und keinen freien Oberkörper.«

»Dreihundert sind eine Menge für den Anfang.«

»Da muß ich noch einmal mit meiner Mutter reden.«

»Wissen Sie was? Sagen wir dreihundertdreißig!«

»Einverstanden«, antwortete Sibylle.

»Sie haben so eine aufregende Stimme, Fräulein!«

»Finden Sie?«

»Ja. So heiser und tief. Haben Sie immer so gesprochen?«

»Von Geburt an.«

Nun ernährte Sibylle die Familie. Die Mutter fuhr immer seltener ins Atelier hinaus, sie litt an einer chronischen Halsentzündung, die nicht besser wurde. Der Vater erlebte in dieser Zeit gerade seine zweite große Krise: Er trug sich mit dem Gedanken, seine Symphonie endgültig aufzugeben und eine Rhapsodie zu schreiben. Allerdings beklagte er sehr den Mangel eines Flügels.

»Aber ich schaffe es auch ohne ihn«, sagte er zuversichtlich. »Es ist eine reine Konzentrationsfrage. Ich habe alles im Kopf.«

Sibylle machte die neue Arbeit Freude. Ein junger Bühnenbildner aus reichem Haus verliebte sich leidenschaftlich in sie.

Es war ihre erste Liebe.

»Ist er nett?« fragte die Mutter.

»Er ist der netteste Mann von der Welt, Mami!«

»Dann sieh zu, daß er dir als erstes Geschenk die Leihgebühr für einen Konzertflügel gibt«, sagte der Vater. »Erzähle ihm, daß ich dir Unterricht geben werde.«

Der geliehene Flügel kam. Der Vater gab nie Unterricht. Aber er spielte nun wieder. Die Mutter lag im Bett und hörte ihm glücklich zu. Die Ärzte hatten sich zuerst geirrt, jetzt wußten sie Bescheid: es war keine chronische Halsentzündung. Es war Kehlkopfkrebs.

Die Mutter lebte nur noch ein halbes Jahr und litt sehr. Zuletzt konnte sie keine feste Nahrung mehr zu sich nehmen. Aber sie war immer glücklich, wenn der Vater für sie Chopin spielte. Manchmal spielte er auch Stücke seiner Rhapsodie, so zum Beispiel an dem Tag, an dem die Mutter starb.

## 30

Im folgenden Jahr gab es zwei Hochzeiten.

Zuerst heiratete der junge Bühnenbildner. Er müsse es seinen Eltern zuliebe tun, sagte er Sibylle, es wäre eine Vernunftehe nach Düsseldorf. Seinen Verlobungsring könnte sie als Andenken behalten, sagte er. Den Flügel ließ er abholen.

Bald darauf fragte der Vater, was Sibylle von einer Neuvermählung hielte. Er machte sie mit einer Frau bekannt, die er kennengelernt hatte. Sie war jung und reich. Sie verehrte den Vater wegen seiner musikalischen Begabung. »Ich habe genug Geld für uns beide«, sagte sie. »Bei mir wird er seine Rhapsodie vollenden.«

»Hoffentlich werdet ihr glücklich«, sagte Sibylle. »Ich gehe nach Österreich.«

»Wieso nach Österreich?«

»Mit einer Truppe. Sie zahlen mehr als die Scala. Und ich möchte ins Ausland.« Zum Vater sagte Sibylle: »Du brauchst mich ja jetzt nicht mehr.«

»Ich werde dich sehr vermissen, Bille«, erklärte er.

»Nur zuerst.«

»Nein, immer! Du mußt oft zu Besuch kommen!«

»Ja, gewiß, Vati.«

Er brachte Sibylle zum Bahnhof. Aus ihrem Abteilfenster sah sie noch einmal zu ihm hinab und sagte: »Es ist gemein, daß du wieder heiratest, und so schnell!«

»Mein Kind, ich brauche jemanden, der auf mich aufpaßt . . .«

Die Zugsirene heulte.

»Du bist schuld daran, daß Mami tot ist«, sagte Sibylle.

Nach einem halben Jahr lernte sie in Wien einen Mann kennen, der sie auf der Bühne sah. Er lebte in Hamburg, hatte nur geschäftlich in Wien zu tun und hieß Rolf Brunswick. Er war groß, blond, schlank und dunkelhäutig. Er sagte: »Fräulein Sibylle, ich will kein Abenteuer. Ich bitte Sie, meine Frau zu werden. Ich möchte einen Sohn haben. Und seine Mutter soll so sein wie Sie!«

Rolf Brunswick machte einen gepflegten, kultivierten Eindruck. Erst nach der Eheschließung entdeckte Sibylle, daß er verrückt war.

Die Brunswick-Werke in Hamburg beschäftigten sich mit dem Bau von Staubfiltern, Gasmasken und Luftschutzbauten. Sibylle zog in das Haus ihres Gatten an der Innenalster. Es war ein riesiges, düsteres Haus. So wie in anderen Villen Bilder, Jagdtrophäen oder Gobelins hingen in Brunswicks Haus Gipsköpfe an den Wänden. Es waren in täuschend menschenähnlichen Farben bestrichene Köpfe mit echten Haaren. Sie trugen die verschiedenen Gasmaskentypen, welche die Brunswick-Werke herstellten.

Sibylle kam in die Hamburger Gesellschaft. Ihr Mann war einer der reichsten Leute der Stadt. Sibylle trug die schönsten Kleider, den wertvollsten Schmuck, Sibylle wurde mit jedem neuen Tag schöner. Aber ihr Nervenzustand verschlechterte sich.

Seit dem Ersten Weltkrieg war ihr Mann das Opfer der beständigen Befürchtung, nachts ermordet zu werden. Außerdem fand er es unmöglich, ein Bett zu benutzen. Er schlief stets auf dem harten Zimmerboden, einen geladenen Revolver griffbereit neben ihm, und zwang Sibylle an seiner Seite zu schlafen. Er wollte keinen verweichlichten Sohn, sagte er. Zuweilen pflegte Brunswick schreiend aus einem Alptraum hochzufahren und mit der Waffe in der Hand durchs Haus zu stürzen.

Auch benützte er auf Reisen niemals eines seiner drei Autos, sondern immer nur ein Motorrad mit Beiwagen. In diesem nahm er eine komplette Zelteinrichtung mit. Er bestand darauf, stets von Sibylle begleitet zu werden.

»Du bist mein Oxygen«, sagte er. »Ich mache keinen Schritt ohne dich. Du bringst mir Glück.«

Sibylle begleitete ihn. Sie saß auf dem harten, kleinen Ledersitz hinter ihm und fuhr kreuz und quer durch das Land. Abends schlug er das Zelt auf. Sie schliefen am Rande von Landstraßen, in Decken gehüllt. Sie fuhren im Sommer und im Winter, in Schneestürmen und durch Gewitter, bei Wind und Regen. Sein Sohn sollte ein gesunder, starker Junge werden, sagte Brunswick. Sibylle fand heraus, daß er schon viermal verheiratet gewesen war . . .

Aus Berlin schrieb der Vater, er gehe mit seiner neuen Frau nach Amerika. Der Brief wurde Sibylle nach Köln nachgeschickt, wo sie mit einer schweren Unterleibserkrankung im Spital lag. Sie hatte sich auf einer Landstraße erkältet. Wochenlang schwebte sie zwischen Leben und Tod. Dann erklärten die Ärzte: »In einem halben Jahr sind Sie wieder gesund. Aber Sie werden nie mehr ein Kind bekommen können.«

Rolf Brunswick reichte sofort die Scheidung ein. Er sagte: »Du mußt das verstehen, ich brauche einen Sohn.«

Die Ehe wurde geschieden. Sibylle erhielt siebzigtausend Mark Abfindung bar ausbezahlt. Sie übersiedelte wieder nach Berlin und lebte einige Zeit im Hotel. Unabhängig und selbständig brachte sie eine Reihe von Abenteuern hinter sich, dann begegnete ihr Peter Sparr, ein junger Schriftsteller, der für Zeitungen arbeitete. In ihn verliebte sich Sibylle. Sie mieteten ein kleines Haus am Wannsee und lebten zusammen. Sparr war ein Mensch, der nur nachts arbeiten konnte. Am Tag schlief er. Unter dieser Einteilung litt Sibylle.

»Wir haben genug Geld«, sagte sie. »Schreib einmal eine Weile gar nichts. Ruh dich aus. Überlege dir einen Roman.«

Sparr befolgte diesen Vorschlag, und ihre Beziehungen wurden sehr glücklich. Der junge Schriftsteller arbeitete nun aber überhaupt nicht mehr. Er lebte mit Sibylle von ihrer großen Abfindung. Sie ließen es sich gutgehen, denn sie hatten ohnedies die Absicht, miteinander zu sterben, wenn ein Krieg ausbrach. Sparr sagte, er würde sich eher töten, als eine Uniform anziehen. Und auch Sibylle war die Vorstellung unerträglich, daß ihr zarter, nervöser Geliebter auf einem Kasernenhof geschunden werden sollte. So kauften sie vorsorglich bereits im Jahre neunzehnhundertfünfunddreißig Zyankali.

Der Krieg ließ aber auf sich warten.

Sibylles Bankkonto wurde immer kleiner. Da begann sie ihren Schmuck zu verkaufen, ein Stück nach dem anderen. Auf Vorhaltungen von Freundinnen pflegte sie zu erwidern: »Laßt mich in Ruhe. Was kann ich Besseres für mein Geld bekommen als Peter und seine Zärtlichkeit? Außerdem lebe ich selber gerne gut. Und wenn der Krieg ausbricht, bringe ich mich um!«

Sibylle fand, die schöpferische Pause Peters hätte lang genug gedauert, und forderte ihn liebevoll auf, etwas zu schreiben. Er war sofort dazu bereit. In einem Antiquitätengeschäft auf dem Kurfürstendamm, erzählte er, habe er einen wundervollen antiken Schreibtisch und einen dazupassenden Lehnsessel entdeckt.

»Wenn du mir beide Stücke kaufst, fange ich sofort

meinen Roman an. Ich fühle direkt, wie gut ich auf diesem Tisch werde schreiben können!«

Sibylle verkaufte ein Armband und erwarb den Tisch und Sessel. Ihr Freund machte sich an die Arbeit. Er schrieb ein Jahr lang an seinem Roman, das Manuskript wurde immer dicker. Sibylle verkaufte jetzt ihren Nerzmantel. Davon könnten sie lange leben, meinte sie. Und dann würde der Roman gedruckt werden.

Der Roman wurde nicht gedruckt.

Die Verleger, denen Sparr ihn einreichte, schüttelten die Köpfe und sprachen von blutigem Dilettantismus. Sparr führte das auf politische Zeitströmungen zurück und nannte sich ein Opfer des Faschismus. Sibylle sagte: »Für *mich* ist es das schönste Buch, das ich je gelesen habe!«

Sie besaß noch einen Persianermantel und viele große Krokodilhandtaschen. Außerdem kam der Krieg immer näher. In dieser Gewißheit lebte sie ruhig und in Frieden, bis sie daraufkam, daß ihr Freund sie mit einer kleinen blonden Verkäuferin betrog. Er gab es sogleich zu und versprach, die Beziehungen abzubrechen. Sibylle verzieh ihm daraufhin.

Dann kam endlich der Krieg.

»Wir wollen sterben«, sagte Sibylle.

»Heute abend«, sagte Sparr. An diesem Abend war er verschwunden. Er kam nicht wieder. Sibylle sah ihn nur noch ein einziges Mal, drei Jahre später, auf der Straße.

Peter Sparr trug die Uniform eines Luftwaffenleutnants und das Ritterkreuz. Er sah so jungenhaft und freundlich aus wie immer. Die kleine blonde Verkäuferin ging an seiner Seite. »Meine Frau«, stellte er sie vor. Er meinte, man müsse sich unbedingt einmal zu dritt sehen und ordentlich aussprechen. Vor allem über die Kindereien der Vergangenheit wie jene romantische Selbstmordabsicht. Er lachte herzlich bei dem Gedanken daran. Und ob es Sibylle gutginge?

»Ausgezeichnet«, erwiderte sie. Sie wohnte damals in einem möblierten Zimmer und arbeitete als Sekretärin im Auswärtigen Amt. »Und dir?«

»Danke, mir auch!« Er strahlte sie an.

»Peter hat schon neun Engländer abgeschossen«, berichtete die kleine Frau Sparr.

»Reine Glückssache«, sprach er bescheiden. »Morgen erwischt es vielleicht mich. Aber Spaß macht es, das ist wahr!«

Sibylle begann zu lachen.

»Was ist?« fragte er.

»Ach nichts«, sagte Sibylle, »ich habe gerade daran gedacht, daß ich damals das Zyankali allein schluckte, als du nicht wiederkamst!«

»Um Gottes willen, und?«

»Nichts und. Mir wurde nur schlecht, und sie pumpten mir den Magen aus. Der Mann, der uns das Gift verkaufte, hat uns beschwindelt, es war überhaupt nicht wirksam!«

Darüber lachten sie alle drei herzlich.

Ein Jahr später wurde Sibylle im Auftrag des Auswärtigen Amtes nach Rom geschickt. Hier lernte sie viele Männer kennen und hatte einige Affären. Doch die neuen Beziehungen vermochten sie nicht mehr unglücklich zu machen. Nun war *sie* die Überlegene, nun litten die Männer ihretwegen. Sie kam in den Ruf, ebenso faszinierend wie kalt zu sein.

Auf einer Gesellschaft wurde ihr der junge Legationsrat Tonio Trenti vorgestellt. Noch einmal verliebte sich Sibylle leidenschaftlich. Ganz Rom sprach über ihre Beziehung. Sie wollten heiraten, sobald der Krieg zu Ende war. Sie schienen unzertrennlich, sie waren Tag und Nacht zusammen. Sibylle verbrachte viele Abende in Trentis

Haus. Und es traf alle Bekannten als entsetzlicher Schock, als sie erfuhren, daß Sibylle ihren Geliebten den Deutschen ausgeliefert hatte, nachdem ans Licht gekommen war, daß er sie mit Petra Wend betrog.

Wie war das möglich? Die beiden schienen in einer so ungewöhnlich harmonischen Beziehung vereint gewesen zu sein! Nachbarn erinnerten sich noch lange jener Abende, an denen aus dem Musikzimmer von Tonio Trentis Haus Klavierspiel in den stillen Garten hinausgedrungen war.

Trenti spielte vorzüglich Klavier, besonders wenn er ein wenig getrunken hatte. Er spielte stets Chopin. Sibylle saß ihm gegenüber und hörte zu. Tonio Trenti spielte alle Stücke, die ihr Vater vor langer Zeit einmal in Berlin gespielt hatte . . .

## 31

Ich erwachte davon, daß Sibylle sich in meinem Arm bewegte. Ich fühlte das weiche, feine Haar an der Schulter und überlegte benommen: Wieso war Sibylle bei mir!

Ich öffnete die Augen. Ich lag noch immer auf dem Teppich, aber Sibylle hatte mir ein Kissen unter den Kopf geschoben und uns beide zugedeckt. Jetzt seufzte sie und erwachte. Wir erwachten immer gemeinsam.

»Liebling«, begann ich, »hast du —«

»Ja. Gegen fünf Uhr entdeckte ich, daß du nicht im Bett warst. Da drehte ich das Licht an und fand dich hier.« Sie küßte mich auf die Wange. »Du bemerktest gar nicht, daß ich zu dir kam. Du mußt einen ziemlich wirren Traum gehabt haben. Du warst sehr unruhig und sprachst wirres Zeug.«

»Worüber?«

»Hauptsächlich über Chopin.«

»Es war sehr nett von dir, mich zuzudecken«, sagte ich.

»Ich liebe dich.«

»Wie ist das Wetter?«

Sie stand auf, lief im Nachthemd zum Fenster und zog den Vorhang zurück. Blendend fiel das Licht der Morgensonne auf uns. Der Himmel war wolkenlos blau. Der Schnee leuchtete.

»Es ist völlig windstill«, sagte Sibylle. »Die Bahn fährt wieder, ich kann eine Gondel sehen.«

Das Licht der Sonne traf sie. Durch das dünne Nachthemd erblickte ich ihren Körper.

»Komm zu mir, Sibylle.«

Sie kam schnell und glitt neben mich, und wir liebten einander auf dem Teppich. Alles war schön und harmonisch, und ich hatte das Gefühl, lange Zeit krank gewesen zu sein. Jetzt war ich wieder gesund.

Nachdem wir gebadet hatten, bestellten wir das Frühstück. Während wir darauf warteten, saßen wir auf dem Bett und sahen in den Schnee hinaus. Der Sturm der Nacht hatte ihn an manchen Stellen zu riesigen Wächten hochgeweht, an anderen Stellen sah man erfrorenes Gras. Das Gras war schwarz und braun, und der Schnee war in der Sonne blau, gelb, violett und weiß. Der Schnee hatte viele Farben.

»Nach dem Frühstück fahre ich hinunter«, sagte ich. »In ein paar Tagen komme ich wieder. Du bleibst hier und wartest auf mich, mein Herz.«

»Wohin fährst du?«

»Nach München«, sagte ich. »Oder nach Frankfurt. Es kommt darauf an.«

»Worauf kommt es an?« Wir saßen sehr eng nebeneinander, ich hatte einen Arm um ihre Schulter gelegt, und wenn sie durch die Nase atmete, fühlte ich den Hauch ihres Atems auf meiner Brust. Es war ein friedlicher Morgen, alles war klar und unkompliziert und endgültig.

»Ich werde dir einen falschen Paß verschaffen«, sagte ich. »Du gibst mir deinen richtigen mit wegen des Bildes. Von München aus rufe ich meine Redaktion an. Ich habe dort Freunde, die kennen eine Menge Fälscher. Ein paar von den Fälschern sind uns sehr verpflichtet.«

»Wie Frau Totenkopf?«

»Wie Frau Totenkopf«, sagte ich. »Ich habe mir alles überlegt.«

»Wann hast du es dir überlegt? Du hast doch geschlafen.«

»Ich habe es mir im Schlaf überlegt«, sagte ich. »Sie wollten immer, daß ich das Büro in Rio übernehme. Ich habe mich immer geweigert — deinetwegen. Jetzt werde ich mich um die Stelle bewerben. Wir fliegen nach Brasilien. Ich fliege allein, und du fliegst allein. Wir nehmen die Panair do Brasil. Auch da habe ich Freunde. Und in Rio heiraten wir. Das ist ein großes Land mit vielen Menschen. Wir werden niemandem auffallen.«

»Paul . . .«

»Ja?«

»Du willst bei mir bleiben?«

»Ja, für immer«, sagte ich. »Ich will nie mehr von dir fortgehen.«

»Aber ich habe doch einen Menschen erschossen! Du hast gesagt, du mußt mich verlassen, weil ich eine Mörderin bin!«

»Das war gestern.«

»Und heute ist alles anders. Warum?«

»Weil ich dich liebe«, sagte ich. »Ohne dich will ich nicht mehr leben. Also ist mir alles gleich. Ich will mit dir leben und glücklich bleiben, bis ich sterbe.«

»Ich auch, Paul.«

Und dann sprachen wir nicht mehr, sondern hielten uns nur an den Händen und sahen hinaus auf den vielfarbigen Schnee und die kleinen Gondeln der Seilbahn.

Sie fuhr jetzt ununterbrochen, es kamen viele Skifahrer auf den Berg herauf. Die Skifahrer machten eine Menge Lärm und bewarfen einander mit Schnee. Es gab auch ein paar Mädchen unter ihnen. Die Mädchen wurden am meisten mit Schnee beworfen.

Eine freundliche Kellnerin brachte das Frühstück. Wir hatten Ham and Eggs, Orangensaft und Kaffee bestellt. Der Kaffee und der Schinken rochen großartig.Nachdem das Mädchen gegangen war, setzten wir uns an den Tisch. Neben meiner Kaffeetasse lag eine Münchner Morgenzeitung. Ich sah flüchtig darauf. Dann entdeckte ich eine Überschrift auf der ersten Seite und sah schnell genau hin. Die Überschrift lautete:

ZEUGIN IM MORDFALL TRENTI BEHAUPTET:
SIBYLLE LOREDO LEBT!

## 32

Der Meldung lagen im wesentlichen die Aussagen Petra Wends vor der Salzburger Kriminalpolizei zugrunde — soweit diese sie der Presse übergeben hatte. Zunächst überflog ich den Bericht nur auf der Suche nach meinem Namen. Es war unwahrscheinlich, daß er voll ausgeschrieben genannt wurde, aber wenn es der Fall war, dann war alles aus.

Der Name Holland wurde nicht genannt.

Petra Wend hatte der Polizei erklärt: »Ich bin sicher, daß die Frau, die sich Sibylle Loredo nennt, lebt und daß sie den Mord begangen hat.«

Frage: »Was glauben Sie, was sie nun tun wird?«

Antwort: »Sie wird versuchen, Österreich zu verlassen und in ein anderes Land zu gehen, vielleicht auch in einen anderen Kontinent.«

Frage: »Glauben Sie, daß sie dazu allein in der Lage ist?«

Antwort: »Sie hat ergebene Freunde, die ihr gewiß helfen werden.«

Frage: »Wollen Sie uns die Namen dieser ergebenen Freunde nennen?«

Antwort: »Nein.«

Das war alles. Mir genügte es, aber ich wollte Sibylle nicht ängstigen: »Lächerlich! Wichtigtuerei und Geschwätz. Bitte, gib mir das Salz.«

»Was machen wir jetzt?«

»Ich fahre nach Wien«, sagte ich. »In der Zeitung steht, daß Petra schon nach Wien zurückgekehrt ist. In Wien bekomme ich deinen Paß bestimmt auch und kann Petra zur Rede stellen. Wenn ich wieder auftauche, ist die Polizei beruhigt.«

»Aber wenn wir das Land verlassen?«

»Niemand kann mir verbieten, nach Rio zu fliegen. Ich fliege beruflich allein. Du fliegst mit einem falschen Paß. Es kann überhaupt nichts geschehen.« Das sagte ich, um sie zu beruhigen. Ich verschwieg, daß natürlich bereits auf allen Flughäfen und Grenzstationen Sibylles Bild hing. Auch da gab es Wege. Sie würde ihr Haar färben lassen und eine andere Frisur wählen. Auch das Paßfoto konnte man retuschieren. Ich mußte nur um jeden Preis verhindern, daß Sibylle in Panik geriet. Wenn sie die Nerven verlor, kamen wir nie aus Europa heraus.

»Ich rufe dich jeden Abend an«, versprach ich, als ich mich eine Stunde später von ihr verabschiedete.

»Jeden Abend?« Ihre Augen flackerten. »Wie lange willst du denn fortbleiben?«

»Nur ein paar Tage, reg dich nicht auf, mein Herz.«

»Komm zurück. Bitte, komm schnell zurück. Ich habe solche Angst! So furchtbare Angst!«

»Ich komme, so schnell ich kann«, sagte ich.

Als meine Gondel abfuhr, stand Sibylle am Fenster und winkte.

Ich winkte auch, bis die Gondel tiefer sank und die Bergkuppe das Haus, das Fenster und Sibylle verdeckte.

Ich kam auf die gleiche Weise nach Österreich zurück, als ich nach Bayern gekommen war: in einem Kaffeelastwagen der Alice Totenkopf. Ich rief sie aus Traunstein an, und sie schickte mir ein Auto. Alles ging gut. Der Tag blieb schön bis zum Abend. Ich nahm den Mittagszug nach Wien und aß im Speisewagen. Ich hatte Hunger und fühlte mich ausgezeichnet, da ich nun genau wußte, was ich tun wollte. Mein Tischnachbar zeigte mir die ersten Trassen der Autobahn Salzburg—Wien, an der zurzeit gebaut wurde. Schwarz lagen sie im Schnee, und ich sah viele Kräne und Bagger. Einmal sah ich eine neue Brücke, mit leuchtendroter Rostschutzfarbe bestrichen.

Ich ging zurück in mein Abteil und las ein bißchen. Dann wurde ich müde, denn ich hatte eine halbe Flasche Wein getrunken. Ich schlief ein und träumte von Sibylle. In meinem Traum waren wir beide schon in Rio gelandet und lagen am Strand der Copacabana in der Sonne; Sibylle trug einen weißen Badeanzug und war ganz braun gebrannt. Alle Männer sahen sie an. Es gab viele schöne Frauen am Strand, aber für mich war Sibylle die allerschönste. In meinem Traum sagte ich es ihr auch, und sie erwiderte, für sie sei ich der schönste Mann. Sie wolle keinen anderen.

## 33

In Wien stieg ich im Hotel *Ambassador* ab, einerseits, weil ich immer hier wohnte und man mich besonders gut behandelte, anderseits, weil ich mein Auftauchen deutlich akzentuieren wollte. Ich bekam jenes Zimmer im vierten

Stock, in dem ich auch diese Zeilen schreibe, das Zimmer mit den roten Tapeten, den weiß-goldenen Möbeln und dem grüngekachelten Badezimmer.

Ich fuhr sofort zur Polizeidirektion. Dort verlangte ich den diensttuenden Kommissar vom Morddezernat und zeigte meinen Paß, in welchem sich dank Alice Totenkopf keine neuen Aus- oder Einreisestempel befanden. Ich protestierte gegen Petra Wends der Presse übergebene Äußerungen. Ich sagte, der Ausdruck »ergebene Freunde«, wäre ohne Zweifel auf mich gemünzt und geeignet, mich in der Öffentlichkeit zu verdächtigen. Der Kommissar meinte, kein Mensch verdächtige mich und er könne meinen Zustand begreifen. Er respektiere meine Liebe zu der Verschwundenen. Was ich in Wien vorhätte, fragte er.

»Ich will mit Frau Wend sprechen.«

»Sie glauben also auch, daß Frau Loredo lebt?«

Ich gab mich hysterischer, als ich war: »Herrgott noch einmal, was heißt: glauben? Ich weiß es nicht! Ist es ein Verbrechen, wenn ich versuche, mir Gewißheit zu verschaffen? Was würden Sie an meiner Stelle tun? Nach Hause fahren und den Fall vergessen?«

Die Lautstärke tat ihre Wirkung. Er versicherte mich noch einmal seiner Sympathie. Das hatte ich erwartet. Nun fragte ich: »Was glaubt die Polizei?«

»Wir haben keinerlei Beweis dafür, daß Frau Loredo tot ist.«

»Und dafür, daß sie lebt?«

Er hob die Hände und ließ sie wieder fallen.

»Also auch keinen«, sagte ich. »Außer Frau Wends Behauptung.«

»Eine Behauptung ist kein Beweis.«

Ich verabschiedete mich und fuhr ins Hotel zurück. Es hatte wieder zu schneien begonnen. Der Schnee dämpfte den Lärm des Verkehrs. Ich fand, daß es sehr still in Wien war.

In meinem Zimmer schrieb ich einen Brief an den Vorstand meiner Agentur, der aus drei Männern bestand. Zwei von ihnen kannte ich. Ich bat sie um eine Versetzung nach Rio de Janeiro. Nach allem, was geschehen war, schrieb ich, fühle ich mich nicht mehr wohl in Europa. Es war immer ein Wunsch des Büros gewesen, mich in Rio zu sehen. Ich sprach Portugiesisch. Und ich vertrug das Klima.

Ich überlegte, ob ich noch etwas mehr Schmerz über den Verlust Sibylles in den Brief bringen sollte, aber dann fand ich meine Zeilen bewegt genug. Die drei Männer des Vorstandes waren ältere Leute. Bei ihnen spielte die Liebe keine große Rolle mehr, sie machte sie nur noch nervös. Ich blieb beim Geschäft und erinnerte daran, daß ich dem Büro 1947 und 1948 in Brasilien gute Dienste geleistet hatte. Ich könnte jederzeit fliegen, schrieb ich.

Nun war es ganz dunkel geworden.

Ich schloß das Kuvert des Briefes und dachte an Sibylle. Ob sie wohl am Fenster saß und in den Schnee hinaussah? Und ob sie Seilbahn fuhr?

Ich hob den Hörer des Telefons ab. Die Zentrale meldete sich.

»Herr Holland?«

»Ich möchte eine Verbindung mit einer Frau Petra Wend.«

»Adresse?«

»Weiß ich nicht. Es kann aber nicht viele Petras geben.«

»Legen Sie auf, Herr Holland. Ich rufe gleich wieder.«

Eine Minute verstrich.

Wenn Sibylle am Fenster saß, dachte ich, dann brannte kein elektrisches Licht im Zimmer. Sie saß gerne im Dunkeln. Ich auch. Wir hatten oft nebeneinander gesessen und in die Nacht hinausgesehen.

Das Telefon schrillte.

»Hallo?«

»Hier spricht Petra Wend.« Die Stimme klang spröde und kühl.

Ich nannte meinen Namen. Danach war es kurze Zeit still, dann: »Sie sind in Wien?«

»Haben Sie mich nicht erwartet?«

»Ich? Wieso?«

Sie machte mich nervös wie stets.

»Ich möchte mit Ihnen sprechen. Haben Sie Zeit, mit mir abendzuessen?«

»Gerne . . .«

»Darf ich Sie in einer Stunde abholen?«

»Es wird mich freuen.« Sie nannte ihre Adresse. »Haben Sie etwas von Sibylle gehört?«

»Nichts. Warum?«

»Ich frage nur. Also in einer Stunde, Herr Holland.«

Das Gespräch war zu Ende.

Ich bestellte Whisky und Eis und ging ins Badezimmer, um mich zu rasieren. Dann zog ich mich um. Das Schneetreiben draußen wurde immer dichter. Im Zimmer war es warm. Ich setzte mich und trank ein Glas. Danach war ich überhaupt nicht mehr nervös.

Petra Wend wohnte in der Grinzinger Allee. Der Chauffeur des Taxis, mit dem ich fuhr, fluchte beständig, weil der Schnee ihm die Sicht nahm. Die Wischer seines Wagens vermochten die Scheibe nicht freizuhalten. Ich erinnerte mich an meine Fahrt durch Bayern. Der Chauffeur der Alice Totenkopf hatte dieselben Schwierigkeiten gehabt. Es gab viel Schnee in diesem Winter.

Das Haus, in dem Petra wohnte, lag in einem großen Garten. Es war zwanzig Uhr, als ich ankam. Aus dem Fenster der Villa fiel gelbes Licht ins Freie. Ein Mann, eine Frau und ein kleines Mädchen bewarfen einander mit Schnee. Sie schienen in der Villa zu wohnen. Die Frau und das Kind jagten den Mann lachend und atemlos durch den Garten. Er stürzte, sie fielen über ihn und rieben sein Gesicht mit Schnee ein. Sie waren glücklich und vergnügt. Dann jagten der Vater und die Tochter die junge Mutter durch den Schnee. Sie sah mich nicht und lief direkt in mich hinein.

»Oh, Verzeihung!«

»Bitte«, sagte ich und lächelte. Aber sie lächelte nicht, sondern trat zurück, und das kleine Mädchen trat neben den Vater, und er legte einen Arm um die Schulter der Tochter und grüßte freundlich, und ich ging ins Haus. Im Eingang drehte ich mich noch einmal um und sah zu der glücklichen Familie zurück, die wieder zu spielen begann. Es waren fremde Menschen, aber ich wußte, daß sie auch Sibylle gefallen hätten, und ich dachte: Gleich nachdem wir in Rio ankämen, würden wir heiraten. Ich wollte eine Frau haben, ich wollte ein Heim haben. Ich wollte endlich wieder in Frieden leben.

## 34

Wenn ich heute versuche, eine Erklärung für alles zu finden, was noch an diesem Abend geschah, dann darf ich nicht vergessen zu erwähnen, daß Petra eine Menge trank. Sie war schon nach dem Essen beschwipst. Aber sie war nie betrunken, sie spielte nur die Betrunkene, davon bin ich heute überzeugt. Sie wußte genau, was sie tun wollte. Doch das begriff ich erst, als es zu spät war.

Wir aßen in einem Restaurant, das sich im obersten Stockwerk eines neuen Hauses gegenüber dem Stephansdom befand. Es war ein großes Lokal, in dem zu viele Lampen brannten. Das grelle Licht war nicht gut für die Frauen. Sie sahen alle blaß und traurig aus. In diesem Restaurant gab es besonders ausgefallene Vorspeisen, es war dafür bekannt. Sie machten eine richtige Wissenschaft aus dem Horsd'oeuvre in diesem Lokal . . .

Petra trug ein schwarzes, enges Cocktailkleid, das die Schultern freiließ. Über der Brust kreuzten sich zwei Stoffbahnen, sonst war das Kleid glatt. Sie hatte die Wimpern getuscht, die Lippen waren sehr rot, das weiße Haar trug sie streng zurückgekämmt. Sie sah erregend müde aus unter dem unbarmherzigen Licht. Es war mir egal, wie sie aussah.

Vor den Horsd'oeuvres tranken wir zwei Martinis. Zum Essen tranken wir zusammen eine Flasche Burgunder, und zum Kaffee zwei Kognaks. Davon konnte niemand beschwipst sein. Petra war es aber.

Über einem Filetsteak mit Kräutern schlossen wir unseren Waffenstillstand. Sie sagte: »Ich wußte nicht, daß die Polizei meine Erklärung an Zeitungsredaktionen weitergeben würde.«

Ein Kellner kam und hob das Körbchen, in dem die Burgunderflasche lag: »Noch etwas Wein, gnädige Frau?«

»Ja, bitte.« Sie wartete, bis er gegangen war, dann fuhr sie fort: »Und es ist meine Meinung, daß Sibylle lebt! Ich darf doch meine Meinung sagen!«

»Es ist auch Ihre Meinung, daß ich Sibylle zur Flucht verhelfen würde, weil ich ein so ergebener Freund bin.«

»Es würde mich sehr enttäuschen, wenn Sie es nicht täten, Herr Holland.« Sie trank. »Ich . . . Ich wollte Sie nicht beleidigen, als ich von Ergebenheit sprach. Im Gegenteil. Ihre Liebe zu Sibylle ist etwas, das mich rührt, etwas Wundervolles . . .«

»Ich liebe Sibylle nicht mehr.«

»Unsinn.«

»Kein Unsinn!«

»Sehen Sie mich nicht so böse an, Herr Holland!«

»Ich liebe Sibylle nicht mehr!« sagte ich laut. »Nach allem, was Sie mir erzählt haben, muß auch ich glauben, daß sie den Mord begangen hat. Es ist furchtbar, aber ich muß es glauben. Ich wünsche nicht, daß die Polizei

Sibylle findet; ich hoffe, sie entkommt. Aber ich würde ihr niemals helfen zu entkommen!«

»Sie enttäuschen mich.«

»Bitte?«

»Ich dachte, Sie lieben Sibylle.«

»Nicht so. Ich liebe keine Mörderin. Und ich helfe keiner Mörderin.« Ich dachte: Ich mußte es oft sagen, immer wieder, ganz primitiv. Dann hielt sie mich zuletzt für einen primitiven Menschen. Es war mir völlig gleich, wofür mich Petra hielt.

»Dann lieben Sie sie nicht richtig.«

»Vielleicht nicht.«

»Ich glaube, mein Mann würde mir auch helfen, wenn ich einen Mord begangen hätte.«

»Sie sind verheiratet?«

»Ja. Ich habe auch einen Sohn. Wußten Sie das nicht?«

»Sie haben es mir nicht erzählt.«

Beiläufig sagte sie, dabei Fleisch schneidend: »Mein Mann lebt in Frankreich. Ich sehe ihn selten, er hat so viel in Paris zu tun. Tommy ist sieben Jahre alt. Ich habe ihn in einem guten Internat untergebracht. Man kann sich nicht richtig um ein Kind kümmern, wenn man berufstätig ist, nicht wahr?«

»Gewiß«, sagte ich. Ich dachte: Vielleicht habe ich diese Frau überschätzt. Vielleicht war sie gar nicht so gefährlich. In drei Tagen konnte die Antwort aus Frankfurt da sein. In zehn Tagen konnte ich fliegen.

»Ja«, sagte Petra. »Mein Mann würde mir helfen. Er würde mir helfen, gleich, was ich getan habe.«

»Ich helfe keiner Mörderin.« Es war monoton. Es sollte monoton sein. Primitiv und monoton. Ich würde es so oft sagen, bis sie mich für einen monotonen Dummkopf hielt. Ich würde es zehn Tage lang sagen, wenn es sein mußte.

Nach dem Essen führte mich Petra in eine Bar, die ich noch nicht kannte. Die Bar war dämmrig und hatte große

Ähnlichkeit mit Robert Friedmanns Bar auf dem Kurfürstendamm. Ich erschrak über die Ähnlichkeit. Es gab die gleichen roten Samtsessel und Kerzen und die gleichen roten Tapeten, sogar die Theke war der Theke Roberts ähnlich. Ich hatte Angst vor dem Klavierspieler, aber er spielte lauter Lieder, die mir gleichgültig waren.

Nachdem ich zwei Whiskys getrunken hatte, war mir überhaupt alles gleichgültig. Ich fühlte mich plötzlich sehr sicher, denn ich bemerkte, daß Petra immer unsicherer wurde. Es konnte nicht viel Gefährliches an einer Frau sein, die so schnell betrunken war.

»Herr Holland?« Ihre Augen leuchteten jetzt, und ihre Lippen waren feucht. Wir saßen an der Theke, eng nebeneinander, obwohl es viel Platz gab. Aber Petra war dicht neben mich gerückt, ich roch ihr Parfüm und ihre Haut. Sie roch angenehm. Der Whisky wärmte mich, und ich dachte an Sibylle und an den Strand von Rio und fühlte mich umgeben von lauter Sicherheit.

»Ja, gnädige Frau?«

Die Zigarette, die sie zwischen den Fingern hielt, zitterte ein bißchen. »Sie sind ein netter Kerl, Herr Holland.«

»Danke schön.«

»Vorhin . . . habe ich Sie angelogen . . .«

»O ja?«

»Als ich von meinem Mann sprach.« Sie kam noch näher. Ihre blauen Augen waren sehr groß. Der Pianist spielte in der Nähe. Niemand konnte unser Gespräch verfolgen. Die rothaarige Barfrau interessierte sich für einen einsamen Herrn am anderen Ende der Theke. Das Lokal war nicht sehr besucht an diesem Abend, und alle Gäste waren leise.

»Ich sagte, ich sähe meinen Mann nur selten, nicht wahr?«

Ich nickte.

»Das war gelogen, ich sehe ihn überhaupt nicht mehr.

Seit drei Jahren habe ich ihn nicht mehr gesehen . . .« Sie legte ihre Hand auf die meine. Nun kam also Intimes, dachte ich. Die Stunde der Bekenntniswut. Na und? Sollte sie doch reden. Dann mußte ich nicht reden. Ich konnte trinken und rauchen und voll Sympathie zuhören. Jede Stunde war eine Stunde näher dem Tag, an dem ich das alles hinter mir ließ und für immer bei Sibylle war . . .

». . . mein Mann ist Architekt«, sagte Petra. »Glauben Sie nicht, daß ich ihn schlechtmachen will, wirklich nicht. Solange wir zusammenlebten, hatten wir die glücklichste Ehe von Wien. Alle Menschen sprachen von uns. Wir waren ein exemplarisches Paar. Niemals gab es Streit. Immer war er gut zu mir. Und er liebte Tommy, wirklich, er war ein rührender Vater . . .« Sie drehte ihr leeres Glas hin und her.

Ich winkte der rothaarigen Barfrau. Sie füllte beide Gläser wieder. »Nicht zuviel Sodawasser«, sagte Petra und lächelte der Barfrau zu.

»Bestimmt nicht, gnä' Frau.«

Petra trank. Das dämmrige Licht der Bar war gut für sie. Sie sah jetzt ausgezeichnet aus, ihre Wangen waren gerötet. ». . . dann kam dieser Pariser Auftrag. Ein Hochhaus, zusammen mit Le Corbusier. Er fragte mich, ob er annehmen sollte. Natürlich mußte er annehmen. So eine Chance hat man doch nur einmal im Leben, nicht wahr?«

»Gewiß«, sagte ich.

»Er fuhr also . . . zuerst schrieb er mir noch jeden Tag . . . und ich sollte nachkommen . . . und dann traf er diese Frau, Ramona Leblanc.«

»Die Schauspielerin?«

»Sie kennen sie?«

»Aus Filmen.«

»Mit ihr lebt er. Seit drei Jahren. Und er kommt nicht zurück.«

»Warum lassen Sie sich nicht scheiden?«

»Er sagt, er will sich nicht scheiden lassen. Er sieht den Grund nicht ein. Er liebt nur mich und das Kind. Sagt er.«

»Schickt er Geld?«

»O ja, natürlich.« Sie warf den Kopf zurück. »Was erzähle ich Ihnen das alles! Wollen wir tanzen?«

»Ich tanze nicht sehr gut. Mein Bein —«

»Das ist nur ein English Waltz. Kommen Sie.«

Wir tanzten. Der Klavierspieler verneigte sich lächelnd, als wir an ihm vorüberkamen. Die rothaarige Barfrau lächelte. Die anderen Paare lächelten. Sie fanden uns alle sympathisch. Mir waren sie auch alle sympathisch. Ich hielt Petra im Arm, sie fühlte sich weich und warm an und schmiegte sich eng an mich.

Einmal stolperte sie.

»Verzeihung«, sagte ich.

»Nicht Ihre Schuld. Ich bin beschwipst. Bringen Sie mich heim.«

»Wenn Sie es wünschen.«

»Kommen Sie noch einen Moment hinauf und trinken Sie eine Tasse Kaffee.«

»Gerne.«

»Sie sind nett, Herr Holland. Wirklich sehr nett.«

## 35

Sie wohnte im obersten Stock der Villa, in einer ausgebauten Mansarde. Es gab eine Dachterrasse, eine Küche, ein Badezimmer, ein Schlafzimmer und ein großes Atelier mit vielen Skizzen und modernen Bildern an den Wänden. Es gab niedrige Möbel, Teppiche und Decken in hellen Farben, und es gab viele bunte Kissen auf einer großen Couch.

Als wir das Atelier betraten, öffnete Petra ihren Mantel und ließ ihn einfach zu Boden gleiten. Ich hob ihn auf.

»Wissen Sie, es ist eigentlich Unsinn, jetzt noch Kaffee zu trinken. Dann kann man nachher nicht schlafen.«

»Das ist richtig.« Ich war entschlossen, alles richtig zu finden, was Petra sagte.

»Sie trinken doch gerne Whisky. Ich habe eine ganze Flasche. Wollen wir noch einen Schluck trinken?«

»Gerne.«

»Kommen Sie.«

Wir gingen in die Küche und holten die Flasche und Gläser und Sodawasser. Petra öffnete den Eisschrank und nahm eine kleine flache Blechwanne heraus, in deren Gitter gefrorene Würfel steckten.

»Geben Sie her.« Ich hielt die Wanne unter die Wasserleitung und drehte den Hahn auf. Sie strich mir mit der Hand über die Wange.

»Ihre Haut ist ganz glatt, ganz glatt . . .«

»Ich habe mich vor drei Stunden rasiert«, sagte ich.

»Wie heißen Sie mit dem Vornamen?«

»Paul.«

»Ich habe ein paar neue Platten gekauft, Paul, sie werden Ihnen gefallen.«

In dem großen Atelier brannte nur eine kleine Lampe mit einem orangefarbenen Schirm. Wir saßen auf der Couch und tranken und rauchten, und die neuen Platten erwiesen sich als Aufnahmen von Harry James. Mich machte die Trompete nervös, die Unruhe, die langgezogenen Kadenzen.

»Wundervoll, nicht?« Sie sah mich an.

»Großartig«, sagte ich.

Egal. Mir war alles egal. Ich liebte Sibylle. Und Gott schützt die Liebenden. Wer hatte das gesagt? Ich dachte darüber nach. Es fiel mir nicht ein. Es war mir auch egal. Nachher wollte ich noch Sibylle anrufen.

Petra ließ sich in die Kissen zurücksinken. Ihr Kleid verschob sich. Ich sah die Beine. Es waren schöne Beine.

In meinem Glas klirrten die Eiswürfel, und es gab noch eine Menge Whisky in der Flasche.

»Wissen Sie, daß Sie mich heute abend eigentlich sehr enttäuscht haben, Paul?« — »Ja?«

»Ja. Als Sie sagten, Sie würden Sibylle nicht mehr helfen. Mein Mann würde mir helfen, noch immer. Trotz allem.«

»Ihr Mann liebt Sie eben mehr.«

»Mein Mann würde mir auch nicht helfen«, sagte sie und trank. »Er liebt mich überhaupt nicht. Kein Mann liebt. Die Männer sind egoistisch und gemein. Sie wollen alle dasselbe. Wir geben es ihnen. Dann bekommen sie uns über. Sie sind auch so, Paul.«

»Vielleicht.«

»Aber nett.«

Die Platte war abgelaufen. Die Nadel schlug rhythmisch und endlos.

»Nehmen Sie jetzt Gershwin«, sagte Petra.

»Was von Gershwin?«

»Was Sie wollen. Ich habe alle Platten.«

Ich stand auf und ging zu dem kleinen Gestell, in dem ihre Schallplatten untergebracht waren, und suchte, und sie lag auf der Couch und sah mir dabei zu und trank.

»Das *Konzert in F?«* fragte ich.

»Das *Konzert in F.«*

Ich legte die neue Platte auf. Musik erklang. Ich ging zu Petra zurück. Ihre Augen schwammen jetzt ein wenig. Ich überlegte, ob sie wohl regelmäßig trank. Sie sah nicht wie eine Trinkerin aus. Ein Klaviersolo erhob sich. Ein Saxophon setzte klagend ein.

»Schön«, sagte ich. Diesmal meinte ich es ehrlich.

»Wunderbar. Das ist ein Mann, mit dem ich sofort geschlafen hätte!«

»Alle Frauen, die ich kenne, hätten sofort mit Gershwin geschlafen.«

»Wie schrecklich, daß er so früh sterben mußte.« Sie dehnte sich auf der Couch, ihre Lippen öffneten sich. Ich trank. »Sie haben Komplexe, Paul, nicht wahr?«

»Ich? Überhaupt nicht.«

»Wegen Ihres Beins.« Sie berührte mein gesundes Knie mit der Spitze ihres hochhackigen Schuhes. »Sie müssen keine Komplexe haben. Wirklich nicht.«

»Ich habe keine.«

»Wir haben alle Komplexe.« Jetzt richtete sie sich auf und kam ganz nahe. Das Klaviersolo war zu Ende, das Orchester setzte wieder ein.

»Wollen wir noch etwas trinken?« fragte ich.

»Gerne, Paul . . .« Ihre Lippen hatten sich noch immer nicht geschlossen.

»Es ist aber kein Eis mehr da . . .«

»Ich hole Eis . . .« Sie nahm den kleinen silbernen Kübel und verließ den Raum. Die Tür fiel hinter ihr zu. Ich zündete eine neue Zigarette an und lauschte der Musik und dachte: Als ich das letztemal in Rio war, begannen sie gerade mit dem Bau einer Villenanlage neben dem Golfplatz. Sie bauten sehr schnell in Rio. Wenn ich jetzt wiederkam, waren die Arbeiten bestimmt schon weit fortgeschritten. Gewiß würde es möglich sein, noch ein kleines Haus zu mieten. Wir brauchten kein großes Haus, Sibylle und ich.

Ich stand auf und ging Petra in die Küche nach. Ich wollte ihr mit den Eiswürfeln helfen. Die Küche war leer.

»Petra!«

Sie antwortete nicht.

Auch das Badezimmer war leer. Ich ging über den weißen Steinboden, an der Wanne vorbei, auf die Tür zum Schlafzimmer zu.

Im Schlafzimmer brannte die Nachttischlampe. Auf dem Bett lag Petra. Ihr Körper war sehr hell und ebenmäßig. Ich sah die großen Brüste mit den rosigen Warzen, die langen Beine, die schmalen Hüften, das breite Becken. Sie war ganz nackt und sah mich ernst an. Sie sagte: »Komm, Paul.«

## 36

Die Wiener Hauptpost hielt einen ihrer Schalter Tag und Nacht geöffnet, das wußte ich. Es schneite noch immer, als das Taxi, das mich von Petras Wohnung in die Stadt zurückbrachte, vor dem großen Gebäude hielt.

»Warten Sie«, sagte ich zu dem Chauffeur.

Durch den Schnee ging ich auf den erleuchteten Eingang zu. Es war kein Mensch zu sehen. Und es schneite unaufhörlich, unerschöpflich. An manchen Stellen versank ich bis zum Knie in den riesigen Wehen. Der Beamte in der Schalterhalle war alt. Er gähnte. »Sie wünschen?«

Ich sagte, was ich wünschte.

»Nehmen Sie Platz.«

In der Halle gab es kleine Hocker. Sie waren am Boden festgeschraubt und standen vor den Schreibpulten. Es waren sieben Männer außer dem Beamten und mir im Raum. Alle sieben waren arm, und alle sieben schliefen. Fünf hatten sich auf Hocker gesetzt und lagen mit Kopf und Armen auf den Schreibpulten, zwei schliefen stehend. Sie umarmten Zentralheizungskörper neben dem Eingang. Es war zu kalt, um unter den Brücken zu schlafen.

»Hier kommt Ihr Gespräch. Zelle eins, bitte!«

Ich ging in die kleine Zelle und hob den Hörer ab. Der Nachtportier meldete sich. Ich verlangte meine Frau. Ich war entschlossen, immer nur von Postämtern und nie von meinem Hotel aus zu telefonieren.

»Hallo . . .« Sibylles Stimme klang sehr nah und sehr laut und sehr süß.

»Entschuldige, daß ich dich so lange warten ließ.«

»Es macht nichts. Ich habe gelesen. Wie geht es dir?«

»Gut«, sagte ich. Durch das Fenster der Zelle sah ich, daß ein Polizist die Halle betrat. Ich erschrak, aber dann bemerkte ich, daß er sich nur um die Arbeitslosen kümmerte. Er weckte sie auf, einen nach dem anderen. Anscheinend war es verboten, in der Schalterhalle zu schlafen. Zu sitzen oder zu stehen war erlaubt. Die Obdachlosen saßen und standen apathisch da und bemühten sich, die Augen offenzuhalten.

»Wie lange wirst du in Wien bleiben müssen?«

»Das weiß ich noch nicht.«

»Hast du Petra gesehen?«

»Ja«, sagte ich. Jetzt unterhielt sich der Polizist mit einem der Männer an der Zentralheizung. Er ließ sich den Ausweis zeigen. Ich sagte: »Ich habe den Abend mit Petra verbracht.«

Keine Antwort.

»Ich komme direkt von ihr. Ich glaube nicht, daß sie uns Sorgen machen wird.«

Wieder schwieg Sibylle. Die offene Verbindung rauschte.

»Sie war zunächst sehr freundlich und ganz vernünftig. Später allerdings war sie betrunken. Sie forderte mich auf, mit ihr zu schlafen.«

»Und?«

»Ich war auch ein bißchen betrunken. Ich wollte sie mir nicht zum Feind machen. Es wäre eine unmögliche Situation gewesen . . .«

Der Polizist gab den Ausweis zurück und verließ die Halle. Die sieben Männer sanken sogleich wieder in sich zusammen.

»*Hast* du mir ihr geschlafen?«

»Ich habe es versucht.«

»Oh«, sagte Sibylle. Dann schwieg sie wieder. Und dann begann sie zu lachen. »Entschuldige, Paul!«

»Warum? Es ist auch komisch — wenigstens jetzt, wenn ich daran zurückdenke. Die Liebe ist eigentlich das Komischeste, was es gibt. Ich meine nicht die Liebe.«

»Ich weiß, was du meinst.«

»Ich glaube, es kam, weil ich die ganze Zeit nur an dich dachte.«

»Bestimmt. Ich bin sehr gerührt«, sagte sie ernst.

»Männer haben es nicht so leicht wie Frauen.«

»Nein, mein Armer. Wie reagierte Petra?«

»Sie meinte, es wäre der Whisky, und ich sollte mir nichts daraus machen. Sie mache sich auch nichts daraus.«

»Gehst du jetzt zu ihr zurück?«

»Nein.«

»Wirst du sie wiedersehen?«

»Ich weiß nicht. Vielleicht. Wir haben uns nicht verabredet. Sie schlief plötzlich ein.«

»Paul, ich habe Sehnsucht.«

»Ich auch.«

»Wenn du sie wiedersiehst — wird es wieder dazu kommen?«

»Nein.«

»Beeile dich. Bitte, beeile dich. Komm zu mir.«

»Ja.«

»Ich liebe dich.«

»Und ich dich, mein Herz.«

»Ich muß dir noch etwas sagen.«

»Ja.«

»Ich hatte in letzter Zeit beim Lesen immer Kopfschmerzen. Heute war ich im Ort unten, beim Augenarzt. Ich bin weitsichtig. Ich muß mir eine Brille machen lassen.«

»Es gibt sehr schöne Brillen.«

»Ich muß sie nicht immer tragen. Nur zum Lesen, weißt du.«

»Du kannst sie auch immer tragen, es macht mir nichts.«

»Paul . . .«

»Ja?«

»Weitsichtigkeit ist eine Alterserscheinung. Ich werde alt.«

»Du wirst nie alt werden«, sagte ich.

# DRITTES BUCH

## 1

»Herr Holland?«

Der Portier rief an. Die Sonne schien, und es schneite nicht mehr. Der Himmel war strahlend blau. Ich hatte gefrühstückt und wollte gerade das Hotel verlassen, um mit Frankfurt zu telefonieren. Kalmar mußte mir die Adresse eines Fälschers geben.

»Was ist?«

»Eine Dame möchte Sie sprechen. Eine Frau Wend.«

»Ich komme hinunter.«

Die Halle des Hotels war zu dieser Stunde leer. Als ich eintrat, winkte Petra mir zu. Sie trug einen dunkelblauen Mantel und keinen Hut. Sie sah gepflegt und frisch aus. Ich küßte ihre Hand. Sie lächelte freundlich: »Ich komme, um mich bei Ihnen zu entschuldigen.«

»Wenn jemand Grund hat, sich zu entschuldigen —«

»Nein, lassen Sie mich sprechen! Ich war heute nacht betrunken, ich habe mich unmöglich benommen. Ich möchte, daß wir beide es vergessen.«

»Natürlich.«

»Wir wollen es vergessen, damit wir einander wiedersehen können, solange Sie hier sind. Ich möchte Sie gerne wiedersehen.«

»Ich Sie auch, Petra«, log ich.

»Also abgemacht!« Sie schüttelte mir die Hand, als wären wir zwei Schulkinder, die beschlossen, einen gemeinsamen Apfeldiebstahl für alle Zeit geheimzuhalten.

»Was haben Sie heute abend vor, Paul?«

»Nichts . . . warum?«

»Wollen Sie mit mir in die Oper gehen? Sie wissen

doch, unsere Oper wurde neu aufgebaut. Man gibt den *Rosenkavalier*. Ich kann zwei Karten bekommen.«

Ich dachte: Man soll nicht ungerecht sein. Daß sie sofort zu mir kam, war nett. Daß sie einen Opernbesuch vorschlug, war nett. Man soll nicht ungerecht sein.

»Ich gehe sehr gerne mit Ihnen, Petra.«

»Die Vorstellung beginnt um sieben Uhr.«

»Dann hole ich Sie um halb sieben ab, und wir essen nachher bei *Sacher*.«

»Haben Sie dort schon einmal gegessen?«

Ich hatte ungezählte Male bei *Sacher* gegessen, aber um ihr eine Freude zu machen, sagte ich: »Noch nie.«

»Oh, schön! Es wird Ihnen gefallen!« Alle Wiener waren davon überzeugt, daß es jedem Fremden bei *Sacher* gefiel. Petra verabschiedete sich. Sie sagte, sie müsse zu einer Besprechung ins Atelier. Ein neuer Film stand knapp vor Drehbeginn. Nachdem sie gegangen war, wartete ich ein paar Minuten, dann ging auch ich.

Diesmal telefonierte ich von einem anderen Postamt. Kalmar half mir sofort: »Fuchsberger . . . Eugen Fuchsberger, Alsegger Straße hundertvierundsiebzig. Der malt dir ein kleines Porträt zu einem anständigen Preis. Außerdem arbeitet er schnell.«

»Danke«, sagte ich.

»Paul . . .« Kalmars Stimme klang ernst. Wir kannten einander seit Ende des Krieges, wir hatten einiges miteinander erlebt. »Ich stelle keine Fragen. Du weißt, ich bin dein Freund. Sei vorsichtig, Paul.«

»Ja, ja.«

Ich fuhr mit der Straßenbahn, zuerst über den vom Schnee freigeschaufelten Ring, und danach mit einer anderen Linie nach Hernals hinaus. Ich stand auf der Plattform des Wagens und atmete tief. Es machte mir Freude, tief zu atmen, denn die Luft war sehr rein und scharf. Die Schneehaufen am Straßenrand waren noch ganz sauber. Die Alsegger Straße lag auf einem Höhenrücken, der zum Wienerwald führte. Ich ging etwa eine halbe Stunde bergauf. Die Häuser standen hier vereinzelt in großen Gärten. Es war ganz windstill und warm. Unter mir sah ich die Häuser der Stadt. Je höher ich kam, um so weiter konnte ich sehen. Nach einer halben Stunde erblickte ich das Riesenrad und den Turm der Stephanskirche und den Strom. Die Donau glänzte matt in der Sonne, sie sah aus wie ein breites Band aus flüssigem Blei.

Das Haus Alsegger Straße 174 war klein. Es bestand aus einem Betonfundament und einem Holzaufbau. Ich klingelte am Gartentor, aber niemand zeigte sich. Das Haus stand ganz allein auf dem Berghang. Ich setzte mich in den Schnee und wartete.

Nach einer halben Stunde kam eine alte Frau mit einem Einkaufsnetz den Berg herauf. Ich sah sie schon von weitem. Ich saß in dem trockenen, feinen Schnee, und sie kam näher und näher. In dem Netz trug sie Gemüse und ein paar Tüten. Ich sah leuchtendgelbe Rüben und sandfarbene Kartoffeln.

Die Frau war klein und hager. Sie trug ein schwarzes Kopftuch und einen grauen Mantel mit einem abgeschabten Persianerkragen. Ich stand auf: »Frau Fuchsberger?«

»Ja.« Sie sah mich feindselig an. »Was wollen Sie wieder? Erst gestern abend waren zwei von Ihnen da.«

Ein unangenehmes Gefühl überfiel mich: »Frau Fuchsberger, ich bin nicht von der Polizei.«

»Nein?« Ihre Stimme klang dünn und hoch, wie die eines schwächlichen Kindes. »Sie müssen schon entschuldigen, aber seit sie ihn verhaftet haben, kommen die Kerle immer wieder.«

»Ihr Mann wurde verhaftet?«

»No freilich. Vorige Woche. Zu allem Unglück auch noch das. Wenn Sie nicht von der Polizei sind, was wollen Sie denn dann?«

Ich dachte, wie angenehm es gewesen wäre, jetzt Whisky zu trinken, und sagte: »Ich wollte Ihrem Mann einen Auftrag geben. Es handelt sich um ein Porträt . . .«

Sie erschrak. In ihrem Gesicht zuckte es: »Porträt? Ich verstehe nicht! Sie sind nicht von hier! Sie reden so fremd! Sie sind ein Reichsdeutscher!«

Ein Reichsdeutscher . . . das war ein Wort aus dem Sprachschatz Wiens vor 1938.

»Ja, ich bin ein Deutscher, Frau Fuchsberger. Ihr Mann hatte schon früher mit der Polizei zu tun?«

Sie nickte sorgenvoll.

»Das war die Affäre mit den gefälschten Pässen. Damals gab es einen reichsdeutschen Journalisten in Wien . . .«

»Den Herrn Kalmar, ja!« Jetzt faßte sie Vertrauen. »Das war ein guter Mensch, der Herr Kalmar! Der hat meinem Mann damals den Anwalt verschafft, der ihn bei der Verhandlung so herausgerissen hat.«

»Eben«, sagte ich. »Herr Kalmar ist ein Freund von mir. Er schickt mich. Ich brauche einen Paß.«

»Mein Gott, so ein Pech.« Frau Fuchsberger war ehrlich betrübt. »Und jetzt haben s' den Eugen gerade eingesperrt. Ach Gott, ach Gott! Wo er doch immer gesagt hat, daß er einmal etwas für den Herrn Kalmar oder einen Freund vom Herrn Kalmar tun möchte . . .« Sie schwenkte das Marktnetz. »Was machen wir denn da nur?«

»Sitzt Ihr Mann noch bei der Polizei?«

»Ah nein, der ist bereits wieder in Untersuchungshaft! Mit dem können Sie für ein Jahr nicht rechnen!«

»Es ist sehr dringend, Frau Fuchsberger.«

»Lassen S' mich nachdenken . . . wer könnte denn . . .« Sie grübelte, wobei sie den Zeigefinger der linken Hand in den alten, zahnlosen Mund steckte. ». . . ja, der Franz, der möcht's wohl tun . . . aber da können Sie nicht selbst hingehen . . . mit dem muß ich zuerst reden, und dann ruft er Sie an . . .«

»Es muß aber schnell gehen!«

»Gleich nach dem Essen fahr' ich hin. Für einen Freund vom Herrn Kalmar tu' ich alles. Nein, so ein Pech, daß sie ausgerechnet jetzt meinen Alten einsperren müssen!«

## 2

»Hallo . . .?«

»Guten Abend, mein Herz. Es ist wieder spät geworden. Ich war in der Oper, und nachher haben wir zusammen gegessen.«

»Wie war Petra?«

»Freundlich und normal. Sie trank nur ein Viertelliter Wein. Gleich nach dem Essen brachte ich sie nach Hause.«

»Wie war die Oper?«

»*Rosenkavalier.* Mit einer ungeheuren dicken Marschallin. Ich kann ja Hofmannsthal nicht ertragen.«

»Man versteht die Texte doch nie.«

»Die ganze Inszenierung war Hofmannsthal. Aber das Haus ist sehr schön. Hör zu, ich habe eine gute Nachricht: Der Maler war heute nachmittag bei mir.«

»Und?«

»Alles in Ordnung. Wir bekommen das Bild noch in dieser Woche. Er braucht drei, höchstens vier Tage Zeit dazu.«

»Und dann kommst du zu mir?«

»Sofort.«

»Ach, ist das schön! Weißt du, Paul, ich bin jetzt ganz ruhig. Ich habe überhaupt keine Angst mehr.«

»Sind die Leute im Hotel nett zu dir?«

»Reizend.«

»Morgen früh werde ich einen Wagen mieten. Petras Sohn lebt in der Nähe von Wien in einem Internat. Am Mittwoch fährt sie sonst immer zu Besuch hin. Morgen hat sie im Atelier zu tun. Ich habe versprochen, den Jungen nach Wien zu holen.«

»Aber die Zähne putzt Petra sich noch selber?«

»Nur noch drei Tage, Liebling. Nur noch drei Tage.«

»Vielleicht vier.«

»Vielleicht vier. Aber keinesfalls fünf.«

## 3

Rekawinkel hieß der Ort, in dessen Nähe das Kinderheim lag. Es war ein Dorf im Wienerwald, etwa eine Stunde von der Stadt entfernt. Ich ließ mir Zeit. Die Straße war freigeräumt und glatt. Manchmal führte sie durch den Wald, manchmal an den Gleisen der Westbahn entlang. Die Gleise blitzten in der Sonne, ich sah sie immer wieder an, denn in ein paar Tagen wollte ich über diese Gleise zu Sibylle zurückfahren.

Das Internat war groß und altmodisch eingerichtet. Die Tapeten waren so dunkel wie die Möbel, und ich sah eine Menge Geweihe an den Wänden des Empfangszimmers, in dem ich auf Petras Sohn wartete. Aus einem Klassenzimmer drangen Kinderstimmen. Ein Knabenchor bemühte sich um das kleine Einmaleins: ». . . drei mal drei ist neun, vier mal vier ist sechzehn, fünf mal fünf ist fünfundzwanzig, sechs mal sechs ist . . . sechsunddreißig . . .«

Die Tür ging auf, eine junge Lehrerin führte Tommy herein: »So, siehst du, das ist der Onkel, der dich zu deiner Mammi bringt!«

Neugierig sah mich Tommy an. »Wie heißt du denn?«

Ich nannte meinen Namen, und er gab mir die Hand. Er war für sein Alter klein und zart und er hatte ein kluges, sensibles Gesicht mit schönen, dunklen Augen. Die Haare waren braun und dicht. Es war Zeit, daß Tommy wieder einmal zum Friseur ging, eine Locke fiel ihm in die Stirn, er wischte sie dauernd fort.

»Du bist mit dem Auto da, sagt die Frau Lehrerin?«

»Ja, Tommy.«

»Oh, fein! Darf ich neben dir sitzen?«

»Natürlich.«

»Sie bringen Tommy abends wieder zurück, Herr Holland?«

»Ja«, sagte ich.

Er ging stolz mit mir durch das Haus. Es war gerade Pause, und viele Kinder standen auf den Gängen herum.

»Servus, Tommy«, sagte ein kleines Mädchen.

Tommy blieb stehen und machte uns bekannt: »Das ist Mickey; das ist mein Onkel Paul. Er fährt im Auto mit mir nach Wien!«

»Uj, darf ich zuschauen, wie du losfährst?«

»Klar«, sagte Tommy großzügig.

Im Wagen schwieg er längere Zeit und sah nur aufgeregt aus dem Fenster. Er hatte schöne Hände und schmale Gelenke. Es war ein angenehmes Kind, dachte ich. Ich kam mir in diesen Tagen vor wie ein Mensch, der seinem Urlaub entgegensah. Mit jedem Tag kam die Stunde näher, in der ich all das hinter mir ließ. Mit jeder Stunde kam der Augenblick näher, in dem ich wieder bei Sibylle war.

Im Dorf hielt ich vor einem Geschäft: »Wir wollen eine Tafel Schokolade für dich kaufen.«

»Ach, ich weiß nicht . . .« Tommy zögerte.

»Was ist denn? Hast du Schokolade nicht gerne?«

»Doch . . . aber wenn die Mami fragt, mußt du sagen, daß ich nicht gebettelt habe!«

Er war ein guterzogener, netter Junge. Als wir weiterfuhren, lutschte er hingegeben an der Schokolade. »Milch mit Nuß ist das Beste, was es gibt!«

»Ja, ich erinnere mich.« Ich rauchte eine schwarze Zigarre und fühlte mich wohl. »Freust du dich auf die Mami?«

»Sehr, ja. Kennst du sie schon lange?«

»Nein, noch nicht sehr lange.«

»Wirst du sie heiraten?«

»Deine Mami ist doch schon verheiratet.«

»Nein.«

»Aber ja, Tommy, gewiß! Sie hat es mir selber gesagt. Dein Vater lebt in Paris.«

Sein Gesicht wurde böse. »Hat die Mami dir das auch gesagt?«

»Ja, Tommy.«

»Hat sie dir auch gesagt, daß er ein großer Architekt ist?«

»Ja . . .«

»Und daß sie so glücklich mit ihm war?«

»Ja . . .«

»Und daß er uns immer Geld schickt?«

»Das auch . . .«

»Es ist alles nicht wahr«, sagte Tommy.

»Wie?«

»Das erzählt sie immer. Ich glaube, sie schämt sich. Aber ich kenne doch die Wahrheit! Ich weiß doch, wie es gewesen ist, als mein Vater noch da war. Krach, immer nur Krach! Und kein Geld!« Sein kleines Gesicht zuckte, er hatte jetzt sogar die Schokolade vergessen: »Großer Architekt! Im Internat haben die Kinder mir ein Foto gezeigt, aus einer Illustrierten! Da war mein Vater drauf, und diese Schauspielerin, mit der er die Mama betrügt!«

»Das Foto hast du gesehen?«

»Ja. Und ich habe es mir aufgehoben. Es liegt in meiner Spielkiste unter dem Bett. Mein Vater ist der gemeinste Mann von der Welt! Ich will ihn nie mehr sehen! Nie mehr!«

»Und was machst du, wenn du ihm einmal begegnest?«

»Dann schau ich weg.«

»Und wenn er mit dir spricht?«

»Dann spucke ich ihn an.«

Ich dachte: Wie sehr mußte dieser Junge sich nach seinem Vater sehnen, um so von ihm zu sprechen. Ich sagte: »Paß auf, die Schokolade fällt herunter.«

Er biß abwesend ein Stück von der Rippe ab. »Und Geld schickt er auch nicht. Seit er fort ist, schickt er uns kein Geld mehr! Darum muß die Mami doch arbeiten.«

»Das habe ich nicht gewußt«, sagte ich.

»Na freilich«, sagte er. »Was glaubst du denn, wie sie sonst das Internat bezahlen könnte?«

»Das ist richtig.«

»Wenn wir ankommen, sag nicht, daß ich mit dir darüber gesprochen habe. Sonst ist sie traurig.«

»Ich sage nichts.«

»Danke.« Er sah auf das Gaspedal und meinen rechten Schuh und murmelte: »Ständiger Begleiter.«

»Was heißt: Ständiger Begleiter?«

»Das stand unter dem Foto. Die französische Schauspielerin Ramona Leblanc und ihr ständiger Begleiter, der österreichische Architekt Clemens Wend.« Er litt, ich konnte es sehen. Er biß die Zähne zusammen und wischte die Locke aus der Stirn und sagte: »Mein Vater ist ein ständiger Begleiter.«

## 4

Die Männer verließen die Frauen, und die Frauen betrogen die Männer. Normale Beziehungen zwischen den Geschlechtern schienen rapide zu verkümmern. Man hatte sich nichts mehr zu sagen. Vielleicht waren die großen Entdeckungen des zwanzigsten Jahrhunderts, der Wandel im Weltbild der Physik und die Politik, die nun schon bis ins Privatleben des einzelnen drang, daran schuld. Die Männer veränderten die Welt. Sie interessierten sich füreinander. Frauen waren nicht mehr interessant. Außerdem gab es zu viele. Frauen waren kein Problem, weder wenn man sie suchte noch wenn man sie verließ. Die Konstruktion des Uranmantels der H-Bombe war ein Problem, der Suezkanal war ein Problem, die Koexistenz, Frauen waren keines. Man nahm sie, oder man ließ die Finger von ihnen.

Mir taten die Frauen leid, sie konnten sich so schlecht verteidigen. Und sie hatten den Männern so wenig entgegenzusetzen. Man mußte nicht homosexuell sein, um beispielsweise die Gesellschaft des Robert Oppenheimer jener der meisten Frauen vorzuziehen. Natürlich gab es Ausnahmen, aber nicht viele. Ich dachte, daß ich sehr glücklich war, eine dieser Ausnahmen gefunden zu haben.

An diesem Vormittag fuhr ich mit Tommy zu den Filmateliers auf den Rosenhügel hinaus, die einmal von der sowjetischen Militärregierung beschlagnahmt gewesen waren. Nun hatten die Österreicher ihren Staatsvertrag, und die Ateliers gehörten wieder ihnen. In der Vorhalle, gegenüber dem Eingang, zeichnete sich an der staubigen Wand ein helleres Viereck ab. Hier hatte gewiß vor kurzem noch ein Bild des Vaters aller Werktätigen gehangen. Und vor Josef Stalin konnte man an der gleichen Stelle ohne Zweifel Adolf Hitler sehen. Im Augenblick war die Stelle gerade leer . . .

Petra arbeitete in einem kleinen Zimmer über der Kantine. Es lagen viele bunte Kostümskizzen herum. Der Sohn umarmte die Mutter und drückte sie an sich: »Guten Tag, Mami.«

»Servus, Tommy. Wie geht's?«

»Fein. Onkel Paul hat gesagt, er geht am Nachmittag mit uns ins Kino! In *Wenn der Vater mit dem Sohne!*«

»Das hast du doch schon gesehen!«

»Der Film ist so schön, den kann man ruhig zweimal sehen!«

Wir gingen also ins Kino, und danach gingen wir in eine Konditorei, und Tommy trank heiße Schokolade und aß eine Menge Kuchen. Ein paarmal bemerkte ich, daß Petra mich nachdenklich ansah. Wahrscheinlich dachte sie an den ständigen Begleiter der Ramona Leblanc und an ihre kleine, unvollständige Familie.

»Willst du noch ein Stück Torte, Tommy?« fragte ich.

»Nein, danke. Ich glaube, es geht nicht mehr. Außerdem gibst du zuviel Geld für mich aus.« Er sagte zu Petra: »Onkel Paul hat mir heute vormittag schon eine Tafel Schokolade gekauft. Ich habe aber nicht gebettelt, Mami.«

»Man darf auch nicht betteln«, sagte Petra ernst. Wir brachten das Kind gemeinsam in das Internat, es war ein friedlicher Abend, ich kam mir kurze Zeit vor wie ein Familienvater. Nach Wien zurückgekehrt, fuhr ich zuerst Petra nach Hause. Sie bedankte sich: »Sie sind so nett, Paul, wirklich . . . ich bin ganz gerührt.«

»Ach, Unsinn!«

»Warum haben wir uns nicht früher kennengelernt?«

»Sie haben ein sehr freundliches Kind.«

»Ja, das weiß ich. Ich hänge sehr an Tommy. Früher habe ich ihn oft gehaßt. Ich dachte: Mit dem Kind bekomme ich nie mehr einen Mann.«

»Und jetzt ist das anders?«

»Jetzt ist es mir egal.«

Dann gab ich den Leihwagen zurück und fuhr ins Hotel. Der Portier überreichte mir einen Brief. Er kam aus Frankfurt. Meine Hände zitterten, als ich ihn aufriß und überflog. Der Vorstand war einverstanden mit meiner Versetzung nach Rio. Sie hatten für mich einen Flug mit der Panair do Brasil gebucht. Die Maschine flog am 28. März, sieben Uhr dreißig, ab Berlin-Tempelhof. Es war die gleiche Kursmaschine, mit der ich das letztemal geflogen war.

Ein Gefühl wilder Freude überfiel mich. Am 28. März! Das war in einer Woche! In einer Woche schon war alles vorbei.

»Jemand wartet in der Halle auf Sie, Herr Holland«, sagte der Portier. Es war Frau Fuchsberger. Klein und grau saß sie im äußersten Winkel des Raumes, die Füße hatte sie unter den Sessel geschoben, als wollte sie sie verstecken. Sie schien alles verstecken zu wollen, auch die Hände und das Gesicht. Sie sah zur Wand. Sie sah niemanden und glaubte, so selbst unsichtbar zu sein. Sie trug einen alten braunen Samtmantel, die Hände steckten in einem defekten Muff. Als ich näher kam, lächelte ihr zahnloser Mund: »Ich warte schon seit zwei Stunden auf Sie, Herr Holland.«

»Ist etwas passiert?«

»Gar nichts!« Sie flüsterte. »Im Gegenteil! Der Franz ist früher fertig geworden, und weil Sie doch gesagt haben, es sei dringend, habe ich mir gedacht, ich bringe Ihnen die Sache gleich her.« Alles ging gut. Alles ging glatt. Wenn es dich gibt, lieber Gott, dachte ich, dann sei bedankt. Du beschützt uns wirklich.

»Wollen wir auf die Straße hinausgehen?«

Sie erhob sich schnell, als wäre sie froh, hier fortzukommen. Im Hauseingang eines Gebäudes in einer stillen Seitenstraße gab sie mir dann den Paß. Es war eine großartige Fälschung, mit einem einwandfreien Prägestempel der Polizeidirektion Wien. Sibylle hatte einen anderen Namen bekommen und andere Daten und einen anderen Geburtsort, und es gab mehrere Ein- und Ausreisestempel im Paß. Er war ein bißchen fleckig und ein bißchen abgegriffen und an den Ecken fasrig, genau wie es sich gehörte. Und er war bis 1959 gültig.

»Wo ist das Einreisevisum für Brasilien?«

»Auf der nächsten Seite, Herr Holland.« Frau Fuchsberger strahlte mich an. »Der Franz ist sehr stolz darauf! Ich finde auch, er hat es besonders fein hingekriegt!«

Auf der nächsten Seite fand ich den großen quadratischen Stempel. Ich las: *»Consulado do Brasil em Vienne. Visto No. 115. Bom para e embarcar para o Brasil até 26. 4. 56.«* Das Visum war gültig zur Einschiffung bis zum 26. April 1956. Der Konsul, der es ausgestellt hatte, hieß *David Lines.*

»Hat der Franz doch hübsch gemacht, nicht?«

»Prächtig, Frau Fuchsberger.« In der Toreinfahrt war es dunkel, von der Straße her fiel das Licht einer Bogenlampe auf uns. Ich gab der alten Frau das Geld für den Fälscher. »Und das ist für Sie.«

»Nein, das nehme ich nicht!« Sie stieß meine Hand mit den Geldscheinen fort. »Für den Franz, ja, aber nicht für mich!«

»Frau Fuchsberger!«

»Auf gar keinen Fall! Sie sind ein Freund vom Herrn Kalmar. Für den tu' ich alles — aber nichts für Geld! Der Herr Kalmar ist ein guter Mensch.« Sie kam ganz nahe. »Beugen Sie sich einmal vor.« Ich beugte mich vor, und sie berührte mit einem kalten, harten Zeigefinger meine Stirn: »Der liebe Gott soll Sie beschützen!«

»Danke, Frau Fuchsberger«, sagte ich. Meine Mutter hatte manchmal ein Kreuz auf meine Stirn gezeichnet, als ich klein war. Meine Mutter war seit fünfzehn Jahren tot, und seither hatte es niemand mehr getan. Ich verabschiedete mich von der alten Frau und ging durch den Schnee zur Hauptpost. Es war ein paar Minuten nach zweiundzwanzig Uhr, und die Straßen waren leer. Ab und zu glitt geräuschlos ein Auto an mir vorbei. Ich war sehr glücklich an diesem Abend, ich glaube, es war der glücklichste Abend seit Jahren.

Meine Telefonverbindung kam sofort.

»Liebling, es ist alles in Ordnung. Ich nehme den nächsten Zug und bin morgen bei dir.«

»Alles in Ordnung . . .« Sibylles Stimme versagte.

»In Frankfurt sind sie einverstanden, und das Porträt habe ich auch. Wir reisen in einer Woche.«

Es kam keine Antwort.

»Sibylle! Was ist?«

»Ich . . . ich kann so schwer sprechen . . . ich habe schon gedacht, es geht alles schief.«

»Alles geht gut, mein Herz. Ich liebe dich.«

»Weißt du, was ich jetzt mache? Ich bestelle mir einen dreifachen Whisky und trinke ihn pur.«

»Das werde ich auch tun.«

»Ich glaube, ich werde doch alt. Mir ist ganz schlecht.«

»Bestelle schnell den Whisky, Liebling«, sagte ich, und ich lachte glücklich. »Und sei mir treu, und betrüge mich nicht, und warte auf mich. In ein paar Stunden bin ich bei dir . . .« Ich sagte: »Du kannst dich auf ein Wiedersehen gefaßt machen! Wir werden den ganzen Tag nicht aus dem Bett kommen!«

»Ich erwarte dich, Paul. Du bist in meinem Herzen. Und in Gedanken auch anderswo.«

»Leb wohl. Bis morgen.«

»Bis morgen, Paul.«

Ich lächelte, als ich den Hörer niederlegte. Ich lächelte, als ich aus der Zelle trat. Dann hörte ich auf zu lächeln. Vor der Zelle stand Petra Wend. Sie trug einen Leopardenmantel.

## 5

Sie sah aus wie ein Clown: ihr Gesicht war weiß und blutleer, die Lippen waren grell geschminkt, die Augen blau unterschattet. Sie hatte nur wenig Ähnlichkeit mit einem lebenden Menschen. Ihre Stimme klang spröde:

»Von diesem Augenblick an tun Sie nur noch, was ich sage, Paul. Haben Sie verstanden?«

Ich antwortete nicht. Es waren noch ein paar Leute in der Halle, aber niemand beachtete uns. Der Schalterbeamte rief: »Zelle drei, bitte nachzahlen!«

Petra sagte: »Die Glaswand ist so dünn. Ich habe jedes Wort gehört.«

»Sie haben mich verfolgt . . .«

»Seit Stunden. Seit Tagen, Paul . . .« Jetzt lächelte sie. Es war ein grausiges Lächeln.

»Zelle drei!« rief der Schalterbeamte gereizt.

»Entschuldigen Sie . . .«

»Wo bleiben Sie denn? Ich bekomme noch vierundfünfzig Schilling.«

»Es ist meine Schuld«, sagte Petra. »Ich habe mit dem Herrn gesprochen. Bitte, verzeihen Sie.«

Ich bezahlte.

»Gehen wir«, sagte Petra.

»Wohin?«

»In Ihr Hotel.« Sie hakte sich bei mir ein, und wir verließen das Postgebäude und wanderten durch den Schnee über den Fleischmarkt zur Rotenturmstraße. Man konnte uns für ein Liebespaar halten.

»Ich dachte mir schon, daß Sie Sibylle nach Bayern gebracht haben«, sagte sie. »Es war das klügste.«

»Ich weiß nicht, wovon Sie sprechen.«

»Lassen Sie das.« Ihre Stimme klang jetzt zärtlich, sie schnurrte wie eine Katze. »Wir haben beide wenig Zeit. Ich möchte Ihnen klarmachen, daß ich sehr verzweifelt und sehr entschlossen bin.«

»Entschlossen wozu?«

»Wenn Sie mich einen Augenblick verlassen, wenn Sie ein einziges Mal nicht genau das tun, was ich von Ihnen verlange, rufe ich die Polizei an und verrate, wo sich Sibylle befindet. Sie verstehen mich, Paul?«

»Nein.«

Sie zog plötzlich ihren Arm aus meinem und drehte sich um.

»Wo wollen Sie hin?«

»Zur Polizei.«

»Bleiben Sie da!« Ich packte sie und riß sie an mich.

»Das ist besser«, sagte sie. »Das ist schon viel besser. Und jetzt lassen Sie mich los, Sie tun mir weh.«

Ich ließ sie los.

»Geben Sie mir wieder Ihren Arm.«

Ich gab ihn ihr.

»Und jetzt gehen wir in Ihr Hotel. Ich möchte etwas trinken, und ich möchte Ihnen in Ruhe die Situation erklären, in der Sie sich befinden.«

»Ich verstehe kein Wort —«

»Fangen Sie nicht noch einmal an, Paul! Ich bin auch nur ein Mensch.«

## 6

Eine halbe Stunde, nachdem ich sie verlassen hatte, saß ich wieder in der großen, gemütlichen Halle des Hotels *Ambassador*. Petra Wend saß mir gegenüber, und ein Kellner nahm unsere Bestellung auf.

»Whisky«, sagte ich.

»Schottischen?«

»Ja.«

»Zwei einfache?«

»Zwei doppelte.«

Der Kellner verschwand.

»Was wollen Sie?« fragte ich.

»Zunächst einmal geben Sie mir Ihren Paß.«

»Nein.«

»Den Paß«, sagte sie.

Ich gab ihr meinen Paß.

»Und jetzt den gefälschten, den für Sibylle.«

»Ich —«

»Ich habe gesehen, wie die alte Frau ihn Ihnen brachte. Geben Sie ihn her.«

Ich gab ihr den gefälschten Paß. Sie sah ihn an und nickte: »Nach Brasilien. Das habe ich mir auch gedacht.«

»Petra! Was habe ich Ihnen getan?«

»Sie haben mir überhaupt nichts getan. Darauf kommt es nicht an.«

»Worauf denn?«

»Ich werde es Ihnen rechtzeitig erklären.« Sie trug den Leopardenmantel jetzt über die Schulter geworfen und darunter ein grünes Wollkleid. Sie rauchte. Der Kellner kam mit dem Whisky: »Bitte, gnä' Frau!«

»Danke.«

»Ist das genug Eis?«

»Ja.«

»Wenn es zuwenig ist, bringe ich mehr.«

»Herr Franz«, sagte ich und schloß die Augen, »es ist genug Eis.«

»Bitte, Herr Holland. Es schmilzt nur so schnell, weil es warm in der Halle ist. Und wenn der Whisky nicht ganz kalt ist, schmeckt er nicht mehr so gut, nicht wahr, gnä' Frau?«

»Sie sind sehr freundlich, Herr Franz«, sagte Petra. Er entfernte sich. Petra goß Sodawasser in ihren Whisky und trank. Ich trank auch. Am anderen Ende der Halle saßen ein paar Franzosen. Sie unterhielten sich laut und lachten. Ich hatte das Gefühl, mich jeden Augenblick übergeben zu müssen.

»Sie werden Sibylle jetzt noch einmal anrufen und auffordern, nach Wien zu kommen.«

»Das ist lächerlich«, sagte ich. »Sie wird nie kommen. Sie wird nur argwöhnisch werden.«

»Sie werden ihr sagen, daß Ihre Maschine von Wien aus fliegt. Sie vertraut Ihnen. Sie liebt Sie doch.«

»Eben«, sagte ich. »Deshalb werde ich es nicht sagen.«

»O doch.«

Ich dachte: Alles ist nur ein Traum, jeden Augenblick werde ich erwachen. In meinem Traum sagte ich also: »Petra, seien Sie vernünftig. Was wollen Sie denn? Ich denke, Sie fürchten sich vor Sibylle.«

»Ich fürchte mich sehr vor ihr.«

»Und?«

»Meine Lage zwingt mich, so zu handeln.«

»Was ist das für eine Lage?«

»Das sage ich Ihnen, wenn Sibylle da ist.«

Es war kein Traum. Es gab kein Erwachen.

Ich stand auf.

»Wohin gehen Sie?« Petra rührte sich nicht.

»Ich habe Ihnen lange genug zugehört.«

»Herr Holland, im gleichen Augenblick, in dem Sie diese Halle ohne mich verlassen, gehe ich zu der Telefonzelle da drüben.«

Ich gab ihr keine Antwort, sondern schritt auf den Ausgang der Halle zu. Ich zählte meine Schritte. Beim vierzehnten erreichte ich die Tür und drehte mich um. Ich sah, daß Petra aufstand und zu der Telefonzelle ging. Ich traf etwas vor ihr ein.

»Petra . . . bitte! Bitte! Bitte!«

»Machen Sie hier keine Szene. Wollen Sie Zuschauer?«

»Bitte, Petra!«

Sie sagte: »Wir nehmen jetzt den falschen Paß und fahren zum Postamt auf dem Westbahnhof und geben ihn expreß und eingeschrieben auf. Dann ist er morgen früh in Bayern, und Sibylle kann den Mittagszug nehmen.« Sie sprach fließend und sehr ruhig. Sie hatte sich alles genau überlegt.

»Sie haben sich alles genau überlegt, wie?«

»Die letzten Tage hatte ich nichts anderes zu überlegen gehabt, Paul.« Jetzt sagte sie wieder Paul. »Bevor wir den Paß aber abschicken, rufen Sie Sibylle an und sagen ihr, daß sie nach Wien kommen soll.«

»Das kann ich nicht. Ich kann es nicht, bitte, Petra! Meine Stimme verrät mich, sie wird etwas merken und nicht kommen!«

»Das wäre aber schade«, sagte Petra. Wir waren zu unserem Tisch zurückgegangen, und sie trank ihr Glas leer. »Es gibt einen zweiten Hörer in jeder Zelle. Ich höre mit. Es bleibt mir überlassen, ob wir nach dem Gespräch den Paß noch abschicken oder ob ich gleich zur Polizei gehe. Passen Sie also auf Ihre Stimme auf.«

»Aber um Gottes willen, Petra, was verlangen Sie von mir? Ich liebe Sibylle!«

»Sie sagten, Sie liebten sie nicht mehr.«

»Da habe ich gelogen.«

»Eben. Jetzt sagen Sie die Wahrheit.«

»Sie müssen wahnsinnig sein! Welchen Grund hätte ich, Sibylle hierherzulocken? Hier ist sie verloren.«

Sie schüttelte den Kopf: »Sie ist nur verloren, wenn sie nicht kommt. Ich bin nicht wahnsinnig. Ich verfolge eine Absicht. Wenn Sie auf meine Wünsche eingehen, dann kann noch alles gut werden, dann können Sie meinetwegen nach Rio fliegen und selig werden.«

»Ich glaube, Sie handeln nur aus Haß. Sie hassen Sibylle. Sie wollen sie quälen.«

»Ich hasse Sibylle nicht.« Petra nahm ihre Handschuhe und ihre Tasche. »Wir werden jetzt in Ihr Zimmer hinaufgehen und packen.«

»Wieso packen?«

»Sie wohnen mit Sibylle bei mir. Das ist der einzige Ort, an dem die Polizei nach meiner Aussage sie nicht sucht. Außerdem dauert es nur ein paar Tage.«

»Was dauert nur ein paar Tage?«

»Ich sage doch, ich erkläre Ihnen alles, wenn Sibylle da ist.«

Ich überlegte krampfhaft, dann fiel mir etwas ein: »Sie können als Dame nicht in mein Zimmer hinaufkommen, das geht nicht in diesem Hotel.«

»Doch, ich kann. Ich habe mich erkundigt. Sie haben kein Zimmer, sondern ein Appartement mit Salon. In ein Appartement kann ich kommen.« Sie hängte sich in mich ein. »Bitte, es wird immer später. Und wir wollen Sibylle doch nicht aufwecken!«

## 7

»Sibylle . . .«

»Was ist denn? Warum rufst du noch einmal an? Ist etwas geschehen?«

Mir lief der Schweiß in Strömen vom ganzen Körper. Ich fühlte, wie er mir über das Gesicht rann, und unter dem Anzug über die Brust und die Beine. Die Zelle war eng. Petra stand an mich gepreßt. Sie hielt den zweiten Hörer und war ganz still. Sie rührte sich nicht. Sie sah mich nur an.

»Überhaupt nichts ist geschehen. Wie kommst du darauf?« Der Schweiß rann mir von der Oberlippe in den Mund. Ich produzierte ein fröhliches Lachen. »Im Gegenteil, alles entwickelt sich bestens. Ich . . . ich kann nur nicht so viel erzählen.«

»Am Telefon. Ich verstehe.« Ihre Stimme klang beruhigt. Ich bemerkte, daß ich weinte. Petras Körper preßte sich gegen den meinen. Sie sah unschuldig und nachdenklich aus.

»Paß auf. Unsere Maschine fliegt von Wien ab.«

»Ich dachte von Berlin.«

»Die Berliner Maschine ist ausverkauft. Es ist mir vor

einer Stunde gelungen, Plätze für das Wiener Flugzeug zu bekommen. Wir müssen sie nehmen. Sonst vergeht zuviel Zeit.«

»Ja, natürlich.« Sibylles Stimme, die Stimme, die ich liebte, klang eifrig. »Aber wie komme ich . . .«

»Ich schicke dir das Porträt heute abend. Expreß. Dann hast du es morgen früh. Du nimmst den Mittagszug.«

»Wenn du es sagst, Paul. Ich tue alles, was du sagst. Du weißt, was wir tun müssen . . .«

»Ich weiß es.«

»Und Petra?«

»Was heißt: Petra?«

»Sie ist doch in Wien . . .«

»Wir werden nicht in der Stadt wohnen. Ich habe schon etwas gefunden. Glaube mir, es ist das beste!« Indessen überlegte ich nur, wie meine Stimme klang. Klang sie echt? Zitterte sie? Ich dachte: Wenn sie doch nur in Petras Ohren echt klingen und in Sibylles Ohren zittern würde! Sibylle kannte mich besser. Aber ich war kein Schauspieler. Ich hatte Angst. Furchtbare Angst . . .

»Ich war erschrocken, als du noch einmal anriefst.«

»Unsinn. Würde ich dich kommen lassen . . .«, ich hustete. ». . . wenn nicht alles in Ordnung wäre?«

Petra legte eine Hand auf das Mundstück meines Hörers: »Sagen Sie ihr, daß Sie sie lieben.« Sie nahm die Hand wieder weg.

»Ich liebe dich«, sagte ich.

»Und ich dich.«

»Ich stehe morgen abend auf dem Bahnhof.«

»Ja, Paul. Ach, ich bin im Grunde ja so froh, daß ich schon morgen wieder bei dir sein kann!«

»Ich freue mich auch.«

»Ach, Paul, nur noch eine Nacht, und wir sind wieder zusammen.«

Der Schweiß rann mir in die Augen, ich mußte sie schließen, ich war am ganzen Körper so naß, als käme ich direkt aus der Badewanne. Die Kleider klebten an mir. Ich sah Petra an und dachte: So war das also, wenn man jemanden töten mußte.

»Ich freue mich auf morgen abend«, sagte ich. »Gute Nacht, mein Schatz.«

»Gute Nacht, Paul.«

Ich legte den Hörer in die Gabel: »Nun? Wie war es?«

»Gut«, sagte sie. »Sehr begabt.«

»Sie wollen nicht zur Polizei gehen?«

»Nein. Ich denke, Sibylle kommt. Wir werden jetzt den Paß aufgeben.«

Sie stand neben mir und sah zu, wie ich die Adresse auf das Kuvert schrieb. Dann nahm sie mir den Umschlag fort, klebte ihn zu und trug ihn selbst zum Schalter. Ich wartete hinter ihr und sah den hellen, schmalen Hals unter dem weißen Haar an und dachte, daß es wahrscheinlich das beste war, sie zu erwürgen, bevor Sibylle ankam. Sie wohnte allein. Wenn ich Glück hatte, fand man sie erst nach ein paar Tagen. Es hatte mich noch niemand in ihrem Haus gesehen. Nein, das stimmte nicht. Mir fiel die glückliche Familie ein. Ich dachte: Wenn ich jetzt auch noch verrückt wurde, war alles zu Ende. So ging das nicht. So ging das natürlich nicht. Ich mußte Zeit haben, Zeit zum Überlegen. Wer konnte sagen, was Petra wirklich wollte? Zeit brauchte ich. Das war alles. Man mußte freundlich mit Petra sein, ganz freundlich . . .

»Neun Schilling dreißig!« Der Beamte schlug einen Stempel auf die Marken des Umschlags, in welchem der gefälschte Paß lag, Petra legte einen Zehnschillingschein auf das Schalterbrett, und er gab ihr 70 Groschen zurück. Sie verwahrte die Groschen pedantisch in einer alten Börse.

»Ist der Brief morgen früh dort?«

»Bestimmt.«

»Ganz bestimmt?«

»Ganz bestimmt, gnädige Frau. Außer es gibt ein Zugunglück.«

Ich dachte, wie komisch es gewesen wäre, wenn es ein Zugunglück gab.

»Kommen Sie, Paul«, sagte Petra. Sie hängte sich wieder bei mir ein, und wir gingen zurück zu dem Taxi, in dem mein Koffer lag. »Jetzt fahren wir zur Seilerstätte Nummer zehn«, sagte Petra zu dem Chauffeur. Der uralte, klappernde Wagen fuhr los, die Mariahilfer Straße hinunter, zum Ring.

»Wer wohnt Seilerstätte Nummer zehn?«

Die gläserne Verbindungswand zum Chauffeur war geschlossen, er konnte uns nicht hören. Petra nahm meinen Paß aus der Handtasche, legte einen Bogen Papier dazu und steckte beides danach in ein zweites Kuvert, das sie sorgfältig zuklebte. Dann erst antwortete sie: »Dort befindet sich das Büro meines Anwalts.«

»Ihres Anwalts?«

»Sehen Sie, Paul, der Gedanke ist naheliegend, daß Sie — und später auch Sibylle — mir nach dem Leben trachten werden.« Sie sprach wie eine Lehrerin, die einem beschränkten Schüler den pythagoreischen Lehrsatz erklärt. »Ich möchte nicht gerne ermordet werden wie Herr Trenti. Deshalb gebe ich Ihren Paß im Büro meines Anwalts ab. Ich werde ihn von heute täglich um sechzehn Uhr aufsuchen. Wenn ich einmal um sechzehn Uhr nicht komme, wird er zwei Stunden später das Kuvert öffnen, Ihren Paß finden und die Nachricht auf dem Zettel lesen, der in ihm liegt.«

»Was steht auf dem Zettel?«

»Es steht darauf: Das ist der Paß des Mannes, der mich ermordet hat«, antwortete Petra Wend und lächelte.

## 8

Es hatte wieder zu schneien begonnen.

Das Taxi fuhr jetzt durch die Torbogen der Hofburg, ich sah die großen Karyatiden, welche die Balkone über den Eingängen hielten. Schnee lag auf den Riesenköpfen und Schultern der allegorischen Figuren. Ich sagte: »Jeden Tag um sechzehn Uhr . . . wenn ich Sie also um siebzehn Uhr töte, habe ich dreiundzwanzig Stunden Vorsprung, um aus dem Land zu kommen.«

»Ohne Paß kommen Sie aber nicht aus dem Land, Herr Holland. Und in dreiundzwanzig Stunden finden Sie keinen falschen.«

»Das ist richtig«, sagte ich. »Sie haben sich wirklich alles gut überlegt, Petra.«

»O ja, Paul, o ja.«

Das Haus Nummer zehn Seilerstätte war alt und massiv. Wir klingelten, und ein verschlafener Portier öffnete, und ich ging mit Petra in den zweiten Stock hinauf. Hier gab es eine Tür, vor welcher ein Scherengitter zugezogen war. An der Tür stand der Name des Anwalts. Unter dem Schild gab es einen Briefkastenschlitz. In ihn warf Petra das Kuvert mit meinem Paß. Ich hörte, wie es auf der anderen Seite der Tür zu Boden fiel, mit einem platten, endgültigen Geräusch.

»Kommen Sie«, sagte Petra. Sie ging mir voraus, schnell, bestimmt, entschlossen. Durch das feuchte, schwach erleuchtete Stiegenhaus mit dem uralten, seit Kriegsende nicht mehr instand gesetzten Lift lief sie nach unten wie eine Frau, die eben eine erfolgreiche Lebensversicherung abgeschlossen hat.

Zeit, dachte ich, ihr nacheilend, Zeit. Jetzt brauchte ich Zeit.

Wenn ich Zeit hatte, fiel mir bestimmt ein Ausweg ein. Nur jetzt nichts übereilen. Ich dachte verblüfft: Sollte ich mich wirklich so in einem Menschen getäuscht haben?

Wir fuhren in die Grinzinger Allee.

Der Schnee fiel jetzt in dichten Wirbeln. Es war wärmer geworden, um die Straßenlaternen hatten sich gelbe, zerfließende Höfe gelegt.

Als wir ihre Mansardenwohnung betraten, sagte Petra:

»Wollen wir gleich schlafen gehen oder noch etwas trinken?«

»Petra, ich liebe Sibylle!«

»Natürlich lieben Sie sie, das habe ich nie bezweifelt.«

»Bitte, bitte, Petra, sagen Sie, was Sie von uns wollen. Ich tue alles!«

»Ich habe Ihnen schon einmal erklärt, daß ich Ihnen erst mitteilen werde, was ich will, wenn Sibylle hier ist.« Sie zuckte die Achseln. »Machen Sie es uns allen nicht noch schwerer. Wie ist das mit dem Whisky?«

»Ich will keinen.«

»Dann gehen wir also schlafen.«

»Wo soll ich schlafen?«

»Neben mir natürlich. Das Bett ist breit genug.«

»Petra«, sagte ich, »haben Sie denn gar keine Angst vor mir?«

»Vor Ihnen habe ich niemals Angst gehabt, Paul. Ich glaube, keine Frau hat vor Ihnen Angst.« Sie gähnte und zog ihr grünes Wollkleid über den Kopf. Ich drehte mich um. »Nein, nein, ich will nichts mehr von Ihnen. Jetzt verkehren wir nur noch geschäftlich miteinander.« Sie ging an mir vorbei ins Badezimmer.

Ich setzte mich auf die Couch mit den vielen Kissen. Ein aufgeschlagenes Buch lag darauf. Ich nahm es in die Hand. Es waren Gedichte von Christian Morgenstern. Im Badezimmer rauschte Wasser. Ich las: ». . . ich bin so dumm, du bist so dumm, wir wollen sterben gehen, kumm!«

Nun putzte Petra ihre Zähne.

Ich bin so dumm. Du bist so dumm. Wir wollen sterben gehen. Kumm.

Im Nachthemd trat Petra in den Raum zurück. »Das Badezimmer ist frei«, sagte sie. Sie ging weiter ins Schlafzimmer. Hier legte sie sich sofort ins Bett. Das Telefon stand auf einem Tischchen neben ihr. Es war ein breites französisches Bett. Sie hatte alles vorbereitet, die gute Petra. Es gab ein zweites Kopfkissen und eine zweite Decke.

Ich holte meinen Pyjama und mein Waschzeug aus dem Koffer und ging gleichfalls ins Badezimmer.

»Lassen Sie die Tür offen«, sagte sie.

»Warum?«

»Es gibt ein Fenster, Paul.«

Also ließ ich die Tür offen und zog mich aus und wusch mich und ging auf die Toilette. Petra lag im Bett und rauchte und sah mir zu. Als ich zurückkam und mich neben sie legte, sagte sie: »Ich habe ein paar Illustrierte gekauft, ich dachte, vielleicht würden Sie nicht gleich einschlafen können.« Sie schob mir die Zeitungen über die Bettdecke zu. Sie war jetzt abgeschminkt, ihr Gesicht wirkte jünger ohne Make-up. Ich sagte: »Vielleicht ist es mir gleich, was mit mir geschieht. Vielleicht bringe ich Sie um, damit Sibylle eine Chance hat.«

»Das tun Sie nie«, sagte Petra. Die Aschenkrone ihrer Zigarette wuchs.

»Warum nicht?«

»Erstens sind Sie zu feig dazu, und zweitens lieben Sie Sibylle. Sie wollen mit ihr leben. Das können Sie nicht mehr, wenn Sie mich töten.« Sie nahm eine Illustrierte und öffnete sie. »Immer wieder diese Geschichten über die Hohenzollern«, murmelte sie kopfschüttelnd. »Liest das denn noch jemand?«

Ich stand auf.

»Was haben Sie?«

»Wo ist der Whisky?«

»Sehen Sie, das dachte ich mir doch. Es steht alles in der Küche.«

Ich ging zu der anderen Seite des Bettes und packte Petra an den Haaren und riß sie hoch und schlug sie ins Gesicht, so fest ich konnte. Beim zweiten Schlag begann ihre Nase zu bluten. Das Blut lief ihr über das Kinn und tropfte auf die Brust.

Sie sagte: »Noch einmal, und alles ist aus!«

»Es tut mir leid«, sagte ich.

»Holen Sie ein Tuch aus dem Badezimmer und wischen Sie mir das Blut fort.«

Ich holte ein Tuch und machte es naß und wischte das Blut fort.

»Auch vom Hals.«

Ich tat, was sie verlangte.

»Und von der Brust.«

Ich tat, was sie verlangte.

## 9

*»This is the American Forces Network! AFN Munich now brings you Music at Midnight* . . .« Ein Saxophon setzte ein. *»Glenn Miller and ‚At Last'* . . .« Ich hatte die Flasche zur Hälfte ausgetrunken. Ich lag im Bett und hielt ein Glas in der Hand. Der Eiskübel und die Sodaflasche standen auf dem Teppich unter mir. Petra trank nicht. Sie las die Fortsetzungsberichte in den Illustrierten. Und aus dem Radioapparat, der neben dem Telefon stand, tönte Musik.

*»At last my love has come along* . . .«

Dann schlief ich ein. Als ich erwachte, war es zwei Uhr früh.

Das Licht brannte. Petra las noch immer. Ich stand auf

und sie griff nach dem Telefonhörer. »Keine Angst«, sagte ich, »nachts pflege ich immer einmal hinauszugehen.«

Ich wachte in dieser Nacht noch ein paarmal auf, und jedesmal, wenn ich die Augen öffnete, saß Petra neben mir und sah mich an. Ich fragte: »Werden Sie nicht müde?«

»Nein.«

»Haben Sie ein Mittel genommen?«

»Pervitin«, sagte Petra.

Am Morgen machte sie das Frühstück, und wir tranken in ihrer kleinen Küche Kaffee. Das Wetter war umgeschlagen in dieser Nacht, es wehte ein starker Föhn, und der Schnee schmolz. Der Himmel war gelblich verhangen. Am Vormittag besserte Petra Wäschestücke aus. Sie nähte Knöpfe an und veränderte einen Strumpfbandgürtel. Sie sprach kaum mit mir. Ich saß ihr gegenüber beim Fenster und überlegte, wie lange die Wirkung des Pervitins wohl anhielt. Sie mußte eine Menge genommen haben.

Dann gingen wir essen und nach dem Essen kehrten wir in die Wohnung zurück. Um sechzehn Uhr fuhren wir in die Stadt. Petra besuchte ihren Rechtsanwalt. Sie bestand darauf, daß ich sie begleitete. Als ich mich weigerte, sprach sie die alte Drohung mit der Polizei nur ein weiteres Mal aus, und ich weigerte mich nicht mehr.

Es wurde früh dunkel. Die Straßen waren schmutzig und naß, der Schnee taute fort, und die Autos fuhren in schwarzen, wassergefüllten Rinnen. Der Zug, mit dem Sibylle kommen sollte, hatte Verspätung. Wir standen auf dem Perron des Bahnhofs, und der Föhn dröhnte laut und ließ die elektrischen Bogenlampen schwanken.

An diesem Abend betete ich. Ich dachte, daß es niedrig und beschämend für mich war, meinen Frieden mit Gott zu machen zu einem Zeitpunkt, da ich nicht mehr weiter wußte, aber ich dachte auch: Wenn es ihn gibt, muß es ihm doch eigentlich als Sieg erscheinen, daß ich in just dem Moment gläubig werde, in dem ich mit meinem Verstand nicht mehr weiterkomme. Ich bat Gott, Sibylle zu schützen. Ich betete: »Laß sie mißtrauisch geworden sein. Laß sie nicht nach Wien kommen. Mach, daß sie mit dem falschen Paß in Deutschland bleibt. Wenn Sibylle nicht in dem Zug ist, auf den wir warten, dann will ich an dich glauben.« Auf diese Weise versuchte ich, Gott für das Geschäft zu interessieren. »Mach, daß wir umsonst warten! Mach, daß Sibylle nicht nach Wien kommt, Gott, dann will ich zugeben, daß es dich gibt und daß du mich erhört hast.« Ich war an diesem Abend gegen stärkere Instinkte entschlossen zu glauben, daß Gott an jedem Akt des Glaubens lag.

»Achtung, bitte! Der Arlbergexpreß aus Zürich über Salzburg und Linz läuft auf Gleis drei ein.«

Ich sah die Lichter der Diesellokomotive. Weit draußen zwischen den Signallampen der Stellwerke tauchten sie auf und kamen näher.

Lieber Gott, wenn du mir jetzt hilfst . . .

Immer näher kamen die Lichter. Die Loren der Gepäckträger rollten vor. Dann lief der Fernzug in die Halle ein und hielt.

»Sie bleiben hier stehen«, sagte Petra. Sie trat hinter einen Pfeiler. Die ersten Passagiere kamen auf mich zu. Freunde umarmten einander. Ein Kind rief »Papi!« und rannte los.

Lieber Gott. Lieber Gott, bitte.

Immer mehr Menschen kamen auf mich zu, und noch immer konnte ich Sibylle nicht sehen. Mein Herz klopfte laut. Wenn Gott auf meinen Vorschlag eingegangen war und ich nun an ihn glauben mußte, hatte ich auch die Pflicht, zur Beichte zu gehen. Ich überlegte, was das für Folgen hatte. Mußte ich dem Priester erzählen, in welcher Lage ich mich befand?

Das Kind, das »Papi« gerufen hatte, kam strahlend zurück, es zog einen braungebrannten, blonden Mann hinter sich her. Neben dem Mann ging Sibylle. Sie winkte mir zu. Ich dachte: Also gibt es Gott nicht. Dann allerdings dachte ich, daß es ihn vielleicht doch gab und daß er nur nicht auf meinen Vorschlag eingegangen war.

Ein Träger schleppte Sibylles Koffer. Ich trat einen Schritt vor. Sie umarmte mich: »Guten Abend, mein Herz. An der Grenze ging alles glatt. Der Paß —« Sie brach ab. Ich wußte, warum, obwohl ich Petra nicht sah. Aber ich fühlte, wie Sibylle in meinen Armen erstarrte, und sagte: »Ich konnte nichts anderes tun. Sie erpreßt mich seit gestern.« Dann erst drehte ich mich um. Petra war vorgetreten. Das Pervitin hatte ihre Augen vergrößert, die Pupillen waren riesenhaft.

Sie fragte: »Sehen Sie den Polizisten da drüben, Sibylle?«

»Ja«, sagte Sibylle. Es überraschte mich, wie still sie war. Sie betrachtete Petra nachdenklich, ohne Erregung. Der Gepäckträger mit dem Koffer war weitergegangen.«

»Sie geben mir jetzt Ihren Paß, Sibylle«, sagte Petra. »Wenn Sie ihn mir nicht geben, schreie ich um Hilfe.«

Sibylle öffnete ihre Handtasche, und der Paß wechselte noch einmal seinen Besitzer. »Herr Holland, hängen Sie sich bei uns beiden ein.«

Das tat ich, und wir gingen zum Ausgang des Bahnhofs, und ich sagte zu Sibylle: »Glaub mir, ich konnte nichts anderes tun . . . Wenn ich dich nicht gerufen hätte, wäre sie zur Polizei gegangen . . .«

Sibylle nickte stumm. Ich hatte den Eindruck, daß ihr noch nicht klargeworden war, in welcher Situation wir uns befanden. Über dem Ausgang des Bahnhofes zog sich ein Spruchband hin. Ich las: BESUCHT DAS SCHÖNE ÖSTERREICH!

## 10

Nachdem wir auch noch Sibylles Paß bei Petras Anwalt auf der Seilerstätte deponiert hatten, fuhren wir in ihre Wohnung. Der Föhn hatte an Stärke zugenommen. Mir wurde Sibylles Ruhe immer unheimlicher, sie wirkte apathisch und benommen. Im Taxi sah sie still vor sich hin, sie vermied es, Petra und mich anzuschauen. Einmal nickte sie langsam und nachdrücklich. Sie sprach auch ein bißchen mit sich selber, aber man konnte die Worte nicht verstehen.

»Was ist?« fragte ich.

»Nichts«, sagte sie und ergriff meine Hand.

In ihrer Wohnung ließ Petra uns dann nicht länger warten. Sie war keine Sadistin. »Ich will den Schmuck«, sagte sie und sah Sibylle fast entschuldigend an. »Ich habe furchtbare Schulden. Übermorgen platzt ein Wechsel. Ich bin so verschuldet, daß ich nicht mehr aus und ein weiß. Ich hatte auch noch im Spielsaal Pech . . . Wie gesagt, meine Lage ist vollkommen verzweifelt. Die Gläubiger warten nicht länger. Also geben Sie mir den Schmuck, Sibylle, und Sie bekommen sofort Ihren Paß zurück und können fliehen.«

Sibylle schüttelte den Kopf. Die Bewegung war endgültig.

»Doch, doch«, sagte Petra. »Sie *werden* ihn mir geben. Ich habe noch bis morgen abend Zeit. Das ist eine lange Weile. Sie werden es sich überlegen.«

»Was ist das für ein Schmuck?« fragte ich.

»Der, den Tonio Trenti ihr gab«, antwortete Petra. »Er schenkte ihr Steine und Armbänder im Werte von mindestens hundertfünfzigtausend Schilling. Ganz Rom sprach damals darüber.«

»Der Schmuck ist nicht mehr da«, sagte Sibylle.

»Was?«

»Ich habe ihn verkaufen müssen.« Sibylle sprach wie aus dem Schlaf, die Worte kamen träge und ohne besondere Betonung aus ihrem Mund, und das Gesicht war ohne Leben. Was war mit ihr geschehen? Das war nicht die Sibylle, die ich kannte. Das war eine fremde, kranke Frau, die ich nicht begriff. »In den Jahren nach dem Krieg habe ich ihn verkauft, als es mir schlechtging.«

»Das ist nicht wahr! Ich habe mich erkundigt über Sie, Sibylle!«

»Dann hat man Ihnen nicht die Wahrheit mitgeteilt. Es tut mir leid, daß ich Sie so enttäuschen muß. Ich enttäusche Sie aber auch immer wieder, Frau Wend . . .« Es war gespenstisch, mit anzusehen, wie Sibylle in dem Maß ruhiger wurde, in dem Petra sich erregte.

»Ich glaube Ihnen kein Wort!«

»Durchsuchen Sie mich. Durchsuchen Sie mein Gepäck. Was Sie finden, soll Ihnen gehören . . .« Sibylle ließ sich in den Sessel zurücksinken und schloß die Augen. Mir wurde sie unheimlich.

»Was hast du? Was ist los mit dir?«

Sie lächelte ein wenig und streichelte meine Hand. »Nichts, mein Herz, ich bin nur müde.«

»Petra«, sagte ich. »Sie irren sich wirklich! Sibylle hat keinen Schmuck. Ich hätte ihn doch sonst gesehen!«

Die Frau mit den weißen Haaren sprang auf. Mit fliegenden Händen zündete sie eine Zigarette an. »*Sie* schweigen! *Sie* haben überhaupt keine Ahnung! Sibylle hat Sie vom ersten Tag an belogen, an dem Sie einander trafen! Was wußten Sie denn von ihr, bevor *ich* Ihnen die Wahrheit erzählte! Sie hat den Schmuck! Sie hat ihn!«

»Da ist mein Koffer«, sagte Sibylle. Sie hob eine Hand und ließ sie kraftlos wieder sinken.

»Sie werden ihn nicht im Koffer haben!« schrie Petra außer sich. »Sie haben ihn versteckt! Warten Sie nur ein paar Stunden! Dann werden Sie mir sagen, *wo* Sie ihn versteckt haben! Sie müssen ihn mir geben! Sie müssen, es bleibt Ihnen nichts anderes übrig!«

Wie ein Mensch in Narkose murmelte Sibylle: »Es gibt keinen Schmuck mehr.«

»Wieviel Geld brauchen Sie, Petra?« fragte ich.

»Hunderzehntausend Schilling.«

Ich überlegte: Das waren fast zwanzigtausend Mark. Soviel Geld konnte ich nicht auftreiben. Aber vielleicht einen Teil.

»Ich will mein Büro anrufen, Petra . . . und Freunde . . . Einen Teil kann ich gewiß erhalten . . .«

»Mit einem Teil ist mir nicht mehr gedient. Sie machen sich keine Vorstellung von meiner Lage. Meine Gläubiger lassen mich verhaften, wenn ich nicht bezahle. Ich komme ins Gefängnis. Und ich habe ein Kind. Wer sorgt dann für mein Kind . . .«

»Frau Wend«, sagte Sibylle, ohne die Augen zu öffnen, »würden Sie uns wohl allein lassen?«

Petra erhob sich. Ein Lächeln der Genugtuung erhellte ihr blutleeres Gesicht. »Aber gewiß. Ich habe das erwartet. Sie werden noch ganz vernünftig werden.« Sie ging aus dem Zimmer, und ich hörte, wie sie auf der anderen Seite der Tür den Schlüssel umdrehte.

Ich schüttelte Sibylle: »Was ist los mit dir? Warum benimmst du dich so?«

»Es ist aus, Paul.«

»Was ist aus?«

»Alles. Wir können nicht mehr fliehen.«

»Ich —«

»Laß mich reden. Ich wußte schon gestern, als du zum zweitenmal anriefst, daß etwas geschehen war. Ich erkannte es an deiner Stimme. Aber ich kam trotzdem.«

»Warum?«

»Weil ich dich noch einmal sehen wollte.«

»Was heißt noch einmal sehen? Was ist das für ein

Gerede? Sibylle, wir haben keine Zeit! Wir müssen sehen, wie wir Petra zufriedenstellen!«

Sie stand auf und ging zu ihrem Koffer. Sie neigte sich über ihn und öffnete die Schlösser. Der Deckel sprang auf. Als sie sich wieder erhob, hielt ihre rechte Hand etwas Schwarzes, Metallisches. Es war ein Revolver.

## 11

»Sibylle!«

Ich machte eine Bewegung nach vorne, aber der Revolver wies mich zurück. »Setz dich«, sagte sie, »und unterbrich mich nicht. Ich weiß, was ich tun muß. Ich lasse mich nicht irremachen.«

»Tun? Was mußt du tun?«

»Auf dem Berg hatte ich Zeit, über alles nachzudenken, Paul. Wir können nicht fliehen. Ich habe einen Menschen getötet. Ein anderer hat durch meine Schuld das Leben verloren.«

»Das sagst du, nachdem du alles getan hast, um zu entkommen?«

»Ich habe eben lange gebraucht, um zu begreifen. Im Grunde hast sogar du mich dazu gebracht.«

»Ich?«

»Ja, Paul, als du mir beim Frühstück sagtest, es wäre dir gleich, ob ich eine Mörderin sei oder nicht. Da begriff ich, daß ich nicht mehr fliehen durfte. Ich will auch nicht mehr fliehen. Du weißt . . . ich glaube an Gott!«

»Ich nicht!«

»Du hast es leicht.« Der Revolver hob und senkte sich. Ich überlegte, ob Furcht und Aufregung Sibylle wohl den Verstand genommen hatten.

»Gott ist gerecht, Paul. Er läßt sich nicht betrügen. Wenn ich mit dir fliehe, wird er uns nicht weiter schützen.«

»Hör mit deinem Gott auf! Wir müssen uns selber schützen!«

»Er schützt uns, Paul. Er schützt uns. Eines Tages wirst auch du an ihn glauben. Aber ich muß büßen für das, was ich getan habe.«

»Unsinn!« schrie ich. »Geschwätz! Verflucht nochmal, hör auf damit!«

»Ich habe mir alles überlegt«, sprach sie monoton weiter. »Wenn ich zur Polizei gehe und alles zugebe, dann wird man mich zu vielen Jahren Zuchthaus verurteilen. Wenn sie mich freilassen, bin ich eine alte Frau. Dann habe ich dich verloren. Ich will nicht ins Zuchthaus!«

»Wer spricht vom Zuchthaus! Verdammt, Sibylle, laß das doch!«

»Mit diesem Revolver«, fuhr sie fort, als hätte ich sie nie unterbrochen, »habe ich Emilio Trenti erschossen. Ich werde auch mich damit erschießen.« Blitzschnell richtete sich der glänzende Lauf auf mich. »Bleib sitzen. Rühr dich nicht.«

Sie hatte wirklich den Verstand verloren. Sie war verrückt genug, zu schießen — auch auf mich. Mir wurde kalt. Ich war noch feiger, als ich gedacht hatte. Ich blieb sitzen und rührte mich nicht.

»Sibylle, bitte, Sibylle . . .« Ich versuchte es mit Überredung. Wenn doch nur Petra wiederkäme, dachte ich. Aber dann, was war damit getan? »Warum willst du dich erschießen?«

»Dann verzeiht mir Gott. Dann verliere ich dich nicht . . .«

»Und ich? Ich verliere dich auch nicht?«

Ein irrsinniges Lächeln verzog ihren Mund. Sie flüsterte: »Komm doch mit, Paul . . . wenn du mitkommst, dann sind wir immer zusammen . . . dann müssen wir uns nie mehr trennen . . .«

»Ich soll mich erschießen?«

Jetzt kam sie näher. Meine Hände wurden feucht. Ich hatte Angst.

»Ich gebe dir den Revolver . . . du erschießt zuerst mich und dann dich . . . und wir haben Frieden . . . und niemand kann uns mehr trennen . . . und Gott liebt uns wieder . . .«

»Gib her«, sagte ich. Ich sagte es aber zu schnell. Sie trat von mir zurück.

»Du tust es nicht. Nein, ich weiß, du tust es nicht. Du willst nur den Revolver haben.« Das war richtig.

»Ich tu es. Gib her.« Ich streckte die Hand aus. Ich machte einen Schritt nach vorne. Sie richtete den Revolver gegen ihre Brust. »Du tust es nicht, Paul, ich weiß es. Ich habe es mir genau überlegt. Es gibt keinen anderen Weg für mich. Leb wohl, Paul . . .«

Im nächsten Augenblick sprang ich. Mir war schwindlig vor Angst, aber ich sprang, und sie stürzte mit mir zu Boden. Wir rollten übereinander.

»Nein«, schrie Sibylle. »Nein! Bitte, Paul, nein!«

Der Lauf der Waffe richtete sich gegen mich.

»Ich liebe dich doch . . .« flüsterte sie. Das ist das letzte, woran ich mich erinnere. Im nächsten Augenblick ging der Schuß los, und ich hatte das Gefühl, daß eine Riesenhand mich hochriß und zur Seite schleuderte. Dann wurde es dunkel um mich, und ich begann zu stürzen, hinab, weiter und weiter hinab in einen schwarzen Brunnen aus Samt.

## 12

Eine Sirene heulte.

Ich fühlte, daß ich auf einer harten, schmalen Fläche lag, die beständig leicht schwankte. Ich öffnete die Augen. Ein Mann in Weiß saß neben mir und zog eben den Inhalt einer Ampulle in einer Injektionsnadel hoch. Ich lag in einer

Ambulanz, die in rasendem Tempo durch Wien fuhr. Das Rotlicht auf dem Dach des Wagens schickte sein schnelles Zucken durch das Fenster auf mein Gesicht.

»Wo ist —«

»Nicht reden«, sagte der Mann in Weiß.

Auf der anderen Bahre lag niemand.

»Sibylle«, flüsterte ich. »Ist sie —«

»Nicht reden«, sagte der Mann in Weiß. Er stieß mir eine Nadel in den Arm, und es wurde dunkel um mich und ich begann wieder zu stürzen.

## 13

Das war am 19. März um zwanzig Uhr fünfundvierzig.

Um zwanzig Uhr dreiundfünfzig gab es im Allgemeinen Krankenhaus Herzalarm, und sie operierten mich. Ich erlangte erst viele Stunden später wieder das Bewußtsein, und die Kriminalpolizisten kamen erst am 21. März, am Nachmittag. Sie stellten mir eine Menge Fragen, nachdem sie mir mitgeteilt hatten, daß Sibylle tot war. Bei ihr kamen die Ärzte zu spät. Sibylle hatte sich ins Herz geschossen. Sie sagten, die Leiche liege im Keller des Gerichtsmedizinischen Instituts und wäre zur Bestattung noch nicht freigegeben. Aber in Sibylles Koffer hätte man ein handschriftliches Geständnis gefunden, in dem sie sich selbst des Mordes an Emilio Trenti bezichtigte.

Sibylle hatte sich erschossen.

»Gehen Sie weg«, sagte ich zu den Beamten.

Aber sie blieben und stellten mir eine Untersuchung in Aussicht, und eventuell eine Anklage wegen Beihilfe zur Flucht. Petra Wend war verhaftet worden, sie saß in Untersuchungshaft. Sie war zusammengebrochen und hatte ihren Erpressungsversuch zugegeben. Ihre Gläubiger hatten Anklage gegen sie erhoben.

»*Bitte,* gehen Sie weg«, sagte ich zu den Beamten.

Aber sie blieben und sagten, sie hätten bereits mein Büro verständigt und meinen Paß beschlagnahmt und würden Tag und Nacht einen Beamten vor meiner Zimmertür Wache halten lassen, damit ich nicht zu fliehen versuchte.

Dann kam ein Arzt herein und bestand darauf, daß sie mich allein ließen. Sie gingen und versprachen wiederzukommen. Der Arzt gab mir eine Injektion, und ich versank in einen tiefen Schlaf, und in meinem Traum war ich bei Sibylle.

Dies ist, was ich träumte:

Robert Friedmanns Bar war an diesem Abend ganz leer, auch er selbst war nicht anwesend, ein älterer Herr stand anstelle der Barfrau hinter der Theke und verneigte sich, als ich hereinkam. Er trug einen Smoking. Sibylle wartete in unserer Ecke auf mich, und nachdem ich sie geküßt hatte, machte sie mich mit dem Herrn im Smoking bekannt: »Das ist Herr Holland«, sagte sie, »das ist Herr Gott.«

»Ich nehme an, Sie trinken auch Whisky«, sagte Herr Gott und schob mir ein Glas hin.

»Danke«, sagte ich.

Sibylle streichelte meine Hand. »Hast du dich sehr abhetzen müssen, Liebling?«

»Es war so viel Verkehr in Rio«, erwiderte ich. »Man kam nicht vorwärts. Besonders schlimm war es am Copacabanastrand.«

»Ich kenne die Gegend«, erklärte Herr Gott.

»Es tut mir leid, daß ich dich warten ließ«, sagte ich zu Sibylle. Der Klavierspieler war älter geworden, aber er spielte noch immer *C'est si bon.*

»Das macht gar nichts«, antwortete Sibylle. »Wir haben uns inzwischen unterhalten, nicht wahr, Herr Gott?«

»Die Whiskys, die Sie trinken, gehen auf meine Rechnung«, sagte dieser und nickte. »Ja, ich habe mich mit Sibylle unterhalten.«

Jetzt sprach er wie Robert Friedmann, und sein Gesicht sah auf einmal wie das des alten Juden aus, gütig und traurig, mit schweren Tränensäcken.

»Sibylle und ich sind alte Bekannte, wissen Sie, Herr Holland. Wir haben viel miteinander erlebt.«

»Sie hat mir auch viel von Ihnen erzählt«, sagte ich. »Ich dachte nur, es würde Sie gar nicht geben . . .«

»Manchmal gibt es mich auch nicht«, sagte er höflich. »In gewissen Gebieten und zu gewissen Zeiten. Zum Beispiel war ich von neunzehndreiunddreißig bis neunzehnfünfundvierzig nicht in Deutschland.«

Sibylle sagte: »Wir haben alles besprochen, Liebling. Herr Gott meint, es wäre nun alles gut.«

»Wir bekommen unsere Pässe?« fragte ich aufgeregt. Denn nun erinnerte ich mich plötzlich, daß Herr Gott der Mann war, der uns die neuen Pässe mit der Aufenthaltserlaubnis geben sollte.

»Gewiß«, sagte er. »Nachdem Sibylle sich erschossen hat, steht einer Aufenthaltsbewilligung nichts mehr im Wege. Da ist nur eine Kleinigkeit . . .« Er schraubte seine Füllfeder auf. »Ein Datum fehlt noch in Ihrem Paß . . . warten Sie . . . hier . . .« Er setzte eine dicke Hornbrille auf und sah mich an: »Wo sind Sie gestorben?«

»Hundertsechzig Meilen östlich von Rio de Janeiro«, antwortete ich.

»Danke«, sagte Herr Gott. »Das genügt.« Er trug die Angabe in meinen Paß ein und überreichte ihn mir. Es war ein ganz neuer, prächtiger Paß, und Herr Gott sagte lächelnd: »Diesmal habe ich ihn selbst gemacht. Der alte Franz wird in letzter Zeit so unzuverlässig. Ich möchte nicht, daß Sie Schwierigkeiten haben.«

»Wir werden alle alt«, sagte Sibylle. Und dann tranken wir einander zu. Ich dachte, was für ein guter Freund doch Robert war, der alte Robert Friedmann vom Kurfürstendamm in Berlin.

»Und wie geht es der Wunde?«

»Prächtig«, sagte Sibylle. »Willst du sie sehen?« Sie schob das Kleid von der linken Schulter und entblößte die kleine, feste Brust. Unter der Warze sah ich eine winzige rote Stelle.

»Das ist alles?« fragte ich.

»Ja«, sagte Sibylle, »das ist alles.«

## 14

Ich blieb vier Wochen im Allgemeinen Krankenhaus.

Ein Polizist saß vier Wochen vor meiner Tür, und die Kollegen vom Morddezernat besuchten mich immer wieder. Sie wurden freundlicher. Ich wurde auch freundlicher. Es war ihr Beruf, mir Fragen zu stellen. Fünf Tage, nachdem Sibylle sich erschossen hatte, wurde ihre Leiche zur Bestattung freigegeben. Sie fragten mich, ob sie Sibylle auf dem Zentralfriedhof beisetzen sollten, und ob ich bereit war, die Kosten dafür zu tragen.

»Verbrennen Sie sie«, sagte ich. Sibylle hatte mir einmal gesagt, daß sie verbrannt werden wollte. Also schickten sie die Leiche aus der Morgue zum Krematorium hinaus. Da es keine Angehörigen oder Freunde gab, und da ich selber nicht zur Einäscherung kommen konnte, verbrannten sie Sibylle in der Nacht zum 24. März, gegen zwei Uhr morgens. Es war gerade sehr viel im Krematorium zu tun, und sie waren froh, wenn sie Fälle wie den Sibylles außerhalb der gewöhnlichen Geschäftszeit erledigen konnten.

Am nächsten Tag bekam ich dann eine Rechnung und die Mitteilung, die Urne mit der Asche stünde in der Nordhalle, im Kästchen Nummer DL 7659/1956.

Aus dem Allgemeinen Krankenhaus entließ man mich mit der Versicherung, daß ich ein Moribundus war, wenn ich die nächsten zwei Monate nicht hauptsächlich liegend und in äußerster Schonung zubrachte. Ich kehrte ins Hotel *Ambassador* zurück, in das Zimmer im vierten Stock mit den roten Tapeten und dem grüngekachelten Badezimmer. Hier besuchte mich Doktor Gürtler regelmäßig, bis er seine Praxis aufgab und in das Kinderkrankenhaus in Floridsdorf übersiedelte. Hier, im Hotel *Ambassador,* begann ich am 7. April mit der Niederschrift meiner Geschichte. Blumenfrauen in der Tiefe priesen Veilchen, Primeln und Krokusse an, und es war schon sehr warm in Wien, sehr warm für April . . .

Aus den zwei Monaten Aufenthalt wurden vier. Die Untersuchung gegen Petra Wend und mich zog sich hin. Die Polizei hielt mich unter einer Art von Hausarrest, ich durfte die Stadt nicht verlassen. Mein Büro in Frankfurt beurlaubte mich. Die Reise nach Brasilien wurde verschoben. Sie schickten mir Geld und einen Anwalt, sie waren sehr großzügig. Aber auch der Anwalt konnte nicht erreichen, daß die Behörden schneller arbeiteten. Ich mußte warten.

Meine Wunde heilte gut, und ich schrieb immer weiter. Der Sommer war regnerisch, es gab viele Gewitter. So schöne Tage wie im Frühling kamen nicht wieder.

Ich trank regelmäßig in diesen vier Monaten, abends nahm ich immer ein Schlafmittel. Ich träumte viel und wirr. Von Sibylle träumte ich nie. Ich glaube, das kam, weil ich mich tagsüber, wenn ich schrieb, sosehr mit ihr beschäftigte.

Am 17. Juli besuchte mich ein junger Mann mit Hornbrille. Er stellte sich als Alfred Peter vor, hatte ein intellektuelles Gesicht und die Umgangsformen des guten Wiener Bürgertums aus dem Cottage. »Herr Holland, ich arbeite in einem Wiener Buchverlag.« Er nannte den

Namen. »Ich habe gehört, Sie schreiben im Augenblick an einem Roman, der Ihre . . . Ihre Erlebnisse der letzten Zeit behandelt.«

»Wo haben Sie das gehört?« fragte ich.

»Der Oberkellner Franz hat es mir erzählt, ich esse manchmal hier im Hotel. Er kennt mich.«

»Aha«, sagte ich.

»Ich interessiere mich für das Manuskript. Wenn es fertig ist, würden Sie es mir zu lesen geben?«

»Ich weiß nicht, ob ich noch möchte, daß es überhaupt veröffentlicht wird.«

»Aber als Sie zu schreiben begannen —«

»Das war etwas anderes, damals fühlte ich mich noch sehr schwach. Jetzt geht es mir gesundheitlich besser. Ich kann nicht einmal dafür garantieren, daß ich das Buch zu Ende schreibe.«

»Haben Sie mehr als die Hälfte?«

»Zwei Drittel.«

»Dann werden Sie es auch fertig schreiben«, sagte Herr Peter zuversichtlich. »Und wenn es fertig ist, werden Sie es mir schicken.«

An dem Tag, an dem er mich besuchte, regnete es. Ich begleitete ihn hinunter und ging dann in ein Grammophongeschäft in der Kärntnerstraße. Hier gab es viele kleine Kabinen, in denen man sich Platten vorspielen lassen konnte. Ich dachte, daß es hübsch gewesen wäre, ein Grammophon zu besitzen. In dem Geschäft suchte ich einen Apparat aus, und dann ließ ich mir in einer der gemütlichen Kabinen das Klavierkonzert Nummer zwei von Rachmaninoff vorspielen.

Ich rauchte dabei und versuchte, an Sibylle zu denken. Ich legte eine Fotografie von ihr vor mich hin und sah ihren schmalen Körper im Badeanzug und die leuchtenden Augen und den großen Mund in dem lachenden Gesicht. Aber das Klavierkonzert war trotzdem kein

Erfolg, denn ich dachte auch an das kleine Metallkästchen draußen auf dem Zentralfriedhof. Das einzige, was half, war eben doch Whisky. Ich verließ die Kabine.

Zu der Verkäuferin sagte ich: »Sind Sie sehr böse, wenn ich den Plattenspieler doch nicht kaufe?«

»Natürlich nicht, mein Herr.« Aber sie war verstimmt. »Sie haben es sich anders überlegt?«

»Ja«, sagte ich. »Bitte, verzeihen Sie mir.«

## 15

Die Verhandlung gegen Petra Wend und mich fand am 4. Juli 1956 im Kleinen Verhandlungssaal des Wiener Landesgerichtes statt. Sie dauerte auch nur einen einzigen Tag. Gegen mich wurde bloß eine Anklage wegen versuchten Paßbetruges erhoben. Ich weigerte mich, den Namen des Fälschers preiszugeben, und sie verurteilten mich zu sechs Monaten bedingt. Das kam, weil ich Ausländer war und einen guten Anwalt besaß.

Petra Wend wurde wegen vollendeter Erpressung, Nötigung, Hausfriedensbruchs und Wechselbetrugs zu insgesamt eineinhalb Jahren unbedingten Zuchthauses verurteilt. Sie trug ein graues englisches Kostüm und wirkte sehr ruhig und gleichmütig, als das Urteil verkündet wurde. Einige ihrer Gläubiger waren zur Verhandlung erschienen und betrachteten sie erbittert und finster.

»Haben Sie noch etwas zu sagen?« fragte uns der Vorsitzende.

Ich schüttelte den Kopf.

Petra nickte.

»Bitte, Frau Wend!«

»Es betrifft Herrn Holland . . .« Petra sah mich an, zum erstenmal an diesem Tag. Es war sehr schwül im Saal, über der Stadt lagen seit Stunden schwarze

Gewitterwolken, und ich fühlte mich schlecht und schwindlig. Petra Wend sagte: »Es tut mir leid, was ich getan habe, Herr Holland.«

Ich antwortete nicht.

»Ich bin sehr unglücklich darüber . . .« Sie verstummte. Ich dachte an einen Satz, den ich einmal gelesen hatte: Trübsal und Sorge sind die Wurzeln aller bösen Mächte.

Ich sagte: »Wir waren alle schuldig, Petra.«

»Verzeihen Sie mir?«

Wir wurden fotografiert, während wir sprachen. Ich dachte, daß es völlig gleichgültig war, ob ich ihr verzieh oder nicht, völlig gleichgültig und vergeblich, und also erwiderte ich: »Ja, ich verzeihe Ihnen.«

»Die Verhandlung ist geschlossen«, sagte der Vorsitzende. »Der Angeklagte Holland ist sofort auf freien Fuß zu setzen.« Dann führten sie Petra an mir vorbei, und sie nickte mir noch einmal zu. Sie erschien mir auf einmal umgeben von Sicherheit und Glück. Die Sorge für ihr Kind hatte der Staat übernommen, mit den Gläubigern würde sich sich arrangieren, und eineinhalb Jahre des Friedens lagen vor ihr. *Sie* hatte Gott in der Tat beschützt. Sorge und Trübsal beschützte er, denn sie waren die Wurzeln aller bösen Mächte. Was für ein Unsinn, dachte ich, auf den Gang vor dem Saal hinaustretend, was für ein Unsinn . . .

»Herr Holland —«

Doktor Gürtler, der Arzt, der mich operiert hatte, stand vor mir. »Ich gratuliere!«

»Waren Sie dabei?«

»Ja, ich habe die Verhandlung verfolgt.« Er lächelte. Er sah jünger aus, braungebrannt und zuversichtlich. »Ich kam eigens in die Stadt, Herr Holland. Es geht Ihnen doch gesundheitlich wieder gut, nicht wahr, und da wollte ich Sie einladen, mich einmal im Krankenhaus zu besuchen. Sie haben es mir doch versprochen.«

»Ich komme gerne«, sagte ich.
»Haben Sie vielleicht gleich jetzt Zeit?«
Ich zögerte.
»Ich fahre Sie hinaus und bringe Sie ins Hotel zurück, Herr Holland. Ich habe meinen Wagen draußen.«
Es gab nichts, was ich sonst zu tun gehabt hätte, und also nickte ich. Das Gewitter brach los, während wir über die Donaubrücke fuhren. Es regnete so stark, daß wir stehenbleiben mußten. Plötzlich war es ganz finster. Die Blitze zuckten, und der Donner krachte ununterbrochen. Ein schwerer Sturm hatte sich erhoben.
Das Unwetter verzog sich schnell. Zehn Minuten später war es wieder hell. Der Wolkenbruch hatte sich in einen strähnigen Landregen verwandelt. Wir fuhren weiter.
Das Kinderkrankenhaus lag in einer endlos langen Vorstadtstraße am Strom zwischen Lagerhäusern und Fabrikgebäuden: ein häßliches rotes Ziegelgebäude, erbaut um die Jahrhundertwende. Das Innere war gleichfalls altmodisch eingerichtet, aber sehr sauber. Die Fußböden der Gänge waren mit gelben länglichen Kacheln ausgelegt.
Ein paar Kinder, die uns begegneten, grüßten höflich. Sie sahen alle vergnügt, aber sehr blaß und mager aus.
»Es hat natürlich einen Grund, daß ich Sie hier herausgebeten habe«, sagte Doktor Gürtler, vor mir hergehend. »Einen ganz bestimmten Grund. Auch, daß ich Sie ausgerechnet heute um Ihren Besuch bat.« Er öffnete eine weiße Tür. In dem Raum dahinter standen drei Betten, aber nur eines war belegt. Ein kleines Mädchen von etwa zehn Jahren schlief friedlich in ihm. Das Alter des Mädchens war schwer zu bestimmen, denn es trug einen breiten schwarzen Verband über beide Augen, der große Teile des Gesichtes verdeckte. »Setzen Sie sich«, sagte Doktor Gürtler laut.
»Aber die Kleine —«
»Sie hört uns nicht. Sie hat ihr Morphium bekommen

und schläft bis morgen früh. Wenn sie zu sich kommt, ist sie schon im Flugzeug.«

»Im Flugzeug?« wiederholte ich.

Neben dem Bett saß ein brauner Teddybär mit heraushängender Zunge auf dem Nachttischchen. Das Mädchen hielt das linke Bein des Bären fest. Es hatte braunes Haar und hieß Angelika Reimer, das stand auf der Tafel über dem Bett. Was noch auf der Tafel stand, war klein geschrieben, und ich konnte es nicht lesen.

»Angelika fliegt nach New York. Sie hat einen besonders bösartigen grünen Star, den wir hier nicht schneiden können.«

»Nach New York — ist das nicht sehr kostspielig?«

»Enorm, Herr Holland!« Dieses Gespräch schien ihm Vergnügen zu bereiten, er lachte trocken und begann seine Brille zu putzen. »Oh, enorm! Drüben operiert aber die einzige Kapazität, die für solche Fälle in Frage kommt, Doktor Higgins vom Bellevue Hospital. Ein Erwachsener muß Angelika begleiten — wie gesagt, es kostet ein Vermögen. Rund achtzigtausend Schilling. Angelikas Mutter ist übrigens tot. Der Vater arbeitet im Winterhafen.«

»Was macht er dort?«

»Er hilft Frachtkähne ausladen, wenn Frachtkähne ankommen. Wenn keine ankommen, macht er nichts.«

Ich sagte: »Ich verstehe. Sie haben eine Story für mich.«

»Sie sind doch Reporter! Sie sagten mir einmal, für Sie wären nur Storys interessant.«

»So ist es«, sagte ich. »Storys und Tatsachen.«

»Also passen Sie auf.« Er setzte die Brille wieder vor die kurzsichtigen Augen und rieb sich die Hände. »Der Vater bringt das Kind vor einem halben Jahr zu uns. Linkes Auge bereits schwer befallen, rechtes Auge etwas leichter. Mattscheibe, Sehstörungen, Kopfschmerzen, schwindender Gleichgewichtssinn, und so weiter, und so weiter.«

Das schlafende Kind seufzte lange und bewegte sich.

»Wir operierten ohne Ergebnis. Einmal. Noch einmal. Dann steht fest: Mit unseren Mitteln sind wir hilflos. Es gibt in ganz Europa niemanden, der helfen könnte. Ich habe vergessen zu erwähnen, daß der Vater die Kleine sehr liebt. Mehr als Väter Töchter im allgemeinen lieben. Es ist eine . . . eine Besessenheit bei ihm, wissen Sie.« Jetzt wich er meinem Blick aus. Er sagte: ». . . es ist eine ganz ungewöhnlich starke Beziehung, die Vater und Tochter verbindet.«

Ich begann zu ahnen, was er vorhatte, und verspürte einen schlechten Geschmack im Mund. Draußen regnete es nicht mehr.

»Wir sagten dem Vater die Wahrheit«, fuhr Doktor Gürtler fort. »Es war eine reine Frage des Geldes. Wir konnten ihm mit einer so großen Summe auch nicht helfen. Wir hätten sie vielleicht auftreiben können — aber nicht so schnell. Und Angelika mußte schnell operiert werden, wenn der Flug zu Doktor Higgins überhaupt noch Sinn haben sollte.«

Es tat mir leid, daß ich hier herausgekommen war, ich hätte mir denken können, was mich erwartete. Ich war nicht mehr in der Stimmung, solchen Erzählungen zuzuhören. Sie machten mich über alle Maßen nervös, so nervös, daß ich mich kaum beherrschen konnte. Und beherrschen mußte ich mich, denn Doktor Gürtler war immerhin der Mann, dem ich mein Leben verdankte, ein guter Mensch, der mir zu helfen suchte.

»Es geschah also das bekannte Wunder«, sagte ich, um die Erzählung wenigstens abzukürzen.

»Ja, Herr Holland. Wir sprachen einmal im Hotel *Ambassador* über Gott, nicht wahr . . .«

Nun kam es also endlich.

»Sie hielten nicht viel von ihm.«

»Nein.«

»Wir sprachen auch über die Liebe. Sie hielten auch nicht viel von der Liebe. Ich sagte Ihnen, daß Gott die Liebenden —«

Ich unterbrach ihn. »Reden Sie nicht weiter. Ich weiß, was Sie damals sagten.«

»Herr Holland, der Vater der Kleinen glaubt so wenig an Gott wie Sie. Er ist ein enragiertes und cholerisches Mitglied der Sozialdemokratischen Partei. Also ging er nicht in die Kirche, um zu beten, sondern füllte einen Wettschein zum Fußballtoto aus.«

»Und gewann natürlich«, sagte ich. Angelika ließ das Bein des Teddybären los und drehte sich auf die andere Seite.

»Nein«, sagte er.

»Bitte?«

»Er gewann natürlich nicht. Haben Sie schon einmal gehört, daß jemand im Toto gewonnen hat?«

»Was dann?«

»Die Geschichte kam in die Zeitung. Viele Menschen lasen, daß Angelika Hilfe brauchte. Eine amerikanische Fluggesellschaft rief an. Sie schenkte Angelika und ihrem Vater zwei Flugkarten nach New York und zurück.« Er sagte leise: »Sie sehen, daß Gott viele Wege kennt, die Liebenden zu schützen.«

»Sie meinen, daß die amerikanische Fluggesellschaft viele Wege kennt.«

»Ich meine Gott«, sagte er, ebenso leise wie zuvor. »Sie wissen, was ich meine, Herr Holland.«

Ich drehte ihm den Rücken und sah in den Garten hinaus.

»Das ist aber eine schöne Geschichte«, sagte ich. »Hoffentlich rettet Doktor Higgins nun die Patientin. Ich bin eigentlich davon überzeugt.« — »Ja?«

»Ja. Ihr eigenes Argument, Vater und Tochter lieben einander, wie Sie sagen.«

»Es gibt verschiedene Arten von Liebe, Herr Holland. Ihre Liebe zu der Frau, die tot ist, war nur eine davon, und zwar —«

»Ich will nicht darüber reden, was für eine Art von Liebe es war.«

Er stand auf und legte eine Hand auf meine Schulter: »Das Unglück mit Ihnen ist, daß Sie gläubiger sind als wir alle.«

Ich nahm meinen Hut.

»Sie haben sich mehr als wir alle auf Gott verlassen. Jetzt sind Sie ihm böse.«

»Herr Doktor«, sagte ich, »wenn es Ihnen recht ist, möchte ich ins Hotel zurück. Ich muß noch packen und ein paar Briefe schreiben.«

Draußen gingen Kinder durch den von Mauern umgebenen Garten. Sie sangen: »Ein Männlein steht im Walde auf einem Bein . . .«

»Sie reisen ab?«

»Ja«, sagte ich. »Ich muß nach Berlin. In drei Tagen fliege ich fort aus Europa.«

». . . es hat aus lauter Purpur ein Män-te-lein«, sangen die Kinder draußen auf dem regennassen Gras des Gartens. Sie hielten einander an den Händen und tanzten im Kreis. Ein kleiner Junge in ihrer Mitte preßte die Hände vors Gesicht und stand auf einem Bein.

»Wohin fliegen Sie, Herr Holland?«

»Nach Rio de Janeiro. Ich übernehme die Leitung unseres brasilianischen Büros.«

». . . sagt, wer mag das Männlein sein, das da steht im Wald allein . . .«

»Wollen Sie mir einmal schreiben?« fragte der Arzt.

»Vielleicht.«

». . . mit dem purpurroten Män-te-lein?«

# 16

»Achtung, bitte, Air France gibt den Abflug ihres Clippers sieben-neunundfünfzig nach München bekannt! Passagiere werden durch Flugsteig drei an Bord gebeten. Wir wünschen Ihnen einen angenehmen Flug!« Die Stimme der jungen Frau aus den Lautsprechern klingt fröhlich und munter.

Es ist jetzt sechs Uhr dreißig am 7. Juli 1956. Ich sitze im Restaurant des Flughafens Tempelhof in Berlin und trinke Kaffee. Meine Maschine fliegt um sieben Uhr dreißig. Mein Gepäck habe ich bereits aufgegeben. Ich schreibe diese Zeilen an dem gleichen Tisch, an dem ich mit Sibylle saß, bevor ich das letztemal nach Brasilien flog. Ich habe noch Zeit. Sie werden mich rufen, wenn es soweit ist.

»Achtung, bitte! British European Airways geben den Abflug ihres Viscountfluges drei-zweiundvierzig nach Hannover und Hamburg bekannt. Die Passagiere werden durch Flugsteig eins an Bord gebeten. Wir wünschen Ihnen einen an genehmen Flug!«

Hier hat sich nichts verändert. Unter mir, in der Morgensonne, werden die riesigen Maschinen aufgetankt. Männer in weißen Overalls arbeiten auf den Tragflächen. Ich kann die Maschine der EURAMA-Fluggesellschaft sehen, mit der ich fliegen werde. Sie trägt das Kennzeichen BRXK 56 auf dem hinteren Teil des Rumpfes.

Drüben in der Schalterhalle drängen sich noch immer Flüchtlingsfamilien aus dem Osten. Es ist Sommer, tiefer Sommer. Viele Menschen verlassen Berlin. Die meisten fliegen in den Süden, nach Italien und Spanien. Es gibt eine Menge zusätzlicher Flüge, ich höre, daß alle Maschinen ausverkauft sind. Die Flugzeuge transportieren auch arme Berliner Kinder nach Westdeutschland. Eben marschiert unter mir ein Trupp kleiner Mädchen auf eine viermotorige Maschine zu. Die Kinder tragen große Tafeln mit ihren Namen umgehängt. Ein Pilot führt sie. Nun klettern sie die Rolltreppe empor, nun verschwinden die ersten im Flugzeug . . .

Dies wird bestimmt ein heißer Tag werden, der Himmel ist wolkenlos blau, ein leichter Ostwind weht. Ich habe zwei Flaschen Whisky gekauft, und ich denke, ich werde nach Düsseldorf zu trinken beginnen.

Die Kellner sind sehr höflich zu mir. Sie kennen mich alle. Wie damals legt einer von ihnen im Hintergrund des Restaurants neue Tischtücher auf.

»*Your attention, please! Mr. Broome, just arrived with Pan American World Airways from Frankfurt, will you please come to the counter of the company. There ist a message for you! Repeat: Mr. Broome, from Frankfurt!*«

Ich habe die Nacht im Hotel am Zoo verbracht. Ich bin nicht mehr in Sibylles Wohnung gegangen. Den Hausverwalter habe ich angerufen. Da Sibylle keine Angehörigen besitzt, habe ich ihm vorgeschlagen, die Möbel und Kleider, das Geschirr und die Bücher zu verkaufen und die Wohnung wieder zu vermieten. Er sagte, er wolle den Erlös des Verkaufes dazu benützen, den alten, geborstenen Swimmingpool im Park instand setzen zu lassen. Ob das wohl im Sinne der Verstorbenen gewesen wäre? fragte er mich. Das versicherte ich ihm nachdrücklich.

Die Schlüssel zu Sibylles Wohnung habe ich in meinem Hotelzimmer in den Papierkorb geworfen. Ich brauche sie nicht mehr. Auch mein Zimmer im Hotel *Astoria* in Frankfurt habe ich aufgegeben. Meine Bücher und Bilder habe ich meinem Freund Kalmar geschenkt. Meine Anzüge und die Wäsche befinden sich in zwei Koffern. Diesmal habe ich zwei Koffer gepackt.

Ich flog von Wien über Frankfurt hierher. Sie haben mir im Zentralbüro sehr geholfen und waren voll Verständnis. Ich dachte zuerst, der Skandal, in den ich verwickelt war, würde unangenehme Folgen haben, aber selbst die drei Herren des Vorstandes äußerten kein Wort der Kritik. Trotzdem weiß ich, daß sie froh sind, mich nach Brasilien abschieben zu können. Nichts ist in unserem Beruf so schlimm wie ein Skandal in der eigenen Branche.

Es ist jetzt sechs Uhr fünfunddreißig. Noch eine halbe Stunde, dann fliege ich ab. Ich denke, ich werde noch eine Tasse Kaffee trinken. Wenn diese Niederschrift beendet ist, werde ich das ganze Manuskript in ein dickes Kuvert stecken und hinüber auf das Postamt gehen und alles an Herrn Alfred Peter und die Adresse seines Wiener Verlages schicken. Ich denke, es ist ein ganz guter Verlag, mit Filialen in Zürich und Hamburg. Und Herr Peter schien mir ein intelligenter Mensch zu sein . . .

*»Attention, please! Calling passengers Royce, Riddle and Watts, booked with British European Airways to Hannover! Your Aircraft ist about to take off! Passengers Royce, Riddle and Watts, please!«*

Jetzt ist die Sonne so hoch gestiegen, daß ihre ersten Strahlen auf meinen Tisch fallen. Der Kellner bringt die zweite Tasse Kaffee, und ich bezahle gleich. Ich denke an Sibylle. Ich war so oft mit ihr in diesem Raum, nach der Ankunft, vor dem Abflug. Ich war hier glücklich und traurig mit ihr. Hier habe ich ihre Hand gehalten. Hier habe ich sie geküßt. Hier habe ich ihr gesagt, daß ich sie heiraten wolle. Und Sibylle hat mir hier gesagt, daß wir beschützt werden von Gott, solange einer den anderen aufrichtig liebt.

Arme Sibylle! Sie hätte mit mir fliehen sollen. Alles wäre gutgegangen, wenn sie auf mich gehört hätte. Aber sie glaubte an einen Gott, den es nicht gibt, und nahm sich das Leben. Nun ist sie allein, und ich bin allein, und niemals mehr werden wir einander begegnen.

Wenn die Kugel ihres Revolvers mich ein bißchen höher getroffen hätte, wäre ich jetzt bei ihr. Ich glaube nicht an ein Leben nach dem Tod, aber gewiß wäre es schöner gewesen, mit Sibylle zusammen zu sterben, als ohne sie weiterzuleben. Und wer weiß, vielleicht hätten wir *doch* einen Weg gefunden, irgendeinen Trick, um nach dem Tod zusammenzubleiben für immer . . . Ich weiß, daß ich viel zu feige bin, mir jetzt noch das Leben zu nehmen. Das ist ausgeschlossen. Ich werde weiterleben, in Rio de Janeiro oder anderswo.

»Achtung, bitte. Air France gibt den Abflug ihres Clippers drei-einundzwanzig nach Wien bekannt. Passagiere werden durch Flugsteig eins an Bord gebeten. Meine Damen und Herren, wir wünschen Ihnen einen angenehmen Flug!«

Die Maschinen landen und fliegen ab. Es gibt viele Maschinen in diesem Sommer.

Sechs Uhr fünfundvierzig ist es geworden.

Nun werden sie mich bald rufen. Ich denke, daß man Gott keinen Vorwurf machen darf, da es ihn doch nicht gibt. Ein Gott, der nicht existiert, kann niemanden beschützen. Das war der Gedankenfehler, den Sibylle machte, ich habe ihn jetzt endlich klar erkannt. Sie glaubte an Gott. Also glaubte sie an seine Kraft, uns zu schützen. Doch diese Kraft existiert nicht, da schon ihr vermeintlicher Besitzer nicht existiert. Ich hätte das früher erkennen und ihr klarmachen müssen.

Da ich nun doch weiterleben muß, hoffe ich, daß es mir gelingen wird, Sibylle zu vergessen. Es heißt, daß alle Dinge vergessen werden nach einer Weile. Ich gebe mir Mühe. Ich habe schon damit begonnen, es zu versuchen.

Vielleicht finde ich eine andere Frau. Es gibt viele Frauen, und ich werde wieder einmal eine brauchen. Sie wird nicht wie Sibylle sein, das weiß ich. Aber nun, da Sibylle tot ist, ist es mir gleichgültig, wie sehr verschieden die anderen Frauen von ihr sind. Man verliert viele Dinge im Leben, die nicht wiederzubekommen sind. Ich habe meine Jugend verloren und ein Bein und Sibylle. Ich habe aber in der Vergangenheit gefunden, daß man auch ohne Jugend und ohne ein Bein leben kann.

Arme Sibylle . . . ich habe ihr versprochen, ein Buch über uns zu schreiben, ein Buch über unsere Liebe. Nun finde ich, daß ich es getan habe. Und Herr Peter aus Wien hat recht behalten: ich habe es sogar zu Ende geschrieben. Sibylle ist tot. Ich kann nichts mehr für sie tun. Meine Verantwortung endet. Ich erinnere mich daran, daß sie einmal bat: »Wenn du über mich schreibst, dann sage, bitte: Sie hatte kleine, feste Brüste. Keine großen.«

Da das der einzige Wunsch ist, den ich Sibylle noch erfüllen kann, schließe ich meinen Bericht also mit dieser Wahrheit, die uns allerdings ebensowenig zu schützen vermochte wie Sibylles Glaube an Gott: Sie hatte kleine, feste Brüste, keine großen.

Am 8. Juli 1956 meldete die West-Presse-Agentur.

Auf ihrem planmäßigen Flug von Berlin nach Rio de Janeiro stürzte in den Morgenstunden des heutigen Tages eine viermotorige Verkehrsmaschine der EURAMA-Fluggesellschaft aus unbekannten Gründen hundertsechzig Seemeilen östlich von Rio de Janeiro ins Meer. Die Maschine trug das Kennzeichen BRXK 56. Fünfundvierzig Passagiere und eine zehn köpfige Besatzung wurden getötet. Suchflugzeuge entdeckten an der Unglücksstelle nur einen großen Ölfleck auf dem Meer. Unter den Toten befindet sich auch unser Korrespondent Paul Holland, der das Büro der West-Presse-Agentur in Rio de Janeiro übernehmen sollte.